BARBARIANS
of
WEALTH

PROTECTING
YOURSELF
from TODAY'S
FINANCIAL ATTILAS

SANDY FRANKS
SARA NUNNALLY

TAIPAN PUBLISHING GROUP

"iHappy投资者"系列图书项目介绍

世界图书出版广东有限公司
深圳市中资海派文化传播有限公司
合力打造《世界经管学术经典文库》正式面市

《世界经管学术经典文库》从"iHappy投资者"系列图书拉开大幕。

深圳市中资海派文化传播有限公司与约翰·威立国际出版公司（John Wiley & Sons, Inc.）展开了更广泛而深入的合作，该社旗下的Little Book书系与中资海派进行了独家战略合作。约翰·威立出版社不仅是全球历史最悠久、最知名的学术出版商之一，更是世界第一大独立的协会出版商和第三大学术期刊出版商。

"Little Book"财智赢家经典投资系列品牌图书作为"iHappy投资者"主打书目，不仅涵盖了"理论结合实践"的投资策略，更结合欧美投资大师的经典投资理论，突出了未来投资趋势等主题，并且从不同角度解读了投资获利的奥秘，为读者及广大投资者的投资理财指引明灯。

中资海派已出版和即将推出的该系列图书有：

先锋集团创始人约翰·博格（John Bogle）所著的《投资稳赚》（The Little Book of Common Sense Investing）；

《价值投资》（The Little Book of Value Investing），价值投资之父本杰明·格雷厄姆（Benjamin Graham）真传弟子克里斯托弗·布朗（Christopher Browne）所著；

《巴菲特的选股真经》（The Little Book That Makes You Rich），巴菲特真传弟子路易斯·纳维里尔（Louis Navellier）教你准确选中成长股；

《驾驭股市周期》(The Little Book of Stock Market Cycles),《股票交易者年鉴》主编杰弗里·A.赫希（Jeffrey A. Hirsch）教你如何利用股市周期赚钱；

《牛眼投资》(The Little Book of Bull's Eye Investing),《纽约时报》畅销书作家约翰·莫尔丁（John Mauldin）教你在动荡的市场中寻找价值，攫取绝对收益和控制风险；

《趋势交易》(The Little Book of Training),交易大师迈克尔·柯弗（Michael W. Covel）为你揭开藏于幕后的14位顶尖交易员的获利故事；

《巴菲特资产配置法》(The Little Book that still Saves Your Assets),摩根士丹利创始人戴维·M.达斯特（David M. Darst）教你资产配置的艺术。

中资海派已引进和即将出版的该系列图书有：

The Little Book of Main Street Money by Jonathan Clements

The Little Book of Safe Money by Jason Zweig

The Little Book of Behavioral Investing by James Montier

The Little Book of Big Dividends by Charles B. Carlson

The Little Book of Bulletproof Investing by Ben Stein and Phil DeMuth

The Little Book of Commodity Investing by John R. Stephenson

The Little Book of Currency Trading by Kathy Lien

The Little Book of Stock Market Profits by Mitch Zacks

The Little Book of Big Profits from Small Stocks by Hilary Kramer

The Little Book of Alternative Investments by Ben Stein and Phil DeMuth

The Little Book of Emerging Markets by Mark Mobius

The Little Book of Hedge Funds by Anthony Scaramucci

The Little Book of the Shrinking Dollar by Addison Wiggin

The Little Book of Market Myths by Ken Fisher and Lara Hoffmans

The Little Book of Bull Moves by Peter D. Schiff

The Little Book of Economics by Greg Ip

The Little Book of Sideways Markets by Vitaliy N. Katsenelson

The Little Book of Valuation by Aswath Damodaran

另外,"财智赢家"书系还收录了众多长销经典投资著作:

"成长股价值投资之父"肯·费雪(Ken Fisher)的《下一个暴富点》(Markets Never Forget);

大投机家安德烈·科斯托拉尼(Andre Kostolany)的《股市神猎手》(Kostolanys Wunderland von Geld und Börse. Wissen, was die Börse bewegt);

著名投资公司总裁乔治·舒尔策(George Schultze)的《秃鹫投资》(The Art of Vulture Investing);

投资组合创始人李·芒森(Lee Munson)《打败操盘手》(Rigged Money);

美国投资市场的"亚当·斯密"亚当·史密斯(Adam Smith)所著《金钱游戏》(The Money Game)。

除了"财智赢家"外,"iHappy投资者"还推出以下书系:

Smart 智富

该书系主要收录诸多全球投资新秀的最新投资理念图书,对国内的投资者极具借鉴和指导意义。另外,本书系还带你漫步金融史和投资史,为你找到隐藏在股市起伏与经济荣衰中的密码。

百万富翁教室

该书系主要为都市白领阶层提供理财书籍,内容简单实用,风格平易近人。如果灵活运用书中的方法并持之以恒,即使你目前收入不高,终有一天也能跻身百万富翁的行列。

凯恩斯口袋

该书系聚焦国内外经济大环境，紧跟政治经济发展趋势，收录各路名家的经典理论和通俗实用的佳作。你不仅可以从这些书中了解整体政治经济环境，更能从中找到某些投资机会，在享受阅读乐趣的同时轻松赚钱。

以上三大书系已出版和即将出版的图书有：

迈克尔·莫布森（Michael J. Mauboussin）的《魔鬼投资学》(More Than You Know)；

史蒂芬·列维特和史蒂芬·都伯纳(Steven D. Levitt and Stephen J. Dubner) 的《魔鬼经济学》(Freakonomics)；

达蒙·维克斯（Damon Vickers）的《不懂美元，还敢谈经济》(The Day After the Dollar Crashes)；

乔治·马格努斯（George Magnus）的《谁搅动了世界》(Uprising)；

安德鲁·哈勒姆（Andrew Hallam）的《拿工薪，三十几岁你也能赚到600万》(Millionaire Teacher)；

韩国理财师高敬镐的《上班赚小钱，四本存折赚大钱》；

戴维·沃尔曼（David Wolman）的《无现金时代的经济学》(The End of Money)；

罗伯特·H.弗兰克（Robert H.Frank）的《达尔文经济学》(The Darwin Economy)；

肯尼斯·波斯纳（Sandy Franks）的《围捕黑天鹅》(Stalking the Black Swan)；

桑迪·弗兰克斯（Sandy Franks）和萨拉·农纳利（Sara Nannally）的《野蛮人的猎金术》(Barbarians of Wealth)；

盖·罗森（Guy Lawson）的《章鱼阴谋》(Octopus)；

兰迪·盖奇（Randy Gage）的《风险即安全》(Risky Is the New Safe)。

为了适应市场发展要求，中资海派成立了"iHappy 投资者"系列图书专家委员会，诚邀国内相关领域的权威、专业人士，拨冗推荐该系列图书，并在编辑加工图书的过程中提出宝贵意见。

已经加入"iHappy 投资者"系列图书专家委员会的成员有（排名不分先后）：

英大证券研究所所长　李大霄

深圳市东方港湾投资管理有限责任公司董事长　但斌

《中国证券报》金牛基金周刊副主编　杨光

《黑化》、《财富创始记》作者，财经作家　范卫锋

《新金融观察》报副主编、《新领军者》杂志主编　刘宏伟

《第一财经日报》资深编辑　艾经纬

《理财》杂志社社长兼总编　解鹏里

《理财》杂志执行总编　王再峰

"Fortune & You, 财富智慧你的魅力与幸福"课程创办者　毛丹平

银河证券首席策略分析师　孙建波

新浪财经博客点击近9亿 首席理财分析师　凯恩斯

和讯网总编辑　王炜

价值中国网总裁　林永青

野蛮人的猎金术

揭露当今政经界的那些财富掠夺伎俩

〔美〕桑迪·弗兰克斯（Sandy Franks） ◎著
　　萨拉·农纳利（Sara Nunnally）

李凤阳 ◎译

中国出版集团
世界图书出版公司
广州·北京·上海·西安

本书中文简体字版通过 Grand China Publishing House（中资出版社）授权世界图书出版广东有限公司在中国大陆地区出版并独家发行。未经出版者书面许可，本书的任何部分不得以任何方式抄袭、节录或翻印。

图书在版编目（CIP）数据

野蛮人的猎金术 /（美）弗兰克斯（Franks, S.），（美）农纳利（Nunnally, S.）著；李凤阳译. —广州：世界图书出版广东有限公司，2013.7

书名原文：Barbarians of wealth
ISBN 978-7-5100-6731-0

Ⅰ．①野⋯ Ⅱ．①弗⋯②农⋯③李⋯ Ⅲ．①金融投资－经验－美国 Ⅳ．① F837.124.8

中国版本图书馆 CIP 数据核字（2013）第 169839 号
版权登记号 图字：19-2013-074

Barbarians of Wealth: Protecting Yourself from Today's Financial Attilas(ISBN-9780470768143)by Sandy Franks and Sara Nunnally
Copyright © 2011 by Sandy Franks and Sara Nunnally
Simplified Chinese edition copyright © 2013 by Grand China Publishing House
Authorized translation from the English language edition, published by John Wiley & Sons.
This edition arranged with John Wiley & Sons International Rights, Inc., Hoboken, New Jersey
This translation published under license.
All rights reserved.

No part of this book may be reproduced in any form without the written permission of the original copyrights holder.
Copies of this book sold without a Wiley sticker on the cover are unauthorized and illegal.

野蛮人的猎金术

策　　划：	中资海派
执行策划：	黄　河　桂　林
责任编辑：	张立琼　钟加萍
责任技编：	刘上锦
特约编辑：	乔明邦　杜天宜
版式设计：	王　芳
封面设计：	张　英
出版发行：	世界图书出版广东有限公司
	（广州市新港西路大江冲25号　邮政编码：510300）
电　　话：	020-84451013
http:	//www.gdst.com.cn　E-mail: pub @ gdst.com.cn
印　　刷：	虎彩印艺股份有限公司
经　　销：	各地新华书店
开　　本：	787mm×1092mm　1/16
印　　张：	22.25
字　　数：	341 千
版　　次：	2014 年 5 月第 2 版
印　　次：	2014 年 5 月第 2 次印刷
书　　号：	ISBN 978-7-5100-6731-0 / F·0109
定　　价：	56.00 元

如发现印装质量问题影响阅读，请与承印厂联系退换。

致中国读者信

To all my readers,
Thank you for allowing me to share this book with you. I was more than excited when my publisher let both Sara & myself know it would be available in china.
All the best,
Sandy Franks

亲爱的读者：

十分感谢读者朋友们，允许我与你们一起分享本书。

当得知我和萨拉合著的这本书将要在中国大陆出版时，我们都非常激动。

桑迪·弗兰克斯

野蛮人威胁到了我们当今社会赖以构建的基础。现代野蛮人使用的武器已经不再是投石器和蒙古号,而是电脑程序和有毒资产。他们与过去的野蛮人一样,打定了主意让你身无分文,目瞪口呆。

桑迪·弗兰克斯(Sandy Franks)
畅销书《石油野蛮人》作者

萨拉·农纳利(Sara Nunnally)
美国 Agora 出版集团研究主任

了解这些野蛮人如何摧毁我们的繁荣与财富,你离财务自由就更近了一步。阅读金融史并不是目的,本书将帮助你保护剩下的财富,同时,还要赢回已经被当今野蛮人劫走的财富。

黄河

中资国际投资有限公司　董事长

权威推荐 BARBARIANS of WEALTH
PROTECTING YOURSELF from TODAY'S FINANCIAL ATTILAS

迈克尔·马斯特森（Michael Masterson）
畅销书《财富流》（*Automatic Wealth*）作者

　　《野蛮人的猎金术》描述了从罗马时代到当今的掠夺史。财富是如何创造的？如何被毁灭的？如果你对此感兴趣，一定会被这本书深深迷住。这本书还提供了切实可行的保护措施，以应对当今华尔街野蛮人。

迈克·沃德（Mike Ward）
金钱地图出版社出版商

　　我们的血汗钱正在被洗劫！你知道，我也知道……但几乎没有人具有防守能力。《野蛮人的猎金术》深刻揭露了政客与他们在华尔街的朋友如何掠夺我们的财富，摧毁我们的梦想。你会明白，所有媒体报道的背后都有一个阴谋。最精彩的地方是，桑迪天才般地向我们展示了这些人为了积累财富而不惜"违法或违规"。太不可思议了！太实用了！赶紧拿起来享受吧！

艾瑞卡·诺兰（Erika Nolan）
畅销书《投保人的投资组合》(*The Insured Portfolio*) **作者**

　　终于看到一本书敢于如实讲述政界与经济界的真实野蛮事件，桑迪使用了直接、易于理解、简洁而充满力量的表达手法。书中还提供了一些真实世界里的投资手法，帮助投资者更好地保护财富。对于每一位聪明的投资者，《野蛮人的猎金术》都是一本必读书目。

鲍勃·康普顿（Bob Compton）
Agora 出版集团首席财务官

　　《野蛮人的猎金术》向读者全景展现深度的、客观的华尔街和政界的真实世界。书中拿黑暗时代与当今自私的政界人物、华尔街肥猫进行了对比，这群贪婪的人以毁灭公共繁荣为目的。书中揭露了当今野蛮人正在使用的伎俩，有些还是阿提拉手段的变种。这是一本令人眼前一亮的必读书，无论你是穷人，还是富人。

推荐序 BARBARIANS of WEALTH

野蛮人就在你身边

威廉·波纳（William Bonner）
畅销书《债务帝国》（*Empire of Debt*）&
《清算美国》（*Financial Reckoning Day*）作者
Agora 出版集团总裁

本书的两位作者桑迪·弗兰克斯和萨拉·农纳利在书名中选用了一个非常具有文化负载意义的词：野蛮人（barbarian）。对不同的人而言，这个词的含义也不尽相同。那么对于这两位作者而言，这个词意味着什么呢？坦白地讲，我也不知道，不过我可以大致猜一猜。

毫无疑问，这个世界上有很多事物都可以打上"野蛮"的标签。读者可能会觉得把某些事物打上"野蛮"的标签是错误的，而给另外一些事物可以打上"野蛮"的标签则很有必要，有时候甚至觉得这样做再合适不过。文明世界中的大多数人都会觉得对犯人施以水刑不仅要遭到谴责，而且是非法与野蛮的，然而美国前总统乔治·布什却说他对此种刑罚的批准实施由衷感到高兴。

就高盛集团操作信用衍生品的手法而言，创造出一种让客户信心爆棚的投资产品，是不是一种野蛮行径呢？为希腊政府创造出某些特殊工具，让政府在负债规模上误导投资者和监管机构，这样做是不是也可以称之为野蛮呢？

"Barbarism"一词的最常见的义项是"未开化的"，但这个解释说明不了太多的问题。古希腊人把希腊以外的所有人都称为"野蛮人"。

据说，这个词原本是一个拟声词，因为希腊人认为外国人说话都像是在"Bar…bar…bar"似的胡言乱语。罗马人对外国人的看法与此类似。因此，把外国人描述成野蛮人似乎是一个普遍现象，有时候我们甚至会以为这并不是一个贬义词，或许可以与"陌生人"、"异族"等词互换使用。

这个词还有另外一层意思：有不文明的行为。不管是对希腊人而言还是对本书两位作者来说，这种类型的野蛮人并非是指外国人，也不是卢梭想象中的天真未泯的野人。这种野蛮人你既不想在丛林里碰到，也不愿意在会议室里碰到。他会在条顿堡森林伏击你，把你扔进加尔各答的一口井中，或是用对冲基金费敲你的竹杠。

野蛮人不仅属于"异族"，他们还非常狂野、凶猛，他们背信弃义，动辄暴力相向。因此，当我们谈论金融界的野蛮人时，肯定会率先想到印第安土著人。但是，金融界的野蛮人却绝非高尚的野人。他们是凶残的杀手，下流的无赖。

可是，这到底又是什么意思呢？野蛮人的标志就是不文明。所谓的"文明"，最初是指在城镇生活中所形成的规则和教养。而不文明的人是没有城镇的，比如维京人入侵前的爱尔兰人。按照这个定义，狩猎者和采集者都是不文明的人。狩猎者就是杀手，而采集者则看到什么就拣什么。在农业革命前的世界里，如果一个人既是狩猎者又是采集者，那么他几乎会毫不犹豫地猎杀其他人类，并把他们的物品和女人"拣"为己有。

你是文明人？还是野蛮人？

相对来说，生活在一个长期定居的文明社区里需要一套全新的行为准则。互惠的本能也许比城市生活甚至比人类这一种族出现的时间还要早。这种本能很容易就反映在财物的归属权上。靠打猎获得的动物不属于任何人，但家养的动物是有主人的。如果你不能从这头动物身上获利，那么喂养它就没有任何意义。可以想象，财物的所有者会有这样的预期：如果我尊重他人的财产权，那么别人就应该尊重我的财产权。于是,在不文明的世界中,成员不需要遵守一般行为规则。

显然,人们都不希望自己被抢或是被骗。这样我们就可以如此界定:野蛮人就是不文明的人,也就是说这些人没有意识到或是不愿意遵守文明生活的规则。因此,金融界的野蛮人就是指那些不遵守金融行业行为准则的人。他们说谎、欺诈、偷盗成性。在他们的头脑中没有"己所不欲,勿施于人"此类观念。

这一点毋庸详述。有了合理的报酬,大多数人都会试图提供相应合理的服务。通常来说,"己所不欲,勿施于人"是一个很好的生活和经商准则。不过,现实中也有为数不少的野蛮人,他们只要一有机会就会说谎、欺诈、偷窃。

我们还要注意,文明的规则往往会与野蛮人自行制定的规则相混淆。阿提拉的大军曾横扫今天的土耳其全境,一个又一个城镇臣服在他的铁蹄之下。反抗他的人成了刀下鬼,其余的人则成了他的奴隶。原来的治理机制荡然无存,于是他用自己的治理之法取而代之。因此,他就是法律,规则由他设定,税吏也都是他的爪牙。这些规则都不是相互认同的,而是单方面强加于人的。

由此我们得到文明和野蛮之间另一个非常重要的区别:文明社会依赖于合作性的、共同遵守的规则,野蛮社会只有压迫。文明社会通过劝说起作用,而野蛮社会则诉诸武力。比如,为了保护彼此,一群人可能会同意捐钱给某一基金。然而,如果强迫他人认捐,即便这笔钱是用来保护认捐者的,也同样是野蛮行径。

兵临君士坦丁堡之后,阿提拉似乎就已经不可阻挡了。过去,东罗马帝国在罗马的保护之下安然度日。到了公元5世纪,罗马已经老弱不堪,连自己的重要城市都保护不了。因此,罗马人放弃了抵抗,乖乖地拿出了黄金。

我们说阿提拉是一个野蛮人,并不是因为他没有穿托加袍或是职业装,而是因为他采用了不文明的手段。如今有很多人也是如此。2008~2009年,华尔街几乎灰飞烟灭。当时,美国政府和华尔街非但没有遵守之前签订的契约和协议，相反合谋进行抬价敲诈。美联储接管了几家美国最大的公司，而华尔街则得到了救助。

用历史的眼光发现当今的野蛮人

读者在阅读本书时可能会觉得意外，不明白作者为什么要花那么多的笔墨铺陈历史，见正文中每部分结尾的"历史上的野蛮人"版块。实际上，两位作者并非在宣扬一种新的历史观，也不是在论述旧的历史观，更不是要填补历史知识的空白。

相反，铺陈历史是为了从更宽阔的角度再现野蛮人这个角色，就像我们是在3D影院观看史诗大片一样。从这本书中，我们对阿提拉与日渐衰落的罗马帝国之间的纷争有了不少新发现。我们还重温了他曾经如何深入欧洲，帝国的命运如何悬于沙隆会战一线的历史场景。

这些如幻灯片般展现在我们眼前的事件，表明野蛮与文明之间曾怎样彼此交错。维京人在英格兰、爱尔兰和苏格兰犯下过滔天罪行，但随后被文明的生活方式同化。事实上，他们对英国文明的进程有巨大贡献。这些北欧人先是建立起了城镇，其中有些成了贸易中心。也正是因为有了这些基础，海上贸易才得以发展，而海上贸易对后来的大英帝国来说至关重要。

在英国人与维京人达成谅解的同时，这些北欧人还在骚扰欧洲大陆上的法兰克人。在夺取巴黎的战役失利之后，来自丹麦的亡命徒罗洛，在今天的诺曼底地区定居下来。经过了5代人的时间，他的四世孙威廉率兵入侵英国。经过4年惨无人道的征服，英国贵族被消灭殆尽，他不但强占了英国贵族的土地，还确立了自己的贵族世系。英国的政府体系就是这些人创立的，后来被殖民者带到了美国，美国宪法和其他奠基性文献皆源于此。

那么，在美国人争取独立的战争中，殖民地允许罗伯特·莫里斯劫掠英国的商船是不是也是野蛮行径呢？莫里斯曾为美国独立战争提供了巨大的经济支持。他这样做，大概并非是出于对民主的热爱。

革命政府只不过是他劫掠英国人财物的一个掩护而已。他的私人舰队总计俘获了约1 500艘英国船只，而莫里斯也因此成了殖民地最富有的人之一。

  本书两位作者所讲述的故事，有些出自古老的历史，有些出自报纸。至于结论，还是留给读者们自己得出吧。

目 录 BARBARIANS of WEALTH

致中国读者信　9

权威推荐　15

推荐序　野蛮人就在你身边　17

引　言　用对手的套路打败对手　28

第一部分　进驻货币体系的野蛮人　33

在罗斯柴尔德的惊天布局里，美联储始终难以独善其身，还在责备的黑洞里自掘坟墓。是美元抛弃了黄金？还是黄金舍弃了美元？

奈何它们就像是跷跷板两端的"顽童"，总是一头高，一头低。在世界经济大革新面前，到底谁才是最后那一根救命稻草？

第1章　中央银行：权力兄弟会　34

英格兰法定货币体系的瓦解　36

罗斯柴尔德，金钱的幕后东家　38

英王的"符木"计债术　40

密西西比公司的空头支票　42

还债，美国第一银行的第一使命　46

首富与独裁联手制造最大的银行泡沫　49

第 2 章
52　大恐慌：美国经济的"间歇性头痛"
　　54　经济崩溃的导火索
　　56　Q 条例，限制利息的红线
　　60　1819 年危机：战争的附赠品
　　61　1837 年危机：土地投机者的苦果
　　64　1893 年危机：被错杀的铁路公司

第 3 章
69　金本位制：黄金王者归来
　　72　空仓的央行金库
　　73　谁点燃了美国西部的淘金热？
　　75　黄金之战：一纸命令完胜十万铁蹄
　　78　如果中国抛售美债，美元会急速贬值吗？
　　80　IMF 诞生在密林深处
　　82　"尼克松冲击"和"伦敦黄金池"

第 4 章
88　被商业银行拒之门外的人
　　92　盘根错节的银行世家
　　96　被操纵的货币托拉斯
　　98　摩根距美联储董事席位仅差一步之遥
　　101　摩根与格拉斯的货币发行权之争
　　103　影子政府掌握着国家财富
　　105　谁给美国开了金融毒药？

第 5 章
108　货币操纵的鬼把戏
　　114　银行家玩的"数兔子"游戏
　　118　印钱与降息，投资者遭受着双重压榨
　　120　急剧膨胀的美国国债
　　123　美国会还债？还是想战争？

第6章 | 评级机构：不容挑战的金融裁判　127

评级机构，道德不过是金钱的掩体　132
戴着面具的野蛮使者　136
谁在瓜分穆迪的江山？　140

历史上的野蛮人　一代天骄成吉思汗　143

第二部分 | 出没华尔街上的野蛮人　153

投行的决策者们为了争得"财政输血"而机关算尽。雷曼轰然倒塌，贝尔斯登低价易主，美林投怀送抱……风雨飘摇的华尔街上，高盛帝国奈何屹立如初？

行情到来时，谁最先拜倒在野蛮人的脚下？这些人又是如何一步步沦为精神分析家的案例？

第7章 | 投资银行：华尔街之鞭　154

从裁缝店到高盛帝国？　156
次贷危机的大赢家　158
高盛：令承销标准轰然崩塌　160
美林：邪恶的双胞胎兄弟　165
瑞士信贷：温柔的绝命天使　169
燃烧的床，隐秘的交情　171

第8章 | 信用衍生品：实体经济的榨汁机　173

在华尔街混饭吃的女人　175
信用衍生品的边界在哪里？　176
把风险转嫁给空壳公司　178
巴菲特所谓的大规模杀伤性金融武器　180
华尔街肥猫们的轮盘赌　183
是定心丸？还是定时炸弹？　185
金融癌细胞急剧扩散　187
LTCM，一群投机天才的沉浮录　188

第 9 章　192　金融界的兄弟会

193　商业银行 VS 野猫银行
195　投行高管的老鼠仓现金交易
196　折中的监管陷阱
197　为何禁止国民银行开设分支机构？
199　银行家蜕变成赌徒
200　非理性繁荣时代的喧嚣
202　马其诺金融防线
204　用空气就能赚钱的首席执行官
208　繁荣之梦的破灭

第 10 章　210　华尔街的血脉

214　前脚商界高管，后脚政界高官
216　为什么获救的是美林，不是雷曼？
218　秃子头上演双簧剧
221　里根的金融"中情局"
224　华尔街版"老友记"
228　"大而不能倒"的银行与"低得不能低"的利率

230　历史上的野蛮人　上帝之鞭阿提拉

第三部分　243　活跃在政界的野蛮人

他是西伯利亚雪原的狼王，拥有绝对权力，曲线统治大国 14 年。他站在权力巅峰，为何仍旧难以摆脱财富的"吸引力法则"？

早在美国修建铁路运动中，格兰特如何上演财富大挪移？铁路运营正式进行公司制时代，在高铁快速扩张的过程中，投资者能否分得一杯羹？

第 11 章　244　半人半神的政界大佬

247　伟大的人达成"伟大的妥协案"

25

最后的维京海盗　248
杜尔的新税制阴谋　251
游荡在政府门口的怪客　254

第12章　把议员请上法庭　256

被口水淹没的政客　257
美国"国企"里腐败案有何不一样？　262
印第安游说者的谎言　266

第13章　全球通吃的大政治家　270

莫斯科会成为世界金融中心吗？　274
扼制欧洲的石油咽喉　276

历史上的野蛮人　欧洲之王查理曼　280

第四部分　用智慧打赢财富保卫战　291

　　美元指数在80点上方站稳，已突破投资者的心理点位，伺机伴攻90点？还是在堆积更多的筹码？A股市场上，以全球资源为题材的股票与基金越来越多。如何识别货真价实的全球资源股，或者基金？
　　在这个不赚钱即赔钱的年代，投资者如何围猎野蛮人，捍卫自己的财富？

第14章　投资多样化：投资的王道法则　292

给你的投资组合加装"自动导航"　294
如何按照你的需求组合资产？　296

第15章　贵金属：抵御通胀的杀手锏　301

下一波黄金行情　304
货币ETF，赚钱快手的选择　307

309　CEF，既是基金也是黄金
311　左右全球银价的基金
312　"大心脏"投机家的盛宴
314　"小心脏"投资者的大乐透

316　外汇：投资者的货币堡垒　　第16章
318　改变货币流动的"大事件"
321　高负债会是一件好事？
323　伯南克只是一个尾随者
325　以彼之道，还治彼身
327　机动性决定回报率

331　资源富国：投资，而不掠夺　　第17章
333　到下一个暴富市场去
334　赚钱新准则：资源最靠谱
338　怎样挑选投资目的地？
345　投资全球，分散赚钱

347　历史上的野蛮人　征服者威廉

355　致　谢

引言

BARBARIANS of WEALTH
PROTECTING YOURSELF for TODAY'S FINANCIAL ATILAS

用对手的套路打败对手

2010年4月16日，美国证券交易委员会对高盛集团及其副总裁法布雷斯·图尔（Fabrice Tourre）提出证券欺诈的民事诉讼，称该公司在向投资者推销一款与次级信贷有关的金融产品时隐瞒关键事实，误导投资者。

图尔在给女友的电子邮件中，提到了他正在交易的住房抵押贷款投资品，并称"弗兰肯斯坦的买家要倒霉了"。

他提到的"弗兰肯斯坦"就是Abacus 2007-AC1证券，一种次级贷款支持证券。图尔在房地产市场上升时期创造了这种证券。不过，由于受到贪念的蛊惑，图尔在市场已经下行的时候仍继续出售这种证券。

当信用评级机构调降该证券的评级时，高盛集团的高管也乐见其成，因为高盛背地里在卖空该证券。高盛集团的高管唐纳德·穆伦（Donald Mullen）写道："看起来我们就要大赚一笔了。"

当证券交易委员会对高盛集团提出指控时，我们并未感到惊讶，因为我们知道高盛集团能干出这种脏脏的勾当。高盛集团是次级贷款衍生品的主要承销商，而正是这些衍生品让全球经济陷入衰退。

然而，Abacus 2007-AC1并不是高盛集团向各个机构出售的唯一一种与住房抵押贷款相关的高风险金融产品。2006年4月27日，高盛集团创造出了可选式抵押信托产品2006-S3（GSAMP Trust 2006-S3）。

高盛可选式抵押信托产品2006-S3完全是由次级贷款构成的，而这些贷款则是高盛集团从全美范围内几家住房抵押贷款公司买进的，这些公司曾向成千上万的资信不合格购房者发放了大量住房抵押贷款。

全球经济之所以陷入如此混乱不堪的境地，并不完全是高盛集团这一家公司造成的。还有其他很多公司同样罪孽深重。

我们之所以创作本书，这是其中一个很重要的原因。在这本书中，我们将向读者展示某些人或公司所作出草率决策，如何令民众的繁荣之梦轰然破碎。从很多方面来看，这些人及公司的行为与黑暗时代的野蛮人相差无几。

大规模杀伤性金融武器

罗马帝国衰落之后，欧洲各国曾多次遭到蛮族部落入侵，其中包括匈奴王阿提拉、查理大帝、成吉思汗和维京海盗。

这些蛮族部落在整个欧洲攻城拔寨，打家劫舍，毁坏了无数的房屋农田，有时整个村庄被夷为平地。蛮族人的身后，留下的是大群衣食无着的难民，所有美好的梦想全被碾得粉碎。蛮族人凶狠无情，为了掠夺利益，他们不惜把灾难和毁灭带给无辜之人。

1 500年以后，当代的野蛮人也开辟出一条毁灭之路，他们的破坏力比飓风和地震有过之而无不及。

当代这些掠夺财富的野蛮人都有谁呢？其中之一就是美国银行业的一些人士。他们制定的货币政策和利率政策给美国经济带来了巨大的影响，而我们的财富也不可避免地遭到掠夺。

截至2010年上半年，为了救助华尔街上的银行，提振美国住房抵押贷款市场，国债很有可能还会继续增长。

谈到美联储，就不能不谈到美联储的那些头领们。过去，每个蛮族部落都有一个头领，当今的野蛮人也是如此。银行业的蛮族头领非艾伦·格林斯潘莫属。

格林斯潘凭借其专横跋扈的手段和"智慧"屡次调低利率，导致信用泛滥。随着他一步步降息，资本的成本也大幅降低，这样一来，最糟糕的商业企划、最薄弱的企业管理看起来都美轮美奂。各个机构承担了太多风险，却又缺乏相应的管理能力。这已经导致很多美国人入不敷出，债台高筑。

格林斯潘的低利率哲学被他的继任者本·伯南克原原本本地继承了下来。毫无疑问，伯南克也是一个不折不扣的野蛮人。信用狂潮催生了巨大的信用泡沫，而泡沫破灭之后，数以百万计的美国人丢掉了工作，住房价格大幅下挫，401（k）退休计划也损失了数万亿美元。

当今世界的野蛮部落还包括华尔街上诸如高盛、摩根大通、花旗、美国国际集团等大型金融机构，以及穆迪、标准普尔和惠誉国际等信用评级机构。

在这些公司的帮助下，流动性极差的金融资产变成了标准化、流动性好的、适销的证券，比如住房抵押贷款支持证券。正是2008年的全球经济危机的始作俑者。

所有这些衍生品的综合规模在2007年上半年猛增近30%，达到370万亿美元之巨。

那么华盛顿在其中扮演着什么样的角色呢？更具体地说，哪个人曾经在政坛拥有几乎至高无上的权力，又曾经在华尔街上的某家大型公司中担任过主要领导者呢？此人正是亨利·保尔森（Henry Paulson）。2008年，他向金融体系注入7 000亿美元的流动性，并因此成为《时代周刊》"2008年度人物"排名第二的候选人。高盛集团接下来的三位首席执行官也都跟着保尔森进入了政府部门。

裙带主义的影响还不止于此。现任财政部长蒂莫西·盖特纳（Timothy Geithner）是保尔森的得意门生。在担任纽约联邦储备银行行长期间，他曾涉嫌让美国国际集团在金融危机期间向某些交易对手进行支付一事三缄其口。

提到当今世界掠夺财富的野蛮人就不能不提国会里的那些大人们。在本书中，我们特别提出了一些国会议员，比如美国参议院银行委员会主席克里斯托弗·多德（Christopher Dodd），他们行事与其说是代表了自己的选民，倒不如说代表了自己。

多德从美国国家金融服务公司拿到了大量VIP贷款，而这种贷款是他所代表的那些人永远都无法拿到的。国家金融服务公司也是在信用危机中倒掉的第一家主营住房抵押贷款的机构。

捍卫你的财富

《孙子兵法》有言："不尽知用兵之害者，则不能尽知用兵之利也。"如果我们不回头看一看过去曾经出现的那些野蛮人，就无法完全了解当今这些野蛮人的动机。本书在每一部分后面的"历史上的野蛮人"板块，分别讲述了黑暗时代四位最冷酷、最狡猾的野蛮人烧杀掳掠的行径。我们如今生活在文明社会里，你也许会认为黑暗时代已经过去1 000多年了，在我们这个进步的时代里，阿提拉或维京人的残暴和贪婪不会再得到任何支持。如果你真的这样想，那么你的财富就岌岌可危了。

今天，受到野蛮人威胁的正是我们这个社会赖以构建的基础。这些野蛮人使用的武器已经不再是投石器和蒙古弓，而是电脑程序和有毒资产。他们与过去的那些野蛮人一样，打定主意要让你身无分文，目瞪口呆。

这些当代野蛮人"尽知用兵之害"，毫无疑问，他们同样知道如何从中获利。

本书全景展现了美国，乃至全球从古至今的经济金融事件。读者将了解到那些塑造我们"财务未来"的人物和事件，以及那些行为如何影响了你未来的财务健康状况。本书不但开列出了长长的当今野蛮人的名单，还详尽叙述了这些野蛮人的行为。

了解了这些野蛮人，既包括过去的野蛮人也包括当今的野蛮人如何采取行动，你离财务自由就更近了一步。

　　本书的第四部分还提供了一些读者能够看得懂、用得上的投资策略，各位可以凭借这些策略保卫自己的"财务未来"。我们不仅向读者表明该如何保护自己当前剩下的财富，还向读者传授了一些技巧，教你如何夺回已经被当今野蛮人掠走的财富。

BANKS
THE BARBARIANS
of
MONEY

第一部分
进驻货币体系的野蛮人

时至今日,野蛮人从未离开过我们左右,从皮毛裹体到西装革履,他们内心对财富的欲望丝毫未减。只是他们手中的武器已不再是重斧长枪,而是一张张印有头像的纸片,抑或是电脑键盘上的一串串数字。

在罗斯柴尔德的惊天布局里,美联储始终难以独善其身,还在责备的黑洞里自掘坟墓。是美元抛弃了黄金?还是黄金舍弃了美元?奈何它们就像是跷跷板两端的"顽童",总是一头高,一头低。在世界经济大革新面前,到底谁才是最后那一根救命稻草?

第 1 章
中央银行：权力兄弟会

> 罗斯柴尔德家族如何利用战争掌控英国国债？密西西比公司如何借助空头支票诈骗法国人民的财富？

想起今天的银行体系，我们就会自动地认为，美国创设了全世界大多数国家都在使用的中央银行体系。

事实上，中央银行的历史可以追溯到中世纪。位于巴塞罗那的市储蓄银行是世界上最早的中央银行之一。为了让普通民众和政府有一个安全的存款之处，巴塞罗那市政府设立了这样一所银行，于 1401 年 1 月 25 日开张营业。到 1433 年，巴塞罗那市储蓄银行已经有 1 460 个客户，存款总额超过了 60 万英镑。

随着这一体系的演进，中央银行体系的另外一种雏形于 17 世纪初期在荷兰共和国出现。当时通行的硬币多达 800～1 000 种。荷兰政府曾多次尝试解决硬币掺假这一难题。他们颁布了新的法规，强行规定每种硬币的币值。同时，政府还出台了铸币法令，允许某些银行家在清偿债务时使用含银量较少的硬币。

1609 年，荷兰政府创设了阿姆斯特丹银行，该银行获准对存入银行的硬币和从银行取出的硬币的币值进行担保。同时，政府还禁止银行家们使用掺假的硬币。几年之后，这种形式的中央银行体系在瑞典有了进一步的发展。1656 年，约翰·帕姆思丘奇（Johan Palmstruch）创建了帕姆思丘奇银行。

帕姆思丘奇出生于瑞典，在刚成年时移居到了阿姆斯特丹。在阿姆斯特丹时，他曾因无力偿债而身陷囹圄。这大概是他日后人生的一次预警，因为他最终一手将瑞典的经济弄得一团糟。

我们看到，约翰·帕姆思丘奇回到瑞典之后，即上书国王查理十世·古斯塔夫（Charles X Gustav），提出了创建中央银行以帮助国家解决巨额债务问题的建议。当时，瑞典的经济正举步维艰，由于长达 30 年的战乱以及古斯塔夫的前任克里斯蒂娜女王（Queen Christina）的挥霍无度，国家欠下了巨额外债。除了债务问题，瑞典的货币也正在急速贬值。

约翰·帕姆思丘奇建议使用纸币来替代铜铸块货币。古斯塔夫国王否决了帕姆思丘奇提出的建立中央银行的提议。一个小小的纸片怎么能代替铸币并且保值呢？然而帕姆思丘奇并没有就此放弃。

帕姆思丘奇又写了第二封信，托人交给国王，而国王又拒绝了他的建议。但是，等到帕姆思丘奇第三次上书的时候，他向国王承诺，银行收益的一半将上交给皇室。于是大功告成，银行得以设立。尽管这是一家私人银行，不过管理人员的选择权以及运营方式的决定权全都在国王手里，比如是否能够发行纸币。

纸币也不是什么新生事物。有记录表明，中国早在公元 1374 年左右就已经在使用纸币了，其当时的纸币叫做"大明通行宝钞"。在帕姆思丘奇向瑞典国王提议发行纸币之前，欧洲人并没见过纸币。事实上，人们通常认为欧洲的第一张纸币就是瑞典发行的。

在纸币出现之前，大多数债务都是用硬币、实物或是劳务的方式进行清偿。民间的金融交易都是以铸铜块进行结算。虽然大家都承认纸币的确更便于携带和交易，但纸币竟然能够流通这件事却是所有人前所未闻的。

国王急着试验这一全新的体系，于是准许帕姆思丘奇印制纸币。该银行发行的第一批纸币被称作"帕姆思丘奇币"。当时的纸币是印在厚厚的手工制成的白色纸上，还加上了"banko"字样的水印。由于制造工艺非常复杂，这种纸币很难伪造。

这种纸币可以按照事先确定的比率兑换银行库存的硬币。而且，纸币还可以用来在市场上购买商品，或是进行其他金融交易。没过多久，瑞典人就接受了纸币能够代替铜铸块这一观念。这一体系运行得非常完美。

我们都知道，一个使用起来如此便捷，且容易被公众接受的体系，难免会有看不见的缺陷。果不其然，这一缺陷很快就被约翰·帕姆思丘奇利用了。不管帕姆思丘奇这样做的初衷多么好，但这种做法很快就成了他个人中饱私囊的手段。帕姆思丘奇的银行最终不得不宣布破产，因为它发行的纸币的总面值已经超过了库存硬币的总币值。国家被迫进行干预。这是瑞典经历的第一次银行业危机，并且造成了重大损失。这次损失的责任全部由帕姆思丘奇承担，他被判处死刑，不过后来得到了国王的赦免。

瑞典中央银行　始创于1668年，也是世界上历史最悠久的中央银行。在成立300周年时，为纪念阿尔弗雷德·诺贝尔，瑞典中央银行出资设立了诺贝尔经济学奖。

1668年，一个新的银行成立了，这就是瑞典中央银行。帕姆思丘奇银行所有的权益都被转移到新成立的中央银行。由于之前发生过超印纸币引发的危机，瑞典中央银行被勒令不得发行纸币。这一决定并没有维持太长的时间。1701年，瑞典政府收回了这项决定，中央银行开始发行纸币，这些纸币在当时被称为"运输券"。

这些"运输券"一直使用到18世纪。老问题再一次出现：伪造的"运输券"开始在全国范围内流通。为了禁绝伪造纸币，政府决定由中央银行自己生产用于纸币印刷的纸张。央行在距离斯德哥尔摩不远的通巴(Tumba)开设了一家造纸厂，这家造纸厂唯一的使命就是生产印币用纸。

英格兰法定货币体系的瓦解

1694年，英格兰紧跟着瑞典的脚步成立了自己的中央银行，即英格兰银行来购买政府债。

当国王威廉和王后玛丽登基之时，英格兰的金融正处于一片混乱。在女王伊丽莎白一世统治期间，英格兰斥巨资帮助荷兰抵抗强大的西班牙人的攻击。战争持续了50多年，英格兰的财力被大大削弱。迫于压力，政府不得不考虑成立一个新的中央银行。才智之士纷纷建言献策，就如何组建一个能够稳定国家经济的中央银行提出了很多建议。

威廉·帕特森（William Paterson）爵士靠着与西印度群岛进行贸易发了大财，而且他在阿姆斯特丹逗留期间也对银行体系有了一些了解。1691年，帕特森就应该采取什么程序创设一个中央银行向政府提出了一项建议，但他的这项建议并没有被接受。

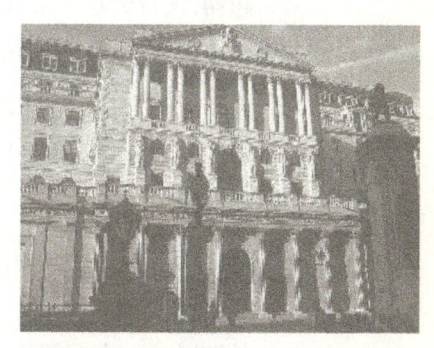

英格兰银行 于1694年以私营方式成立，1946年被收归国有。总部自1734年起一直设置在伦敦金融城的针线街，因此被人称为"针线街的老管家婆"。

帕特森并不是一个轻易就承认失败的人。他第二次上书，向威廉和玛丽大致描述了自己的计划，其中包括贷款120万英镑设立银行的方案。这次，国王和王后接受了他的建议。1694年，议会通过法案，向银行颁发了皇家宪章。银行的正式名称为总督与公司之英格兰银行（Governor and Company of the Bank of England）。该银行属于一个约20人的团体私人所有，他们把钱借给政府，成立了这家银行。作为回报，他们有权每年拿到8%的利息，此外，他们每年还会收到一笔管理费。

帕特森成了银行的一名董事。他的商人朋友迈克尔·戈弗雷（Michael Godfrey）做了副总督，而另一位伦敦商人约翰·胡布隆（John Houblon）则成为银行的首任总督。

约翰·胡布隆（1632～1712）英格兰银行第一任总督，50英镑背面画像，其假发被称为"史上最卷曲的假发"。

银行有权向外贷款及发行纸币，最重要的是可以为政府提供资金。在有资金需求的时候，银行业可以组织销售政府债券。该银行还担当着政府部门的银行的职责，协调并处理各部门日常的交易。在为期几年的时间内，该银行起到了稳定英格兰经济的作用。

起初，银行为私人所有，不过到了1946年，银行实现了国有化。1997年，英格兰银行成了一家独立的公共组织，全部归英格兰政府所有，并承担起为联合王国制定货币政策的职责。无论平时还是战时，银行都管理着政府的账户，并为政府支出进行融资。

罗斯柴尔德，金钱的幕后东家

长期以来，人们都认为运营稳健的英格兰银行会一直这样经营下去。1825年，情况发生了戏剧性变化。拿破仑战争之后，英国经济经历了一次大规模的繁荣。拉丁美洲的很多地区都已经开始开发，伦敦的投资者开始投资于所有与这些土地有关的项目。

此外，英格兰银行宽松的货币政策也对这次经济繁荣起到了助推作用。但由于银行毫不节制地向外贷款，因此船运、运河和纺织等行业的投机现象非常猖獗。随着投资者开始疯狂地推高股票价格，泡沫最终失去控制。信贷大潮开始消退，各公司越来越难以拿到贷款。1825年4月，情势恶化，繁荣结束。

此后，公司开始申请破产保护，很多银行也无以为继。仅在伦敦就有6家银行倒闭，此外在英国还有另外60家银行被迫关门。11月，很多大型企业轰然倒塌，恐慌开始大规模爆发。英格兰银行随后开始加速印刷纸币。然而这却导致了硬币准备的下降。实际上，硬币准备已经到了临界水平。

迈耶·罗斯柴尔德（1744～1812）20岁做古钱币生意，他不仅经营棉制品、烟酒，并开始从事银行业，40多岁便成为法兰克福城首富。

没过不久，英格兰银行得到了英格兰最富有的人内森·罗斯柴尔德（Nathan Rothschild）的救助。内森是迈耶·罗斯柴尔德（Mayer Rothschild）

的五个儿子之一，他于 1777 年生于德国的一个犹太人居住区，后来成了推动罗斯柴尔德家族财富增长的最大力量。他来到曼彻斯特，并在这里创设了罗斯柴尔德帝国的分支。

1808 年，内森创立了罗斯柴尔德父子（N M Rothschild & Sons）公司，最终这家公司成了伦敦规模最大的金融集团。在 1825 年的危机中，它曾为英格兰银行提供了足额的硬币。

英国官方向罗斯柴尔德家族求助并非仅此一次。1815 年，内森为威灵顿将军提供资金，帮助他取得了滑铁卢之战的胜利。这场战斗对于伦敦在金融上的成功具有至关重要的意义。如果英国输掉这场战斗，它所发行的债券就将变得一文不值；假如英国能够赢得这场战斗，债券的价格则会大幅上升。对于投资者而言，成败在此一举。

而对内森来说言，这也是能否爬到财富顶峰的决定性时刻。我们知道，在此之前，内森和他的兄弟们已经建立起了一个地下情报系统，通过这一系统，他可以比任何人或政府都能更快地获知重大新闻和信息。

内森不仅利用这一情报系统跟踪战斗中所发生的事件，同时他还要利用获得的信息做出生死攸关的金融决策。投资者们的资金全都投在了债券上面，因此大家都在等待威灵顿将军是否在战斗中取胜的消息。他们可没有内森的信息网络，无法事先获得信息。当时所有人都以为威灵顿凶多吉少。

当内森步入伦敦股票交易所的时候，投资者立刻陷入恐慌，认为他的出现证实了威灵顿将军战败的传言。所有人都认为英国的债券已经一文不值了，于是很多人开始抛售。与此相反，内森则竭力买入能够买到的每一张债券。不久之后，令每个人震惊的消息传来，威灵顿将军打败了拿破仑，债券的价值立刻开始上升。仅仅一天的时间，内森的财富就增长到了很多人无法想象的水平。有报道称，在那一天里，罗斯柴尔德家族的财富翻了 20 倍。罗斯柴尔德家族成了英国政府最大的债权人。内森曾经这样说过：

> 我不在乎英格兰的王座上坐着哪个人，也不在乎哪个傀儡统治这个帝国。只有控制了不列颠货币供应的人才是真正控制不列颠帝国的人。现在，控制不列颠货币供应的人是我。

后来，罗斯柴尔德帝国又从伦敦扩张到了美国。1913年，美国联邦储备局成立，罗斯柴尔德伦敦银行（Rothschild Bank of London）成为其创始成员银行之一。

英王的"符木"计债术

远在英格兰银行成立之前，英国使用的货币体系就已经具备了现代法定货币体系的雏形。在中世纪的时候，人们在记账和簿记时使用的是符木。所谓的符木，就是在一块木头或骨头上刻一个槽，代表一笔交易或是一个数字。因为当时识字的人很少，在木头上刻槽是最容易并能够用眼睛看到的表示一笔交易的方法。

当征服者威廉的儿子亨利一世于公元1100年登上英国王位之后，对符木记账法进行了改革，并使之成为缴纳税赋的一种方法。亨利一世的符木都是用抛光过的榛木或是柳木制成的，从一面开始刻槽。槽的尺寸各有不同，各自代表不同的单位。符木沿纵向剖开，分成两半，这样每一半符木上都有代表交易的刻槽。

沿纵向将符木剖成两半可以防止交易的任何一方擅自增加刻槽。符木剖开之后，一半交给纳税者，作为已经缴税的证明。另一半交给收税者财政大臣。

不管任何时候，如果双方想要核实交易，就把两块剖开的符木放在一起比对，就像拼图一样。如果两半相符合，双方就都知道符木真实无欺。

国王亨利一世并没有只将符木用在税收上。不久之后，他发现可以事先发出符木，以此作为满足英国自身支出需求的筹资手段，尤其是为以扩张帝国为目的战争筹资。

换句话说，这些新被创设出来的符木（代表着未来税收收入）可以用来作为向国王的债权人进行支付的工具。反过来，债权人既可以向那些需要缴纳税赋的人直接收税，也可以使用这些符木向政府支付自己应缴纳的税赋。

通过新发行的符木卖出未来税收收入的方式为政府债务创造了一个巨大的市场。没有人质疑这些债务是否会得以支付。毕竟，这个人是英国的国王，有他的一句话就已经足够了。这就使得政府债务的市场保持了非常强劲的增长态势，事实上，这一体系在最初几年运行得相当有效。就像我们在约翰·帕姆思丘奇案例中看到的一样，由权力以及贪婪驱动的体系最终都会崩塌。

国王查理二世成为英国的统治者之后，符木体系也遭遇到了同样的命运。查理二世登基之后，他在货币方面的权力已经被大大地削弱了。国王查理如果想要钱，必须先通过议会，特别是当他想提高税负的时候，必须经过议会批准。当时，英国仍然因为荷兰战争的缘故而承受着财政创伤。

每次获得议会的批准之后，他都会把符木，即国家未来税收收入折价卖给金匠，这些金匠的作用就相当于银行家，他们已经非常习惯于接受黄金或其他贵金属的同时给对方开出收据这种业务了，出于安全的考虑，他们会把黄金或其他贵金属存放到储藏室内。

由于符木代表了国王的负债，并且只要持有符木就可以得到支付，金匠们就会收下符木，并在未来需要支付的时候出示这些符木。当然，他们也可以卖出这些符木。国王查理已经厌倦了这种受制于人的状态，他不想在筹钱的时候征得议会的同意了。于是他绕过议会，开始随心所欲地发行符木。他发行的符木越多，英国的国债规模就越大。

最终，国债规模的大幅扩张把查理二世赶下了王位。每次国王发行更多的符木，金匠们只有在折扣更大的情况下才愿意购买，而国王每次也都同意了。这导致了一种恶性循环：如果国王想要增加流通中的符木数量，每次就必须要给出更大的折扣。从新发行的符木数量来看，未来需要支付的款项很快就超过了王国的税收收入。英国眼看就要破产了。

为了挽救这种危局，国王查理宣布这些债务违法。所有这些本应得到偿付的符木都被停止支付了。这样一来，金匠们储藏室内存放的符木全都变成了不值钱的木头。我们并没有从这些错误中学到教训。我们又一次看到，缺乏硬资产支撑的体系很容易遭受到比这个体系的发明者预先所设想的更为重大的失败。这些体系却一直被沿用下来，不信看看美国现行的货币体系就知道了。

这一体系与英国中世纪的符木体系并没有太大的差别。现在，支撑我

41

们这个现行货币体系的,也无非是政府的一句话而已。尽管美国国债的数量已经增长到了天文数字,但美国仍在继续增加流通货币的数量。这不禁让人怀疑,这一体系是否也在劫难逃。

我们还不能确切地说未来的结果会是什么样的,毕竟我们的法定货币才刚刚走过数十年的历程。不过,我们必须把过去的失败作为借鉴,包括瑞典帕姆思丘奇银行发行纸币的失败和英国符木体系的失败。

在货币政策上经历过惨痛失败的国家绝不仅仅只有上述几个。法国也曾因为货币体系失败而陷入苦苦挣扎的境地。

密西西比公司的空头支票

在中央银行诞生之后,欧洲其他国家纷纷开始设立中央银行。1800 年 1 月,拿破仑政权为了稳定法国大革命后的货币体系,设立了法兰西银行(Banque de France)。

最初,拿破仑为了尽可能地避免此前约翰·劳(John Law)建立的银行体系中出现的错误,他利用法律将银行的业务范围限制在巴黎城内。考虑到城内原本就有类似的机构,法律并没有向该银行提供"竞争保护"。

法兰西银行 于 1800 年 1 月 18 日由拿破仑·波拿巴建立,负责纸币的发行,帮助法国经济摆脱法国大革命带来的萧条。

约翰·劳是一个苏格兰金匠的儿子,在法国定居前,他曾在欧洲多个城市游历。14 岁的时候,约翰还在跟着父亲做金匠,不过他对银行经营和经济学有着极大的兴趣,且一直没有间断在这两方面的学习。事实上,约翰还自己发展出了一种货币理论,他曾在自己的文章《货币和贸易研究以及向国家供应货币的建议》(Money and Trade Considered with a Proposal for Supplying the Nation with Money)中详细解释过这一理论。据说,还有两本书也都出自他的手:《论地产银行》(Essay on a Land Bank)和《论货币和贸易》(Money and Trade)。

约翰认为,各国应该设立两种职能不同的机构,其中之一是国家金融体系中的银行,另外一种就是国有的商业公司,这两个机构都不允许私人银行参与。他相信,这样就可以实现由国家操纵金融和贸易,从而建立起对金融和贸易的垄断,而国家从金融和贸易活动中获得的利润则可以用来偿付国债。约翰还相信,政府最重要的功能就是增加国民财富,达成这一目标最好的办法就是增加流通现金的数量。既然金币和银币的供应数量都是有限的,那么,加大流通中纸币的数量就会增加商业活动,使国家变得更富裕。

约翰所需要的,就是一个能将他关于银行经营、经济和货币政策的理论付诸实践的位置。他把目光转向了法国。西班牙因王位继承而发生战争,法国已经累积起了高达 30 亿里弗尔①的国债。法国国王路易十四死后,摄政王向约翰·劳伸出了橄榄枝,表示愿意按照他的理念,改革法国的货币体系。

约翰·劳(1671 ~ 1729)
他任职财政大臣时期推行的经济金融政策导致密西西比泡沫事件,致使法国经济全面崩溃。

1715 年 10 月,约翰把自己的建议上呈摄政王奥尔良公爵,他提出了利用前所未有的货币体系让这个国家重新构筑起一个财富帝国的想法。公爵允许约翰把他的理论付诸实践,并赋予他特权,设立一家私人银行:通用私家银行(Banque Générale Privée)。这家新的银行已得到授权,可以发行纸币,而这些纸币则由法国政府的债务提供支持。这种新的纸币还被赋予了法定纸币的地位。

在此之前,法国公民日常的金融交易使用的都是铸币,包括金币、银币还有铜币。法国公民对这种新的纸币没有什么兴趣。约翰鼓励奥尔良公爵颁布法令,声称银行所发行的纸币能够以金币或银币赎回。公爵还同意新的纸币可以用来支付税款。最后,公爵还下令,所有公共资金必须存入通用私家银行。

在约翰的计划里,成立银行仅仅是个开始。他还获准在法属路易斯安那和加拿大地区开办一家公司——密西西比公司,该公司拥有当地的独家

---

① 旧时通行于法国的一种记账货币,1 里弗尔 = 1 磅银子。

贸易权和开发权。作为公司章程的一部分，法国政府将新领土的金融权大部分都赋予了密西西比公司。此外，章程要求约翰带领 6 000 名法国人和 3 000 名奴隶在新的领土定居。

密西西比公司还被允许以公司股份换取部分法国国债。对很多人来说，这当然是一个绝对不容错过的交易。毕竟，公司之所以成立就是要为法国开疆扩土，更不用提它所拥有的贸易垄断权了。之后，投资者开始大举买入密西西比公司的股票，因此其股价扶摇直上，这是一次巨大的成功。毫无疑问，约翰·劳挣得了巨额财富。

1718 年，约翰·劳名下的通用私家银行和密西西比公司合并成为皇家银行（Banque Royale）。公爵将银行的所有股东扫地出门，并且将此银行收归国有。为了

密西西比公司　主要从事贸易和开发等商业活动，公司经营状况极差但是股价却暴涨到发行价格的 40 倍以上，是近代三大泡沫经济事件之一。

回报约翰·劳为新政府作出的功绩，奥尔良公爵任命他为财政大臣。由于被派出国寻宝的探险队汇报新世界遍地财富，与墨西哥不相上下，于是法国政府对开发路易斯安那产生了浓厚兴趣。探查者称这一地区有大量的白银和毛皮。他们还声称，这些地方非常适合种植法国人喜爱的烟草和其他作物。

这些报告并不真实。这片新的土地十分荒凉，不适合人类居住。为了刺激投资者购买新成立的密西西比公司的股票，约翰把这里的生活描述得如同巴黎一样。投资者们听说这里有大量的白银，而且生活与巴黎相差无几，他们全都迫不及待地买进新公司的股票。

密西西比公司的股票最初发行价为 150 里弗尔，不过短短几个月之后就飙升到 1 万里弗尔。1720 年，公司声称要派发股息，于是股价应声涨到 1.8 万里弗尔。进入这一新市场仅仅需要 10% 的保证金，因此各行各业的人蜂拥而至，排队等着购买密西西比公司的股票。很显然，他们认为这是千载难逢的脱贫良机。看上去很美很疯狂的投机机会，往往会在突然之间戛然而止。密西西比公司的故事也不例外。

一开始，有几个目光犀利的投资者意识到，在新领土攫取大量财富的故事被严重夸大，与真实情况相去甚远。1720年，两位皇室亲王决定卖出他们所拥有的密西西比公司的股票。

对于很多焦急地等待着投资赚大钱的人来说，皇室亲王早早地卖出股票意味着情况不妙。随后，投资者如雪崩一般地开始抛售密西西比公司的股票。股价开始螺旋式下降。不久，密西西比公司的市值就跌去了97%。这一情形激怒了投资者。为了保住所剩无几的一点钱，大批的人涌入皇家银行，要求用纸币换取金币，因为这是政府曾经亲口作出的承诺。但是，皇家银行的金币储备不足，无法满足人们的需求。

皇家银行发行的纸币数量太过庞大，政府已经无力用金币或银币来赎回所有流通中的纸币了。为了力挽狂澜，约翰决定孤注一掷，又印刷了总值150万里弗尔的纸币。然而一切已经太晚，这些纸币早已一文不值，公众陷入了暴怒之中。皇家银行无计可施之下，无奈宣布破产。

这次危机的影响极为深广。巴黎的各家报纸都刊登了这样一首诗：

  星期一，我买股票；

  星期二，我赚了几百万；

  星期三，我买家具；

  星期四，我买好衣衫；

  星期五，我跳舞；

  星期六，我进了乞丐收容站。

风波之后，这次纸币骗局的幕后推手约翰·劳被迫永远离开了巴黎。皇家银行挤兑事件发生之后，政府摒弃了建立在纸币基础上的货币体系，而这一体系还是约翰·劳在多方努力下建立起来的。但如今，这一体系令法国经济陷入了风雨飘摇的境地。

与2008年那场让全球经济连续数月在困境中挣扎的信贷危机相似，受到1720年危机波及的国家远远不止法国。欧洲各国都有人投资于密西西比公司，他们的发财梦全都构筑在这家公司之上。遗憾的是，美梦最终变成了噩梦。不管是公司还是个人，都在这场危机中赔了钱，还有些公司或个人不得不宣布破产。

读完这个故事后，你可能会说这些事件都是孤立事件，而且仅局限在欧洲范围内，当美国建立起自己的银行体系之时，所有这些不完美之处应该都已经得以矫正了。乔治·华盛顿签署设立美国第一银行（First Bank of The United States）的法令之后没有几周，就爆发了一次恐慌，几乎令本已步履维艰的美国经济一蹶不振，你是否感到惊讶呢？

美国第一银行（1791～1811）
特许运营，承担美国央行职责，但无货币发行权，且实为英国央行控股。

还债，美国第一银行的第一使命

美国的中央银行体系始创于19世纪初，标志性事件是1790年美国第一银行的成立。最初，该银行只能在卡彭特大厅（Carpenters' Hall）租几间办公室办公，后来才搬到了自己独立的办公大楼内。美国中央银行设立的初衷是为了偿还在独立战争中积欠的债务。还有另外一个原因，那就是当时美国流通着几种不同的货币。这种情形和欧洲各国的情形大致相同。1790年，美国首任财长亚历山大·汉密尔顿向国会提交议案，要求模仿英格兰银行成立一家国民银行，名字就叫美国银行。美国银行可以吸收存款、发行纸币（作为贷款或用作存款证明）、贴现商业票据以及向美国政府提供短期贷款。

仅从银行办公大楼的规模来看，这家银行可以称作是全国最大的银行。美国第一银行的办公大楼的规模是当时美国其他一些商业银行的5倍。由于英国方面设法阻止殖民地金融对手的发展，所以当时成立的银行并不多。这一新建的银行还将控制全国的货币供应。汉密尔顿认为，国家需要一个联邦特许银行来吸引外国的投资，同时这个银行还将作为联邦财政部的行政机构，监管全国的货币供应。监管货币供应具有至关重要的意义。因为当时只有3家国家特许银行有权发行纸币。但这些纸币只限于在当地流通使用。新的银行不仅要存放联邦储备金，还要利用这些资金来偿还国家债务。而由于战争的消耗，国家的债务总额已经大幅上升，维持在大约8 000万美元的水平。直到1795年，联邦政府的收入尚不足以应付政府支出。

汉密尔顿还相信，这家银行还应该成为新建企业的资本来源，这样有助于发展国家经济。美国第一银行将成为一个重要的商业贷款机构。并不是所有人都同意国家需要一个中央银行这一理念。当这项提案提交到托马斯·杰斐逊手上时，这位国务卿便投了反对票。

托马斯·杰斐逊（1743～1826）《独立宣言》主要撰稿人，美国第一任国务卿，后任第三任美国总统。

杰斐逊是全美当时最富有的人之一。他继承了父亲留给他的5 000英亩土地和几百个奴隶。由于他自己拥有土地，因此杰斐逊希望将国民经济建立在"土地的产出与在土地上的劳动"这一基础之上。杰斐逊不同意汉密尔顿设立一个中央银行的建议，特别是一个发行纸币的银行。不仅如此，杰斐逊也不喜欢普通公民也能够借钱这一理念。杰斐逊是一个精明的人，知道借钱将使人债台高筑。他也知道，债务能够摧毁一个人的财富，甚至会摧毁一国的财富。在交给华盛顿总统的文件中，杰斐逊表达了反对设立中央银行体系的看法，他在文件中写道：

> 在我看来，宪法并未赋予美国设立银行的权力，也没有赋予立法机构这样做的权力。这两项权力并不包含在宪法明确列举出来的权力范围之内。

杰斐逊还给其他的国会议员写信，陈述他不支持设立中央银行的理由。比如，他在给弗吉尼亚州的参议员约翰·W·艾普斯（John W. Eppes）的信中写道：

纸币无非是一种廉价的媒介，就算运输便利，但这方面的节省与贵金属的优势相比简直微不足道……且容易被滥用。在每一个允许发行纸币的国家里，过去都发生过被滥用的情形，现在也正在被滥用，而且永远都会被滥用。

他在给托马斯·劳（Thomas Law）的信中写道：

对于设立一家国民银行的建议，我不能苟同。因为从目前的情形来看，国会并没有该项权力，而且我认为当前这种纸媒介不是太少了，而是太多了。

在给众议院议员阿尔伯特·加勒廷（Albert Gallatin）的信中，杰斐逊写道：

美国银行是最具恶意的一种存在，无论是在原则上还是在形式上都与宪法相悖。在最为紧要的关头，这样的一个机构其分支渗透到联邦的任何一个部分，受命而动，可能会颠覆我们的政府。

汉密尔顿发起了反击，声称国会有权决定哪些手段是必要的，哪些手段是适当的。最后，华盛顿站在了汉密尔顿一边。1791年2月25日，乔治·华盛顿总统签署法案，授权设立美国的第一家国民银行。该银行的初始股本为1 000万美元，全部通过销售股票筹得。

这无疑是一笔巨款。尤其是考虑到全国仅有的3家州立特许银行的总货币供应只不过为200万美元。在这1 000万美元的资本中，联邦政府拥有价值200万美元的股份，并拥有20%的董事会席位。因此，联邦政府在相当大程度上控制着这家银行。其余的股份则皆由私人投资者认购。

该银行获得了20年的经营许可。它有权发行纸币或其他通货，但总值不得超过100万美元。纸币可以用来缴纳税款。

北美银行（Bank of North America）前总裁托马斯·威林（Thomas

Willing）被任命为该银行的第一任总裁。同时，他还是费城市长、阿尔巴尼代表会议的秘书、宾夕法尼亚州最高法院法官。

新董事会召开会议讨论了银行的规章制度。不过，他们很快就开始以债券的形式发售国债，利息为6%。至于私人投资者，美国第一银行发售的股份有着非常完整的支付系统。初次支付时，投资者必须拿出25美元的硬币。然后，投资者还要完成另外4次支付，每次支付都包括硬币和新发行的债券。

早期的投资者们迫不及待地购入了美国第一银行新发行的股份。最初发行价为每股25美元。短短几天时间，股价急速飙升到300美元，并最终稳定在每股150美元。

不过，投资者此前从未见过如此大起大落的股价，于是开始担心，市场出现了轻微的恐慌情绪。汉密尔顿随即写信给纽约银行（Bank of New York）董事会主席、参议员鲁弗斯·金（Rufus King）说，这个新的中央银行体系正在引发泡沫。

为了防止经济崩溃，汉密尔顿立即授权投入15万美元购买国债。他这样做就是要正大光明地向公众和投资者表明，美国政府完全支持债券市场。这一举措稳定了投资者的情绪，市场于是得以回稳。然而没过多久，另一场恐慌很快降临，这次恐慌则是由一个非常有影响力的商人、非常强力的市场操纵者一手造成的。

首富与独裁联手制造最大的银行泡沫

威廉·杜尔（William Duer），1743年生于英格兰，30岁时来到美国。杜尔曾是"大陆会议"的成员，并在《邦联条例》上签过名。同时，受他的朋友汉密尔顿委任，他还在财政部任职。

杜尔曾为皇家海军舰船供应桅杆，并因此赚了大钱。在纽约居住期间，他在哈德逊河沿岸一个叫米勒堡的地方附近买了一大片森林。在一次回英国的途中，杜尔与皇家海军签订了一纸合同，同意为海军舰船提供桅杆。于是他便在米勒堡附近建起了锯木场，开始生产桅杆。

但这并不是他唯一的收入来源。杜尔是一个精明的生意人，一个公认的土地、股票和国际贸易投机者。

1791年，杜尔辞去了他在财政部的职务，开始与亚历山大·麦库姆（Alexander Macomb）合伙做生意。麦库姆是纽约最有钱、最杰出的人物。与杜尔一样，麦库姆的钱大部分都是通过土地、其他商品和资产投机赚来的。两个贪婪的人走到了一起。麦库姆有钱，杜尔在财政部有关系，二人结合，财源滚滚。据说杜尔即便在财政部供职的时候，也从不掩饰想尽各种办法赚钱的意向。

事实上，有些人还声称，为了抬升股价，杜尔曾有意地把他正在投资的企业的消息泄漏给媒体。这些指控很可能是真的。有钱的生意人就是国家的统治者。在本书第11章，我们将清楚地看到，"大陆会议"的成员都是地主、生意人、有钱的商人，而在普通人的眼中，他们简直就是神。

然而当时并没有监管机构监督他们的行为，他们拥有绝对的自由，有权按照任何自己喜欢的方式做生意。这也是我们相信杜尔可能曾向媒体泄露消息的原因之一。由于有谣言称纽约银行将要被美国第一银行收购，杜尔开始买入纽约银行的股票，因为他相信该银行的股价必将大涨。杜尔毕竟是个久经战阵的老手，套期保值这一套玩得非常熟练。他在买入纽约银行股票并希望股价大涨的同时，还下注赌该银行的股价会下跌。

他利用个人账户里的资金来做空这只股票。如果收购这件事纯属子虚乌有，杜尔和麦库姆的联合账户就会亏钱，但杜尔的个人账户则会赚钱。这两个人对纽约银行股票的兴趣引发了投资者的狂热。于是有关银行并购的传言一时甚嚣尘上。

杜尔被投机以及由此他带来的巨大财富深深地吸引住了，他上瘾了。当看到投资者对于银行并购抱有如此大的兴趣后，杜尔开始四处借钱买入更多的银行股票，并承诺在两周内偿还。杜尔非常自信地以为，股票的价格必将上涨，他借来的资金很容易就能还上。

假如股价真的像杜尔所预期的那样上升，那他很可能会成为全美最富有的人。市场总是难以预料，收购并没有发生，股价急速下跌。这样一来，杜尔根本无力偿还他为了购买更多的股票而欠下的巨额债务。杜尔一时间债台高筑，但这完全是他咎由自取。随着股价进一步下跌，曾借钱给他的人纷纷上门讨债。

1792年3月23日，杜尔被捕，随后锒铛入狱。由于他人为地在银行类股中制造了一次牛市，他入狱的消息立刻在华尔街引发了恐慌。据估计，此次损失高达300万美元，很多人因此变得一贫如洗。关于这次危机，汉密尔顿在给托马斯·伦道夫（Thomas Randolph）的信中这样写道：

> 纸币泡沫最终还是破裂了。杜尔先倒下了，很快就会有越来越多的人倒下，就像九柱地滚球（即保龄球）的木柱一样，一个接一个地倒下去。到那时，破产就会成为家常便饭了。

此前，当新成立的美国第一银行的股价和国债的价格急速上升时，汉密尔顿曾出面稳定市场情绪，这一次，在恐慌爆发之后，他立即又如法炮制，以期重振市场信心。他的办法的确使得市场情绪暂时稳定了下来，但是简短的反弹之后，股价又开始下跌。汉密尔顿又买入了价值5万美元的国库券，并保证在必要的时候再买入10万美元的国库券。这一招奏效了，4月底，那些原本已经逃出市场的投资者又纷纷回来，并开始买入股票。

杜尔于1799年5月7日去世，他的余生都是在监狱里度过。直到去世，杜尔欠下的债都没有还清。随着市场复苏，已经很少有人再提到他的名字了。尽管他这个人已经被人们淡忘了，投机行为却依然活跃在市场之上。

投机几乎已经成了一种必然选择，不仅个人投资者如此，华尔街上的机构投资者也不甘人后。高盛公司就是规模最大、名气最大的投机机构之一。高盛不仅创造出了极具投机性、风险极高的抵押支持证券，还在大力推荐其他机构买入这些证券的同时做空这些证券。

2010年4月15日，证监会指控高盛证券欺诈。证监会称，高盛集团没有向投资者披露在住房市场行将崩溃时卖出的次级投资中存在的"利益冲突"。高盛称证监会的指控完全是无中生有。从我们所进行的研究与调查结果来看，高盛曾有过在欺诈方面打"擦边球"的历史。这也是我们把高盛称为"最肮脏的野蛮人"的原因所在。

第2章
大恐慌：美国经济的"间歇性头痛"

正当公众沉浸在美国经济将持续繁荣的美梦中时，费城铁路公司和全国绳业公司的倒闭，引发了工业史著名的"黑色星期一"。

美国有一部情景喜剧叫做《我爱露西》(*I Love Lucy*)，剧中主角总是对他的妻子说："露西，我们有麻烦了。"是的，我们美国目前也有一个麻烦了，一个与银行有关的大麻烦。

在美国，联邦存款保险公司以131亿美元的资产为8 124家银行和储蓄协会的存款提供保险，其中包括90亿美元客户银行的存款。

美国规模最大的银行有美国银行（Bank of America）、摩根大通银行（JPMorgan Chase Bank）、美联银行（Wachovia Bank）、花旗银行（Citibank）、华互银行（Washington Mutual Bank）、太阳信托银行（Sun Trust Bank）、美国合众银行（U.S. Bank）等。

美国有很多家规模非常大、在公众眼中几乎是不可能倒掉的银行。按照美国联邦保险公司的统计，2008年有25家银行倒闭。这一数字比过去7年中任何一年的数字都高。

罗斯福总统（1882～1945）
美国第32任总统，且连任四届总统。他是20世纪二三十年代经济危机与"二战"期间的中心人物。

然而事情还没有结束，接下来的一年情况确切地说，糟了5倍。2009年，美国有140家银行倒闭。倒闭的银行中规模最大的当属华互银行，该银行于2008年倒闭，其资产总值高达3 000亿美元。

尽管银行的倒闭速度足以让人心有余悸，但大萧条的时候，倒闭的银行更多。1929～1933年，大约有9 400家银行倒闭。据联邦银行保险公司的数据称，在此期间的银行倒闭事件导致的存款者损失总数约为13亿美元。

当时的情形十分严峻，罗斯福总统不得不下令关闭美国所有银行，以防止再次发生挤兑事件。图 2.1 表明了经济危机时期银行倒闭的数量是何等的惊人。

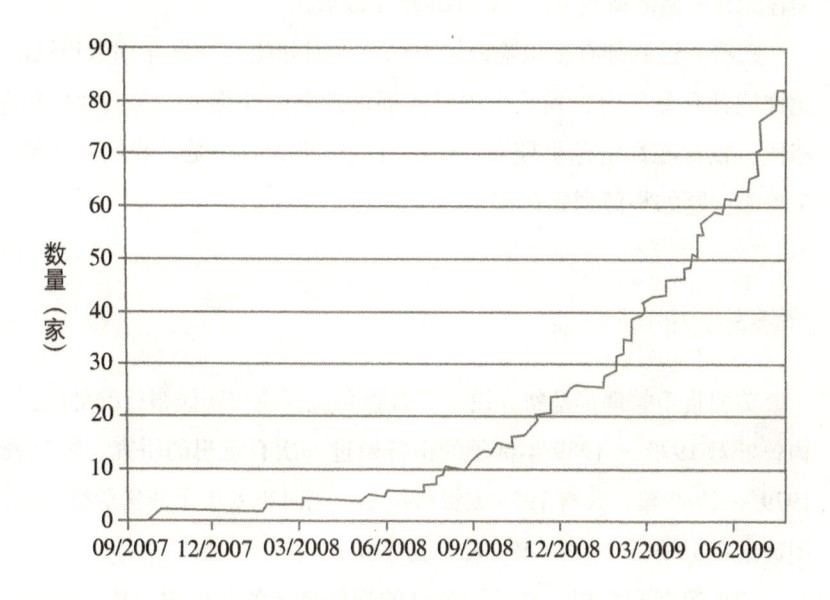

图 2.1　美国倒闭的银行数量

资料来源：Economicreason.com

如果一家银行无力偿还其对存款人和其他人的负债，该银行就要关门，或是宣布处于"无力履约"状态。银行一旦倒闭，联邦存款保险公司就会接管该银行的资产，然后再把这家银行卖给另外一家实力更强的银行，在此之前把这家银行当作一家联邦银行经营。联邦存款保险公司从自己的存款保险基金中拿出钱来偿付客户。存款保险基金来自于成员银行交纳的保险金。截至2007年底，存款保险基金已经累积至524亿美元。由于银行倒闭的数量节节攀升，到2009年底，联邦存款保险公司的资金已经出现了209亿美元的赤字。或许这还不是最糟的情况。据估计，由金融危机引发的银行倒闭将给联邦存款保险公司带来了1 000亿美元的损失。

联邦存款保险公司筹钱弥补赤字的一个办法，就是要求各机构提前支付未来3年的保险金。据联邦存款保险公司估计，这样可以带来大约450亿美元的资金。

遗憾的是，这些钱仍然不足以应付预期的损失。因此联邦存款保险公司在无计可施的情况下，不得不求助于政府。

政府知道联邦存款保险公司缺钱。正因如此，2009年国会通过法案，允许联邦存款保险公司从美国财政部借款来弥补损失。与其他任何时候相比，银行在经济危机期间倒闭的可能性更大。但是，我们有必要进一步探求问题的根源到底在哪里。

经济崩溃的导火索

美国货币管理局是特许设立、监管和监督所有国民银行的部门。该机构曾针对1979～1989年倒闭的银行做过一次有意思的研究。研究表明，1979～1989年，共有1956家银行倒闭。当时也发生了储贷危机，银行倒闭数量在1989年达到了最高峰，为534家。

货币管理局发现，在其评估过的那些倒闭的问题银行中，有90%的银行存在严重的"管理驱动弱点"。内部问题主要有两种：过度激进的行为，董事或管理人员消息不灵通或是疏忽大意。货币管理局的研究表明，这些银行之所以倒闭是因为管理人员承担了过多的风险，并最终对风险失去了控制。

如果我们快速地回顾一下历史就会发现，在大萧条期间，银行倒闭是因为证券投机交易盛行，这与银行承担了过多风险的说法不谋而合。在针对银行倒闭事件发表的评估报告当中，国会预算局（CBO）这样写道：

尽管这些银行遭遇的很多问题都是由外部原因引发的，但银行倒闭的主要责任却应归咎于其管理者和董事会。当然，这一责任并不能否定监管不力或是不可预见的经济动态是银行倒闭的原因，但银行的管理者则是对经济状况和监管环境做出反应的代理人。

一些管理者犯错是因为他们对一大堆不同寻常的因素做出了不正确的反应。有些时候，管理者竟完全忘记了投资组合多样化，而董事会也没有坚持执行合理的放贷标准。

倒闭银行的管理者都采取了较为激进的贷款标准，而又缺乏合理的预防违约的措施。结果就是，很多银行的管理者都没能有效地应对竞争加剧的情形，在不利的经济动荡发生时，机构即告倒闭。

联邦存款保险公司表示认同国会预算局的看法。同时，联邦存款保险公司还表示，银行倒闭的数目之所以如此之多，是因为当时的银行承担了过多风险，然而却没有相应的应对能力。在货币管理局、国会预算局和联邦存款保险公司各自编写的银行破产评估报告中，三家机构全都得出了同样的结论：承担了过多的风险。那么，对于近期的银行倒闭事件，是否也存在此种情形呢？

第四季度的《SRC 见解》（*SRC Insights*）报告中，费城联邦储蓄银行称，银行管理举措和激进的风险承受行为将再一次引发质疑。

在评估中，费城联邦储蓄银行写道：

> 通过对近期的银行倒闭事件的共通之处进行研究，我们发现大多数遭受重大损失的银行都存在管理不善和董事会失察的问题。

这篇报告中特别提到的一个领域就是商业地产。在对损失进行评估时，报告指出，在 2009 年第三季度中倒闭的机构中，按照风险基础资本所占百分比计算，平均商业地产集中度大大高于 2006 年机构间商业地产集中度指导标准中定义的监管标准。

与华尔街的情形差不多，银行对于增加收益越发地迷恋了。正是在这样的痴迷中，他们把风险管理策略和流程置之不理，一心只想着赚钱。很多专家都表示，储贷危机中银行如此大规模地倒闭并不能仅仅归咎于宽松的风险策略。一些批评家认为，Q 条例曾对整个行业产生了深刻的影响。

Q 条例，限制利息的红线

在大萧条期间，立法者认为，如果他们能够迫使公司将资金投入到对整体经济有较大影响的领域，比如新建制造工厂、添置新设备等，就能够拉高国家的经济增长。

立法者同时还对银行间在存款利率方面的过度竞争加以限制。他们认为，银行间的竞争（以利率为基础）越激烈，银行吸收的储蓄就会越多，而这将导致他们不惮于发放风险较高的贷款。因此，立法者制定了一系列法律，吸引并鼓励银行以能够刺激经济增长的方式使用资金。

Q 条例就是其中一项法律。该条例为银行向储蓄账户和商业支票账户支付的利息规定了一个上限。该法律旨在对零售银行加以限制，20 世纪 60 年代初期，Q 条例经过修订后，储贷协会也被包括了进来。一位精明的银行家找到了一个绕过此条例的办法。20 世纪 70 年代初，Reserve Fund Inc. 的总裁布鲁斯·本特（Bruce Bent）面向公众发行了第一只货币市场基金。

在 Q 条例下，银行不能向支票账户支付利息，但可以向货币市场基金支付更高的利息，因为 Q 条例并不适用于货币市场基金。货币市场基金一面世，立即受到公众的热烈追捧。对于这样一种利息比 Q 条例规定的上限更高的产品，美国人当然是欢迎之至。

本特的基金很快扶摇直上。1972 年，该基金刚发行时资产总值不过 30 万美元，而在短短 3 年时间内，基金的资产总值就已经上涨到了 3.9 亿美元。

若要探讨 Q 条例，先要对储贷行业有一番了解。当时，储贷协会是人们首选的存钱之地，同时，储贷协会也是住房贷款的主要发放机构。另外值得一提的是，30 年固定利率抵押贷款在当时是通行的标准，可调利率抵押贷款当时还不存在。一般说来，如果一家储贷协会在20世纪60年代的时候发放了一笔30年期抵押贷款，那么到80年代，该贷款的未清偿余额仍然还在该机构的账目上，因为该笔贷款的存续期为30年。

如果储贷协会必须在30年一直持有此项贷款的话，它该怎么赚钱呢？这里面就有一个利差问题，即银行向借来的款项支付的利息与向贷款客户收取的利息之差，后者往往更高。储贷协会借款的来源可能是政府，也可能是其他银行。

一旦发生通货膨胀率高于贷款利息的情形，储贷协会就会赔钱。如果短期利率突然间急剧上升，长期资产（抵押贷款组合）的价值就会下降。由于Q条例的限制，储贷协会很难争取到个人存款。这是因为，政府国库券的利率已高达15%。

对于那些把钱存在储贷协会的人来说，按照Q条例，最高存款利息为5.25%，把钱从储贷协会取出来去买国库券能得到更高的利息。人们的确这样做了。

此举毫不意外地令储贷协会陷入困境。他们既然无法提高存款账户的利息，也就没有办法吸引更多的客户来存钱。存款对储贷协会至关重要，他们需要用这些钱来周转，或是借给其他银行。

储贷协会的存款大幅下降，最终导致了整个行业的崩溃。据报道，储贷行业在1981年和1982年的合计损失近90亿美元。截至1986年，441家储贷协会倒闭，这些储贷协会的资产总值合计约1 130亿美元。另有553家储贷协会的资产总值合计约为4 530亿美元，其手里的准备金只占总资产的2%。

1989~1992年，联邦政府救助了数以百计的无力偿债的储贷协会，纳税人为此支付了数百万美元。有专家称，这期间总共约有1 000家储贷协会倒闭。雪上加霜的是，储贷协会无法求助于联邦储蓄贷款保险公司，因为联邦储蓄贷款保险公司没有足够的钱来弥补这些机构的损失。联邦储蓄贷款保险公司最终也走向了破产的境地。此次储贷危机的损失总额高达1 500亿美元。

在美国历史上，曾有大量的银行经营不下去并最终倒闭。奇怪的是，这样的事情似乎只发生在美国。在大萧条期间，加拿大银行倒闭的数量为零。难道仅仅是因为他们很幸运吗？恐怕不是。举个例子，20世纪80年代储贷危机时，加拿大只有两家银行倒闭。而在2007年经济衰退时，加拿大银行倒闭的数量依然为零。事实上，《金融时报》称加拿大的银行"让全世界的人嫉妒"。

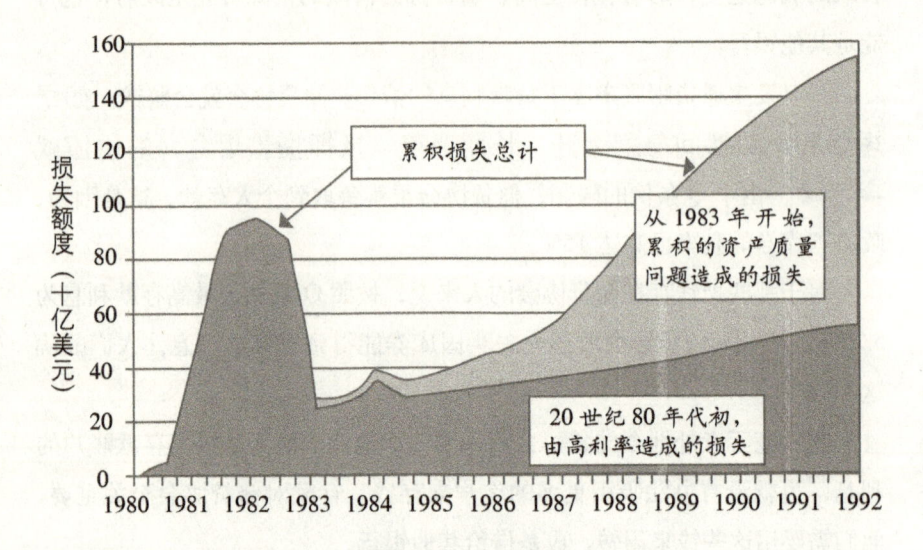

图 2.2　储贷危机引发的巨大损失

资料来源：经济与自由图书馆（Library of Economics and Liberty），www.econlib.org/library/Enc/SavingsandLoanCrisis.html

欧洲国家也曾发生过银行倒闭的事件，不过远不及美国多。1931年，奥地利发生过信贷银行（Creditanstalt Bank）倒闭事件，法国则发生过国立信托银行（Banque Nationale de Credit）倒闭事件。

"商界奇才"（Business Pundit）网站列出了一张单子，列出了史上25起规模最大的银行倒闭事件。

从表2.1中可以看到，历史上规模最大的25起银行倒闭事件中，有16起发生在美国。不过，美国的历史上不仅有银行倒闭，也有长期的银行泡沫和恐慌。我们先从1819年恐慌说起。

表 2.1　历史上规模最大的银行倒闭事件

序号	银行名称	国家	资产总值（亿美元）
1	新边疆银行	美国	6.7
2	国际商业信贷银行	英国	200
3	廉正银行	美国	3.5
4	赫斯塔特银行	德国	334
5	北海道拓殖银行	日本	330
6	迈阿密东南银行	美国	2
7	美利坚纽约银行	美国	2
8	富兰克林国民银行	美国	0.63
9	加拿大家庭银行	加拿大	1.4
10	联合信贷银行	奥地利	1 814
11	亮美银储蓄协会	美国	50
12	日本长期信用银行	日本	190
13	纽约 Goldome 银行	美国	99
14	西维纳多储贷银行	美国	50
15	直布罗陀储蓄银行	美国	134
16	北岩银行	英国	2 000
17	萨克森 LB 银行	德国	5 670
18	乔治亚州网上银行	美国	25
19	芝加哥第一银行	美国	28
20	新英格兰银行	英格兰	218
21	美国储蓄和贷款银行	美国	1 075
22	得克萨斯第一共和银行	美国	334
23	大陆伊利诺伊国民银行	美国	400
24	华盛顿互惠银行	美国	3 070
25	印地麦克银行	美国	300

资料来源：商业奇才网站，http://www.businesspundit.com

1819年危机：战争的附赠品

1819年发生的恐慌不但规模巨大而且影响深远。这是美国第一次面对如此大规模的危机——失业高企、银行倒闭、住房抵押贷款遭遇止赎、农产品价格减半。到底是什么引起了这次经济崩溃呢？很多专家给出了很多的理由，最常被提起的一个理由是：银行业内不负责任的行为。这与当今银行倒闭的理由听起来何其相似？

我们更加细致地看一看当时到底发生了什么：为了给1812年战争筹款，联邦政府大规模举债。由于美国第一银行的经营许可已经于1811年到期，所以当时并没有中央银行，政府不得不从各州立银行借钱。

这些州立银行都已获授权使用自己发行的货币，而且这些货币通常没有金币或银币的支持。此时，货币投机商正大举囤积金币和银币。由于没有限制，银行的数目就越来越多，这也意味着越来越多的纸币进入了流通领域。而纸币数量增加之后，通货膨胀率自然水涨船高。国内制造业正在增长，经济急速扩张和日渐高企的通货膨胀使得商品价格进一步走高。

当此情形，必须采取当机立断的措施。于是政客们于1816年特许设立了美国第二银行。该银行几乎就是第一银行的翻版，并在全国建立起了很多分行。新的中央银行并没有约束当时存在的众多银行的行为，相反，它还鼓励各银行沿袭旧有的做法，因为这样可以给联邦政府带来更高的收入。

仅仅两年之后，美国第二银行就发现通货膨胀率已经升得太高，货币供应远远超过了硬币准备。于是，第二银行召回了许多仍未清偿的贷款，并开始减少货币供应。

很多州立银行由于无法偿还贷款而宣告倒闭，中央银行也已经停止发放新的贷款。此举引发了大规模的恐慌，银行挤兑事件接踵而至。存款者蜂拥至银行，要求把纸币换成硬币。然而一切为时已晚。

此时，国家经济已经陷入了严重的衰退。南方受到的影响尤其严重，因为南方的经济基本是以农业为主。由于农产品价格下跌，南方减少了对北方工业制成品的采购，而此时北方的经济，则是以工业为主。

州立银行随即联合起来反对美国第二银行，要求各州对第二银行的经营施加限制。事实上,马里兰州已经开始对第二银行的经营业务征税。美国第二银行巴尔的摩分行则拒绝缴纳此项税款。

双方都不愿让步。于是案件被起诉到最高法院,这就是有名的麦卡洛克诉马里兰州案(McCulloch v. Maryland)。马里兰州辩称,联邦政府并没有设立银行的权力,因为宪法并没有赋予州政府该项权力。

在第 1 章中,我们了解到,当亚历山大·汉密尔顿因为设立第一银行面对同一问题的时候,他辩称,除非宪法明确禁止,国会有权做应做之事。华盛顿总统当时站在汉密尔顿的一边,第一银行因而得以成立。

马里兰州最终败诉。特许设立银行的权力是联邦财政运营权力之一。在最高法院的裁决中,首席法官约翰·马歇尔(John Marshall)声明,马里兰州向美国第二银行征税的做法违宪。1819 年的恐慌只是一个开头。在美国立国之初的那些年里,还发生了好几次大规模的经济衰退。另一次比较著名的恐慌当属发生在 1837 年大恐慌。

1837 年危机:土地投机者的苦果

1830 ~ 1835 年,美国经济呈现出一派欣欣向荣的景象。在这些年里,财富大规模扩张。1821 年,美国人口数量为 1 000 万。1837 年,这一数字已经增长到 1 600 万。

正如我们所知,经济高速增长往往与猖獗的投机行为相伴。大规模投机就意味着人们开始承担越来越多地风险,而不管自己或是公司是否有相应的风险管理能力,19 世纪 30 年代的情形就是如此。正如住房市场大规模投机是因为导致 2007 年经济衰退的一个因素一样,引发 1837 年恐慌的也正是土地投机。历史总是惊人地相似。

恐慌发生之前,银行大规模放贷。此前,如果商人需要借钱,他会直接找和他有生意往来的人或是公司贷款。但在经济增长之后,商人已经不再依赖商人信贷了,而是开始利用银行信贷从事日常商业活动。1834 ~ 1836 年,银行资本上升至空前的 2.51 亿美元。

不过,能够利用这一新颖而便捷的信贷资源的并不仅仅只有商人。公民个人也可以利用信贷的方式来购买西部各州的土地。事实上，联邦政府对公民个人购买土地持鼓励态度，并且在密歇根和密苏里等州卖掉了数百万英亩的公共土地。

由于人口越来越多，当时各州政府都纷纷花钱铺设铁路，开挖人工运河。伊利诺伊州的人口数量从6万增加到40万。印第安纳州的人口数量则从17万增加到60万。俄亥俄州的人口数量从60万增加到140万。新建的基础设施体系有助于这些地区的人更好地安居乐业。

投资者和投机者在这些地区大举买地，他们这样做的原因是预期这些地方会有越来越多的人前来定居。公共土地的价格按照法律规定一律为每英亩1.25美元，任何人都可以购买。这就意味着公民个人可以从政府手里买地，等到新的交通体系建完，大量人口涌入并在这些原本偏远的地区定居下来之后，把土地分成小块出售，就可以快速实现增值。

一时间，土地销售额暴涨，而这同时也催生出了巨大的土地投机泡沫。1820～1829年，政府出卖土地获得的收入平均约为每年130万美元。1830年，土地销售收入已经超过了230万美元，销售额仍在持续走高。1831年，土地销售额达到了空前的320万美元，并在接下来的4年中持续增长。1835年，政府卖地收入达到了1 475.76万美元。1836年，则已经高达2 487.72万美元。此时的土地销售额已经是6年前的10倍多了。

除了信贷放量猛增之外，银行大量发行自己的货币。1830年，流通中的纸币总额约为6 100万美元。1837年，这一数字已经激增到1.49亿美元。纸币的大量发行导致通货膨胀率逐渐走高，土地价格也开始上升。1836年，时任美国总统的安德鲁·杰克逊决定给不断升温土地和信贷狂潮降温。杰克逊政府认为，最好的办法就是颁布一道名为"金属通货公告"的行政命令，要求土地交易只能以黄金或白银结算。

在那个时候，的确有很多银行并没有足够的金币或银币储备。由于金属通货储备不足，不够人们支付土地价款，而纸币又不能使用，"金属通货公告"使得土地购买量大幅下降。土地销售额降到了前一年的1/4。

1837年，银行已经停止了用纸币对换金币或银币的业务。既然不能兑换金属通货，纸币的价值便开始下跌，并在全国范围内引发了恐慌。这次恐慌中，全美850家银行有343家彻底关门。由于信贷收紧，没有金属通货可用，很多曾大规模投资开挖运河兴建铁路的州不得不宣布破产。数百家银行和企业倒闭。数以千计的人失去了他们的土地。

过去曾在约翰·亚当斯政府担任过国务卿的亨利·克莱把这次经济灾难直接归咎于杰克逊的"金属通货公告"法令。克莱反对这项法令。1837年1月11日，在国会议员面前发表演讲时，克莱就曾预言，如果政府的措施得不到及时阻止，"金属通货公告"将在全美引发普遍性的恐慌。

克莱对国会说，公告将使金属通货增值，人们将会大量囤积，这会导致金属通货完全退出流通。其后发生的事情也的确证实了他的担忧。在马丁·范布伦就任美国总统之前，整个国家的经济已经陷入了全面衰退。这次衰退持续了近5年。在范布伦宣誓就任总统的前夜，纽约州的工人举行了罢工，对食物和油的价格过高提出抗议。国会最后通过了联邦破产法，免除了约4 500万美元的债务。

当年导致1837年恐慌的那些因素，包括大规模的房地产投机和信贷的迅猛增长，而这也正是导致2007年经济衰退的因素。谈到2007年的衰退，我们就不能不提起华尔街在其中扮演的角色。在本书后续章节中你将看到，信贷衍生品和住房抵押贷款证券都是华尔街发明出来的投资工具。

这些证券的风险完全被忽略了。此类证券的创造者之一的高盛公司，明明对风险了如指掌，但仍不遗余力地向其他机构推荐此类证券。

高盛公司意识到，住房抵押贷款证券很容易惹来麻烦，于是在预期此类证券将大幅贬值的情况下，将手里的证券全部抛售。住房抵押贷款证券果然大幅贬值。与高盛公司类似，摩根士丹利公司和花旗集团也持有大量住房抵押贷款证券。

我们会在其他章节中继续讨论此类证券。现在，我们来看一看另外一场给美国经济带来重大冲击的经济危机吧。

1893 年危机：被错杀的铁路公司

1893 年恐慌是一次全国性经济危机，始作俑者是两家最大的公司：费城和雷丁铁路公司（Philadelphia and Reading Railroad Company）与国立绳业公司（National Cordage Company）。

也可以说，这次恐慌是由政府引起的。1890 年，美国政府出台了《谢尔曼白银采购法案》（*Sherman Silver Purchase Act*），该法案以俄亥俄州参议员约翰·谢尔曼的名字命名。该法案要求财政部每月采购 450 万盎司的白银。遗憾的是，该法案规定的白银的价格大大高于公开市场的价格。

美国大部分白银都是在西部各州开采的，有些人认为此项法案对矿工有利而对农民不利。有些人表示，该法案是朝着放弃金本位迈出的一步。尽管当时并没有正式的金本位制度，黄金已经被普遍接受，成为赎买纸币的常规媒介。同时，我们还必须考虑到，财政部一直在囤积黄金，这有可能意味着金本位将成为一种永久性的制度安排。

1892 年 4 月，欧洲经济越发萧条，英国投资者不得不卖掉他们在美国的投资，并赎回黄金。这一情形持续了数月之久，1893 年 4 月，美国财政部部长报告说，该国的黄金储备已经下降到了传统可接受的标准线以下。这一声明立刻引发了全国对于财政部的不信任。

存款者把钱从银行中取出来。人们纷纷要求把纸币兑换成金币和银币。对于政府无力在金属通货储备和纸币发行量间取得平衡，人们已经感到既无奈又厌倦了。恐慌开始蔓延。当全国股票交易规模最大的两家公司申请破产保护之后，恐慌达到了最高峰。投资者们大为惊诧，他们曾以为这两家公司既然规模如此之大，肯定不会倒掉。

让人称奇的是，117 年之后，人们又觉得诸如雷曼兄弟、贝尔斯登、美林、美国国际集团等公司是"大而不能倒"的。但这些公司却真的倒掉了。这些公司有的从政府拿到了救助款，有的被那些拿到救助款的公司收购了。1893 年恐慌之前，资金已经流入到铁路建设项目当中。南部、西南部和西北部都兴建了大量铁路线。艾奇逊—托皮卡—圣菲铁路公司和密苏里太平洋铁路公司等铁路公司的规模迅速扩张。

1883～1890年，美国铺设铁轨的里程超过了6.28万公里。据估计，修建铁路所需资金将近7.8亿美元。

同时，钢铁行业又随着铁路线的建设迅速扩张起来。美国渐渐地从一个以农业为基础的国家转变成一个以工业为基础的国家。根据美国国家统计局的数据，1890年，大部分的美国人已经不在农场上生活或是工作了，很多人都移居到了城市。在修建铁路的这些区域，人口数量逐渐攀升，银行信贷也随之稳步扩大。

我们知道，20世纪80年代是科技股为王的年代，类似地，19世纪初是铁路股为王的年代。纽约证券交易所业务空前高涨，新股发行量以900%的速度增长。1892年，当费城和雷丁铁路公司宣布将纽约中央铁路和李海山谷铁路出租之后，纽约证券交易所的交易量达到了历史高位。

费城和雷丁铁路公司成立之初，是为了把煤炭从宾夕法尼亚州东北部的煤矿区运出来。所谓的"煤矿区"指的是宾夕法尼亚州东北部的阿巴拉契亚山脉中部地区，包括拉克万纳、卢泽恩、哥伦比亚、卡本、斯库尔基尔、诺森伯兰以及多芬县最东北的费城。据称，当普通家庭开始用煤炭取代木头用作取暖之后，该公司立刻就财源滚滚。公司把铁路线延长到了纽约市。1891年，该公司已经成为全球最大的公司，总市值约1.7亿美元。然而，好景不长。1893年2月20日，公司的总资本为4 000万美元，而公司的债务已逾1.25亿美元，无奈之下，公司申请破产保护。究竟发生了什么让全美最被看好的公司陷入如此窘境呢？

实际上，这无非是铁路建设中的一个疯狂泡沫。铁路建得太多，为了成为业内最大、最有钱的公司，各铁路公司开始疯狂并购，而他们筹钱的渠道就是向公众发行股票和债券。

铁路行业的繁荣很大程度上建立在投机的基础之上。为了扩大规模，很多铁路公司不惜大规模举债。他们这种快速扩张的努力使得公司的收入大受影响。公司的利润日益减少，最终，这些公司债台高筑，无力偿还。与通用汽车和克莱斯勒等公司不同，政府不会向这些公司伸出救援之手，也没有纳税人帮他们进行重建。他们能指望的只有自己。

另外一家深受公众喜爱，并且股票交易规模非常之大的公司是国立绳业公司。这是一家由J.M.沃特伯里(J.M. Waterbury)所有的制绳公司。当时，绳索都是手工制作的。一缕缕的细丝纺好之后在纺锤上扭成一股。当时，美国所有绳索作坊的年产量大约为12万吨，总价值约为2 400万美元。国立绳业公司发行了1.5万股股票，每股面值为100美元。该公司的股票交易非常活跃。由于公司是一家大的托拉斯[①]，占据了市场90%的份额。当时，托拉斯在美国才开始崭露头角。标准石油公司（Standard Oil Company）是当时最早的也是最大的一个托拉斯，创始人是约翰·D.洛克菲勒。该托拉斯包括了克里夫兰、匹兹堡、费城和纽约的主要炼油厂。标准石油公司是石油市场的操控者，国立绳业公司则是制绳市场的操控者，制造绳索需要的原材料和机器都在该公司的控制之下。对于无限财富的渴求冲昏了国立绳业公司的董事会成员的头脑。和21世纪华尔街上的野蛮人一样，董事们炮制了虚假的报表，并以此进一步拉动了投资者对于该公司股票的狂热。

约翰·D.洛克菲勒(1839～1937)创立标准石油，一度垄断全美90%的石油市场，个人财富折合到今日，超过3 000亿美元。

由于竞争者的进入，公司已经很难维持现有地位。1893年1月，公司的股价为每股147美元，然而到了5月份，股价已经暴跌到每股10美元。1893年5月5日，国立绳业公司申请破产保护。此时公司的资产为2 000万美元，负债为1 000万美元。公司现金已经不敷使用，甚至连借来购买股票的5万美元的贷款都无力偿还。

费城和雷丁铁路公司与国立绳业公司的相继倒闭引发了工业史上的"黑色星期五"。华尔街爆发大规模恐慌，投资者纷纷抛售手中的股票。所有的银行，不管地处哪里，都在急急忙忙地催收贷款。西部和南部的银行从以纽约为中心的银行中提取了大量的存款。

7周之后，白银的价格跌到了每盎司77美分。而就在几周之前，白

[①] 英文trust的音译，是资本主义垄断组织的一种形式，生产同类商品或在生产上有密切联系的垄断资本企业，为了获取高额利润而从生产到销售全面合作组成的垄断联合。

银的价格还是每盎司 92.2 美分。面值为 1 美元的银币现在只值 58 美分了。西部的银矿纷纷被迫关闭,其中很多银矿再也没有重开。

5 月 15 日,股价跌到了历史最低点。很多大型企业,如联合太平洋铁路公司(Union Pacific)、北太平洋铁路公司(Northern Pacific)和圣菲铁路公司(Santa Fe)等无奈之下宣告破产。据统计,总共有 50 家铁路公司倒闭,这些铁路公司拥有大约 27 000 条铁轨。由于铁路公司与很多行业都有瓜葛,其他行业中的公司也纷纷倒闭。由于铁路公司倒闭的缘故,30 多家钢铁公司也无以为继关门大吉了。

失业人口不断上升。1893 年 8 月,失业人数为 100 万。1894 年 1 月,这一数字增长到 200 万。1894 年,这一数字上涨到 300 万。在整个经济萧条期间,总计有 15 000 家企业、600 家银行和 74 家铁路公司倒闭。高企的失业率使得人们群起抗议,有些抗议活动甚至出现了非常暴力的场面。有些公司被迫给工人们写欠条。商品价格一落千丈。

在《强盗贵族》(The Robber Barons)一书中,作者马修·约瑟夫森(Matthew Josephson)把金融危机描述为一场"富人的恐慌"。这样的年代,就是科尼利厄斯·范德比尔特[①](Cornelius Vanderbilt)这类人大发其财的年代。

1897 年,经济开始出现企稳迹象。事实上,1897 ~ 1923 年,美国又经历了一次全面繁荣。新的推动力出现,再一次推动了工业的扩张。由于内燃机、拖拉机和其他机械化设备的应用,农业生产也有所改善。1910 ~ 1920 年,农业总产值从 74 亿美元增长了 159 亿美元,农业总产值上升了 300%。

在商业版图上,大型企业和联合企业占据着主导地位。1904 年,全美有 236 家巨型集团公司,总资本逾 60 亿美元。1900 年,美国仍在继续执行金本位制度。由于发现新的金矿,黄金产量上升,拓展了黄金的供应渠道,政府于是发行了更多的纸币。

1903 年,美国政府鼓励巴拿马脱离哥伦比亚独立,建立一个新的共和

---

① 美国著名的航运、铁路、金融巨头,美国历史上有名的大富豪。

国。在同一年，美国与巴拿马签订合约，取得了单独开凿和永久使用、占领并控制巴拿马运河和运河区的权利。

总体而言，美国经济在"一战"期间呈繁荣态势。在当时看来，美国经济似乎进入了一个永续繁荣的年代。公众普遍抱持一种积极乐观的情绪，对美国的经济充满了幻想。大多数人都认为，繁荣将在这个国家无限期地持续下去。1929年之前的5年里，股票市场到处都是欣欣向荣的景象，股价上升是当时的主流趋势。在这段时期内，投资者在大牛市里赚得盆满钵满。美林等公司在长达10年的经济繁荣中积累了大量财富。

1928年，赫伯特·胡佛在接受共和党竞选总统提名时说，当今之美国，比以往任何时候、任何一个国家都更接近于彻底战胜贫困。贫民窟将很快从我们国家消失。

1929年9月，股价开始波动。不幸的是，大多数股票分析员都认为波动不过是暂时现象。然而警讯已经出现。在短短几个月的时间内，整个国家就陷入了有史以来最为严重的萧条之中。

同样的警讯在2007年又一次出现在了美国公众眼前。事实上，如果有任何一家金融机构或政府机构，对美林公司1987年单一年度由住房抵押贷款支持证券的投机性交易引起的3.77亿美元的损失提出质疑，也许2007年的衰退也就不会发生。

最终还是野蛮人占了上风。本该在1987年就得到的教训被悄无声息地忽略了。这个国家将再一次陷入痛苦的挣扎。从痛苦中全身而退的梦想已经遥不可及，甚至可能会永远地失落。

第3章
金本位制：黄金王者归来

> 罗斯福总统如何巧妙收缴美国人手中的黄金？尼克松为何不顾欧洲各国的强烈反对，一意孤行地取消金本位制？

在意大利都灵博物馆的展厅中，有一件绘制在脆薄的纸莎草纸上的埃及寻宝图。这个寻宝图被称作"黄金矿藏图"（Carte des mines d'or），最远可以追溯到公元前1320年。地图上画满了手绘的金矿图、矿工住所和通往藏满黄金的深山的道路。这是世界上已知的年代最早的地图。

黄金对我们这个社会而言，一直都有着非常重要的意义。早期文化中，黄金是与神祇联系在一起的。以"太阳的子孙"自居的印加人把黄金称作"太阳的眼泪"。图坦卡蒙法老（King Tutankhamen）的棺椁就是用纯金制成。法老陵墓的发现者、考古学家霍华德·卡特（Howard Carter）曾经称量了棺椁的重量，这具黄金棺的竟然重达110.4公斤，价值约为170万美元。公元前550年左右，吕底亚王克劳苏斯（Croesus）铸造了世界上第一枚金币。在古希腊，黄金是被当做通货使用的，就连柏拉图和亚里士多

图坦卡蒙法老的棺椁 黄金人形棺用3厘米厚的金板制成，长187.5厘米，宽51.3厘米，重134.3千克，用蓝宝石装饰。

德都在书中写到过黄金。罗马人大规模地开采黄金，他们还发明了水车等设备，用来把黄金和矿石分离开来。

匈奴王阿提拉勒索赎金的时候，也要求用黄金支付。阿提拉让罗马人支付了价值约 2.87 亿美元的黄金。查理曼大帝向教堂施舍黄金，让他们修建修道院和宏伟的礼拜堂，其中就包括著名的法国圣詹姆斯大教堂。

在中世纪，黄金主要是与珠宝一起用作饰物或是制成器皿，而不是用来铸币。黄金的物理特性非常独特，非常易镕，制成饰物或者铸币也很容易。那些用黄金打造饰品的工匠被称为金匠，而把黄金变成通货的人则被称为铸币匠。工匠们完工之后，伦敦金匠公司会派人来检验他们所使用的黄金的纯度。

由于越来越多的黄金被用来制造饰物、雕像、器皿甚至是铸币，人们发现越来越难以在家里储藏黄金制成的贵重物品了。于是他们去寻求金匠的帮助。金匠们自己都有储藏黄金制品的地方，因此人们纷纷请金匠用他们的储藏室来存放自己的金制器物。金匠收到黄金器物后会开出一张收据。后来，这种收据本身变成一种通货。那些拥有黄金或黄金制品的人再也无需把黄金从储藏室中取出，他们手里的收据就已经具备支付功能。那些拿到此类收据的人可以到金匠那里换回一定数量的黄金。

与沉重的金币和银币相比，收据使用起来更方便，携带起来更安全，因此收据成了广受欢迎的通货。金匠们创设的这种体系可以看作是一种储备体系，也就是说，他们开出的收据全部都有黄金支持。

存户们为了减少往金匠那里跑的次数，就通过背书签名的方式把存放收据转让给他人。后来，收据的抬头就直接开给持票人，而不是开给把黄金存放到金匠处的存户。这样一来，收据转手就无需签名了。不过，这也使得人们很难辨别最初到底是谁把黄金存放在金匠那里了。

后来，查理一世声称在皇家铸币厂存放黄金不够安全，并强制接收了全部的黄金。这样一来，金匠的职能就越发重要了，他们成了君主政体很重要的一部分。1663 年，查理二世就从金匠手里借款 130 万英镑建立海上舰队。

金匠的业务既不受监管，也不受审核。公众对他们抱持着盲目的信任。

公众相信，金匠库存的黄金数量是精确的，与他们开出的收据面额毫厘不差。然而，这些金匠与今天那些贪婪的银行家同行是一丘之貉，他们也会滥用公众的信任，为自己谋利。

金匠们发现，在某段时间内，只有很少一部分存户或持票者会来到店里索取黄金。由于受到快速致富渴望的驱使，金匠们开始虚开收据，但其实他们的储藏室里并没有那么多的黄金储备。

这种虚开收据的做法与当今银行业的做法如出一辙。银行发放的贷款比手里的存款数量还要多。**这种所谓的"部分准备金制度"正是21世纪银行体系的核心。**

金匠们都是一些善于精打细算的家伙。他们终于意识到，完全可以控制流通中的收据的供应，从而控制当地的经济。比如说，如果金匠们能够让借钱变得更加容易，那么流通中的通货的数量就会扩张。通货充足时，人们就会贷更多的款来扩大自己的生意。反过来，如果金匠收紧通货供应，也就会让人们更难得到贷款。

自然地，一旦通货供应紧张，有些人就会无法偿还之前的贷款，也无法得到新的贷款。他们除了宣布破产之外别无他途。此时，金匠们就会占有他们的资产。逐渐地，金匠们积累了越来越多的财富，并利用这些财富来买进更多的黄金。日积月累，这些金匠最终进化成了银行家，我想这个结果应该不会让读者们感到惊讶吧。

迈耶·阿姆谢尔·鲍尔（Mayer Amschel Bauer）是当时世界上最富有、最有权势的金匠之一。他于1743年出生在德国的法兰克福，他的父亲名叫摩西·阿姆谢尔·鲍尔（Moses Amschel Bauer），是一位有名的放贷者、古币商人，同时也是一个金匠，并教会了儿子如何放贷，如何进行古币交易。父亲死后，迈耶到汉诺威的奥本海默银行做了一名职员。后来，他成了该银行的初级合伙人。

迈耶最终回到了法兰克福，继续他父亲的放贷生意。迈耶拓展了生意范围，不但从事古币交易和放贷业务，还进行古董和纺织品交易。在交易行大门的上方，他挂了一个红色的盾牌。回到德国不久，迈耶就把自己的姓氏改为罗斯柴尔德，在德语中的意思就是"红色的盾牌"。

1770年，迈耶·罗斯柴尔德与古特里·施纳波尔（Gutele Schnaper）成婚。他们一共生了5个儿子和5个女儿。5个儿子的名字分别叫做阿姆谢尔、萨洛曼、内森、卡尔曼（卡尔）和雅各布（詹姆斯）。迈耶把他的经营银行的生意经全都交给了他的儿子们。

在教会了儿子们生财的本事之后，迈耶把4个儿子分别送到了欧洲4个不同的首府城市，希望他们能够把家族企业拓展到国外。内森被送到了伦敦，詹姆斯被送到了巴黎，萨洛曼被送到了维也纳，卡尔被送到了那不勒斯。迈耶把大儿子留在了身边，让他在德国主持家族生意。后来，罗斯柴尔德家族在美国中央银行体系（即美联储）的发展历程中起到了非常重要的作用。

空仓的央行金库

中央银行体系虽然不断演进，但以往金匠开出的收据（即发行的纸币）可用金币或银币赎买的传统却保留了下来。大多数银行都是私人银行，不属于政府所有。起初，设立中央银行是为了帮助各国政府融资，解决债务问题，同时这些银行也拥有发行纸币的权力。中央银行与其他银行有着广泛联系，这就意味着央行有大量的现金储备可以利用。

从很多方面来讲，中央银行都可以看成是银行家的银行。当然，央行更是政府的银行。在危机时期，政府可以求助于中央银行，获得额外的现金支持。

中央银行同时也是黄金仓库。这一点非常重要，因为中央银行体系设立之初，大多数货币都是有黄金支持的。在金本位制下，每单位的货币价值等同于若干重量的黄金。设立中央银行的许可要求银行在任何时候都要持有大量黄金储备，因为国家的通货随时都有可能转变为黄金。

英格兰银行于1717年采用金本位制，美国于1834年采用了金本位制，其他主要国家在19世纪70年代也纷纷采用了金本位制。1834年，美国将黄金的价格固定为每盎司20.67美元。

在金本位制下，银行所能发行的通货的数量会受到持有的黄金准备的限制。尽管金本位制不过是一个不完善的体系，却也在一定程度实现了制约与平衡。通货供应量不得超过持有的黄金准备。在制定经济政策的时候，必须要考虑到国家黄金供应的情况。黄金是一国经济力量的核心，它决定了国家拥有的财富的数量。

谁点燃了美国西部的淘金热？

美国成立之初实行双轨银行制，大多数国家都曾实行过双轨银行制。当时被普遍看好的金属就是黄金和白银。19世纪初，在大多数国家采用金本位制度之前，黄金和白银都曾被用作首选铸币用金属，而且纸币都可以用金币或是银币来赎买。

英国是最早放弃这种二元铸币体系的国家之一。该国选择了黄金作为唯一的铸币金属。1821年，英国正式确立了金本位制，以法律形式承认黄金作为货币的本位来发行货币，所有国际贸易都以黄金结算。毫无疑问，各国政府受到强烈刺激，开始囤积黄金。德国于1871年效法英国，采取了金本位制，法国和日本紧随其后，分别于1876年和1898年确立了金本位制。1873年，美国通过了《1873年铸币法案》（*Coinage Act*），正式取缔了白银作为法定铸币金属的地位。在此之前，美国通行的货币有金币和银币两种，两种铸币都是法偿货币，都可以用来偿还债务。美国二元铸币体系的创始者是亚历山大·汉密尔顿。1792年，美国通过《1792年铸币法案》（*Mint Act*），确立了二元铸币体系。

詹姆斯·马歇尔（1810～1885）1848年，在美国本部发现黄金的第一人，引发了著名的"西部淘金潮"。全世界有4万多人涌入美国加利福尼亚洲。

《1792年铸币法案》不但对硬币的面值进行了详细的规定，还规定了铜制分币该如何使用。该项法律同时还规定硬币的含银量为15∶1。同样，含金量也被确定为15∶1。不过，1834年，美国为了抑制黄金出口，含银量被调整为15.998+∶1。令人始料未及的是，这一举措竟然引发了人们对黄金的偏好，因为人们都觉得银币贬值了。

在《1873年铸币法案》中，金币中的黄金用量也被确定了下来。该法案的第14条规定，美国的金币为面值1美元的硬币，标准重量为25.8格令（约为0.065克），是法偿货币，可以用于进行一切支付。然而，该法案同时还明确规定，银制美元可以用于国际贸易支付。1900年，美国才彻底放弃了银币。

1900年3月14日，美国颁布《金本位法》，规定了所有形式的通货币值。这项法律规定，1美元金币的标准重量为25.8格令，黄金的纯度为90%，并将其确立为标准币值。该法律同时规定，所有的纸币都可以兑换成金币，并要求美国财政部拨出价值为1.5亿美元的金币储备，作为兑换之用。

金币准备的安全线被设定在1亿美元，如果财政部的金币准备少于这一数额，就必须发行政府债券，并支付3%的利息。由于大多数国家都纷纷使用黄金作为唯一的铸币金属，黄金于是成了最为贵重的商品，各国开始大规模开采黄金。19世纪上半叶，黄金总量约为7.87亿美元。而在下半叶开始之际，这一数值已经跃升为69亿美元。

美国西部第一次发现黄金的锯木厂

在美国，开发金矿的速度非常之快，甚至已经到了危险的程度。1848年，詹姆斯·马歇尔（James Marshall）在加利福尼亚州萨特的锯木场边发现了一大块黄金。这点星星之火点燃了空前的淘金热，加利福尼亚州的黄金总量从1848年的3 600万美元暴增到1849年的5 600万美元。

内华达州康斯塔克矿的发现是黄金发现史上另外一个重大事件，这次发现产出的黄金的价值达到了令人震惊的4.7亿美元。其他国家随后也出现了类似的金矿发现事件：澳大利亚和新西兰的金矿采出了6 500万美元的黄金；俄罗斯开采出了2 500万美元的黄金；1886年的淘金热令南非的约翰内斯堡变成了名副其实的黄金之城；1897年的淘金热令加拿大的育空地区得以开发。

黄金之战：一纸命令完胜十万铁蹄

1901年，奥古斯都·圣高登（Augustus Saint-Gaudens）被认为是美国最杰出的雕塑家。他曾在纽约当过学徒，后在巴黎和罗马学艺。他的第一件作品就是矗立在麦迪逊广场公园的海军上将法拉格特（Farragut）雕像。圣高登同时还是一个绘画大师。

同年，圣高登加入了"哥伦比亚特区改进委员会"。当时有计划要将华盛顿广场从华盛顿纪念碑拓展到波托马克河盆地，目的是为了建造林肯纪念碑。

西奥多·罗斯福总统十分欣赏圣高登的作品，并请他来帮忙重新设计美国的硬币，包括一种面值20美元的金币。

圣高登很高兴地接受了这项使命，立即开始着手设计。他设计的硬币正面是手持火炬和橄榄枝的自由女神像，背面则是展开双翅飞过太阳的白头海雕。罗斯福总统称赞这枚硬币是经典杰作。

1907年3月和4月间，美国费城铸币局开始生产精制币。1907年11月，常规面值20美元的圣高登硬币开始投产。遗憾的是，美国公众与这款硬币的缘分并不长久。1933年3月9日，罗斯福总统签署《银行紧急救助法案》（*Emergency Banking Relief Act*），该

圣高登金币　以设计师圣高登命名的金币，价值20美元，正面是手持火炬和橄榄枝的自由女神，前面是展开双翅飞过太阳的白头海雕。

法案规定，总统有权力认定美国公民以任何方式私藏黄金都是违法的行为。一纸令下，美国所有金币的生产和流通均被终止。命令还要求所有公民必须在1933年5月1日之前将私藏的金币、金块和黄金券全部上交到联邦储备银行活期分行。该命令称：

> 按照1917年10月6日法案第五条赋予本人的权利，以及1933年3月9日法案第二条对上述法案的修正案（在该法案中，国会宣布国家进入重大紧急状态）。本人现以国家总统的名义宣布，全国

紧急状态仍在持续。美国公民私藏黄金和白银乃是对国家安全、司法公正和美国福祉的严重损害。因此，必须采取适当措施保护全国人民的利益。

依据上述法案赋予本人的权利，兹宣布禁止此等私藏黄金及白银之行为，所有金币、金块或以其他形式拥有的黄金和白银必须在14日内上交至美国政府相关机构，并由政府以法定货币按照官价予以偿付。

该项行政命令意味着美国公众必须在25天的时间内将金币、金块和黄金券全部上交到联邦储备银行。如果违反此项命令，将被处以1万美元的罚金或10年监禁。

该项命令发出时，美国的黄金储备总量占全球第一位。其原因在于，为了给第一次世界大战筹款，欧洲各国纷纷抛弃了金本位制，这样他们才能印更多的钱。

不幸的是，流通中通货数量的上升有可能引发通货膨胀。欧洲各国的情形就是如此。由于货币供应量上升，欧洲各国出现通货膨胀，这样一来，世界上大量的黄金都涌入了美国银行。货币供应量上升也使得各国货币的币值下降，特别是相对美元的汇率，更是大幅下跌。美国并没有放弃金本位制，因此投资者更愿意把黄金存进美国的银行，以期保值。

为什么罗斯福总统要宣布美国公民私藏黄金违法呢？其中一个明显的原因，罗斯福想要获得国家货币供应的全部控制权，这样才能带领美国走出萧条。此前，美联储已经提高了利率，目的就是要抑制市场上的投机行为。

一些报告指出，当时市场被高估了40%。利率升高引发了连锁反应，并导致很多公司削减耐用品的产量。我们在前文已经提到过，当时国家已经饱受银行业危机之苦。人们对银行失去了信心，信用开始下降。随着很多公司削减产量以及银行业危机愈演愈烈，消费者开始削减支出。

这样一来，物价便开始下跌。而物价下跌又带来通货紧缩。美国加利福尼亚大学伯克利分校经济学教授、美国国家经济研究局研究员布拉德福德·德隆（J. Bradford DeLong）称，在经济萧条期间，美国的通货紧缩率高达 50%。罗斯福总统认为，抵御通货紧缩的唯一办法就是通货膨胀。这就意味着需要把更多的美元投入到流通领域。如果美国政府印币量要受到黄金储备量制约的话，这个方案就行不通。

对于政府带领美国经济走出萧条的能力，公众大多抱持怀疑的态度，因此，很多人都以持有黄金作为规避通货膨胀风险的方式。在当时，如果你拥有 1 美元，那么你就能凭借它从银行兑换 1/20 盎司的黄金。罗斯福总统若要在货币供应上做文章，必须先要让公众上交私藏的黄金。

在这项行政命令中，还有一句很重要的话，正是这句话赋予了他想发多少货币就发多少货币的权力。该命令的第四条规定："联邦储备银行或其成员银行在收到按照本命令之第二条、第三条上交的金币、金块或黄金券之后，该银行或其成员银行应给付数额相同的、按照美国法律发行的任何硬币或通货。"

他就可以发行纸币，并拿纸币来兑换公众持有的黄金了。罗斯福全面掌控了黄金。他规定，非经财政部许可，将黄金用于国际支付即为违法。他实现 100% 控制美国黄金储备的最后一步是签署一项议案，此议案规定所有政府及私人交易中的黄金条款均属无效，即任何人、任何公司都不得要求使用黄金进行支付。

匈奴王阿提拉从罗马帝国榨取黄金还要进行大规模的战争，而罗斯福简单的一纸行政命令就做到了。而在这一过程中，美国政府变得更为富有。禁止公众私藏黄金之后不久，他把黄金的价格从每盎司 20.67 美元提高到了 35 美元。大笔轻轻一挥，政府的黄金储备就已经增值到 28 亿美元了。

任何以纸币，包括美元为基础的经济都存在通货膨胀的风险，而以黄金为基础的经济则不存在此种问题。**在金本位体制下，政府无法创造货币，也不能刺激通货膨胀。** 在早些年，情形亦是如此：有些国王曾发现，只要在铸币时多加一点点的铅就能够提高货币供应量。而含铅量一旦增加，货币的价值就会下降并发生通货膨胀。

美国就曾有过类似的经历。你钱包中或是银行账户中的货币的购买力正在不断下降，罪魁祸首就是通货膨胀。詹姆斯·博瓦德（James Bovard）

则进一步声称，在政府控制法定货币的情况下，经过将近100年战争、荒废、偷窃和福利，很多家庭要想过得体面就不得不夫妻两人都出去工作，今天的美元几乎一文不值了。

如果中国抛售美债，美元会急速贬值吗？

托马斯·杰斐逊曾这样说过：

> 如果美国人民听任银行控制其货币发行，那么银行就会伙同那些寄生在银行身上的公司先通过通货膨胀，再通过通货紧缩，将美国人的所有财产剥夺殆尽，直到他们的孩子在其先祖征服的大陆上醒来后发现自己已经无家可归……我认为，对我们的自由来说，金融机构比常备军更加危险……

杰斐逊的说法无疑是正确的。自从1913年理事会成立以来，银行家们（即美联储）已经控制了货币政策。但他们并非独自在行动。在后面的章节中，我们将会看到，华尔街的企业对美联储的决策施加了相当的影响。美联储所控制的货币无非只是一堆绿色的纸片罢了，而这种纸片的供应量需要增加还是减少，只需一天的讨论就能作出决策。阀门一旦打开，就再也无法关闭了。

这些决策产生的后果非常严重。我们在前面的章节已经提到过，比如瑞典帕姆思丘奇发行的纸币，比如约翰·劳引发的皇家银行的灾难，比如英格兰的符木。法定货币不可避免地存在着这样一个问题：货币背后的支撑无非是政府的承诺的而已。此外，对于一国政府能够发行多少纸币并没有真正的限制。

想象一下，如果你手里的1美元纸币能够兑换成特定数量的黄金，你会有怎样的感受。单凭纸币背后有黄金的支持这样一个简单的原因，1美元对你而言就有巨大的价值了。

但如果你手里持有的纸币不过是凭空创造出来的话，你能感受到黄金一样的价值吗？如果纸币背后有黄金支持的话，那些迷恋部分准备金制度的银行家还会如此肆无忌惮地放贷吗？华尔街上的企业在投资的时候是否会更明智一些呢？

今天，我们已经不再像货币背后有黄金支持那样重视货币的价值了。那些控制着货币的命运的政策制定者们亦是如此。事实上，毁掉了美元和我们的经济繁荣的人正是我们自己，而非他人。

2010年，我在写作本书时，根据 usdebtclock.org 网站的数据，美国国债总量为12.5万亿美元，还在以平均每天39亿美元的数量递增。美国人口总数为3.08亿，也就是说，每个人欠下的债务的数额为40 875美元。

而购买美国政府债券的大都是外国政府，其中排在首位的是中国，持有美国国债总量为8 990亿美元，其次是日本，持有总量为7 650亿美元。令人惊恐的是，如果中国停止购买美国国债，我们的货币就会急速贬值。也就是说，你手里拿着的钞票很有可能就一文不值了。从图3.1我们可以看出政府债务自1940年以来的增长趋势，以及对未来几十年内涨幅的预测。

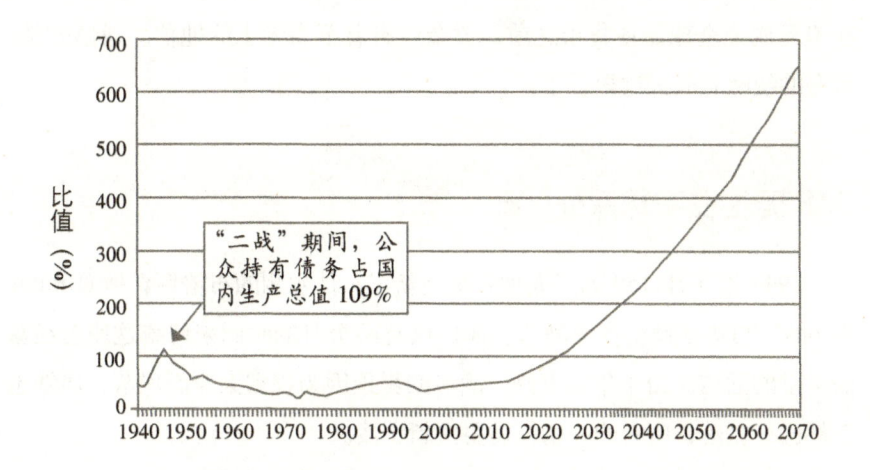

图3.1　公众持有债务数量占国内生产总值的百分比

当前，美元还拥有全球储备货币的特权。但是否将来有一天美元会失去这一地位呢？英国的英镑也曾一度被看好，然而60年过后，英镑就已经失去了全球储备货币的地位。《今日美国》杂志曾刊载过一篇文章，在这篇文章中，太平洋投资管理公司董事长比尔·格罗斯（Bill Gross）声称：

> 全球都在支持美国债务以及美元，其原因在于当下并没有合理的替代品。我们不能一直无视美国的财政状况。一旦债务与国内生产总值的比值达到90%，利率就会高企，增长就会放缓，不利事件就会接踵而至。未来很有可能会是此种情形。

中国对继续购买美国国债持保留态度。据英国《每日电讯报》报道，中国人大常委会前副委员长成思危表示，如果美国继续印钱购买债券就会导致通货膨胀，那么一两年之后美元就会大跌。我们的外汇储备大部分都是美元债券，很难变化，我们要实行多样化，增加欧元、日元和其他货币的储备。

就在不久前，世界领导人纷纷对美元币值和美国债务问题表达了关切。没有人不对美国领导者或是美联储以及他们的货币政策提出质疑。事实上，在美元成为全球储备货币之前，黄金曾有着至高无上的地位。遗憾的是，黄金的统治时间太过短暂了。

IMF 诞生在密林深处

1944年5月，150名工人被召集到新罕布什尔州的布雷顿森林（Bretton Woods）的华盛顿山度假酒店。他们仅有两个月的时间来修缮这座曾经富丽堂皇的酒店。由于年久失修，酒店的屋顶因为积雪太厚而塌落，墙纸也全都已经剥落，所有的一切都需要重新上漆。

这座酒店之所以要修缮，是因为这里要迎来一批特殊的客人。后来，这批客人的这次集会被认为是世界上最为重要的一次事件。没错，我说的就是布雷顿森林国际货币会议。这次会议在7月份举行，持续了21天。

44个国家的代表出席了此次会议，包括来自美国、英国和苏联的代表，但没有签署最终协议。印度和中国的代表也来了，但由于当时这两个经济体规模不够大，因此这两个国家的代表在谈判中并未受到重视。著名的经济学家凯恩斯也出席了会议，而且他还是主要发言人之一，代表英国与各国代表进行辩论。为什么要举行这样一次会议呢？原因有几个，其中之一就是，从"一战"到"二战"期间，很多参战国都纷纷通过提高关税的方式控制商品的进出口。高关税使得商品很难销往国外。

除此之外，在布雷顿森林会议时，凯恩斯与怀特代表的英美两个大国的货币机制大相径庭。为了给"一战"融资，英国已经放弃了金本位，在战后也没有恢复。对英国来说，回归金本位制度会让出口商品变得过于昂贵，这无疑会降低国际社会对英国商品的需求，反过来，这会影响到英国本土的生产商，因为需求一旦降下来，他们就无所事事了。

因为战争的缘故，英国的黄金储备已经耗尽，也就没有回归金本位的动力了。英国的代表凯恩斯称黄金是"野蛮人的遗物"。欧洲一些国家仍在实行盯住英镑的汇率政策，

布雷顿森林酒店　又叫华盛顿山饭店，位于美国新罕布什尔州。在这片广袤的国家森林中，这座建于1902年的饭店因1944年举办布雷顿森林会议而闻名天下。

这使得情形更趋复杂。更何况，美国仍在坚持金本位制度。布雷顿森林会议给了世界领导人一个创造出一种能够起到稳定作用的国际货币的机会。

这次会议最终达成了这一目标。会议之初，44国代表为货币汇兑创造了一个国际基础。各国一致同意，应该将黄金用于国际贸易结算。

各国还同意，美元可以代替黄金进行贸易结算。外国央行可以要求美国将自己持有的美元兑换成黄金。由于美国拥有全球一半的生产能力和全球大部分的黄金，各国领导人决定将各国的货币与美元捆绑在一起。在国际贸易中，美国既可以用黄金支付，也可以用美元支付。世界上能够这样做的国家就只有美国一国。

与会代表们确定了固定汇率的制度，各国将本国货币与美元挂钩，同时美国将黄金的价格固定为每盎司35美元。固定汇率减少了进口商和出口商在国际贸易中面临的不确定性，同时也大量减少了投机行为。

凯恩斯（左）和怀特（右）
凯恩斯代表英国，怀特代表美国。会议成立国际货币基金组织，确立以美元为中心的固定汇率体系，即布雷顿森林体系。

布雷顿森林会议还决定设立国际货币基金组织（IMF），目的是对汇率进行监控，并向出现贸易赤字的国家贷出储备货币。所有在协议上签字的国家都成了国际货币基金组织的成员国。国际复兴开发银行（International Bank for Reconstruction and Development），即世界银行（World Bank），也诞生自这次会议。当时，该银行的主要目标便是为那些需要进行战后重建的国家提供资金。

世界银行的作用是向发展中国家提供低息贷款、无息信贷和赠款，用于教育投资、卫生、公共管理、基础设施建设、金融及私营领域发展、农业、环境和自然资源管理等。布雷顿森林会议制定的详细方案于1945年被美国和其他参加国所采纳。在朱迪·谢尔顿（Judy Shelton）的大作《货币熔毁》（Money Metldown）一书中，作者对布雷顿森林会议有如下评价：

> 显然，布雷顿森林会议并非无可指摘，指出并解决当时存在问题对与会各国来说都是一个极其棘手的任务。但有一点毋庸置疑：布雷顿森林会议提出的方案大部分都是正确的。
>
> 美国经济在这一体系中得到了长足的发展，欧洲、日本以及世界上其他发展中国家亦是如此。

那么，为什么尼克松总统会放弃这一帮助世界上大多数人口实现了真正繁荣的体系呢？答案要在1971年8月发生的事件中寻找。

"尼克松冲击"和"伦敦黄金池"

1971年8月15日，在毫无预警的情况下，尼克松总统在一次周六晚间的电视演讲中宣布，美元将不再与黄金挂钩。这标志着流通纸币再也无法兑换黄金的历史开始了。这一决定被称作"尼克松冲击",因为他在作出这一决定之前,并没有与任何其他布雷顿森林协议签约国磋商。

违背布雷顿森林协议为包括美国、日本、英国和意大利在内的多个国家敞开了通货膨胀的大门。20世纪60年代初,美国的通货膨胀率只有1.5%,此时却已经上升到了5%。同时,失业率也从3.5%升高到了5%。

理查德·尼克松(1913~1994)
美国第37任总统。1972年2月访华,打开了中美两国的大门。因"水门事件"被迫辞职。尼克松是登上《时代周刊》封面次数最多的人物,共43次。

到底发生了什么事呢?很明显的一点是,美国在越战中花了不少钱。据国防部估计,1965~1974年,直接用于军事部署的支出就多达1 400亿美元。当然,这不是美国唯一一次以国防的名义花这么多的钱。从图3.2可以看出这些年里美国军事和国防支出的上涨情况。据美国"国家重点工程"组织统计,2001年以来,美国政府在战争上的投入已经超过了1万亿美元。

然而,引发通货膨胀的不仅仅是在越战中花掉的大量美元。当时,美国正从欧洲诸国进口大量产品,并向欧洲提供重建援助,结果是欧洲诸国

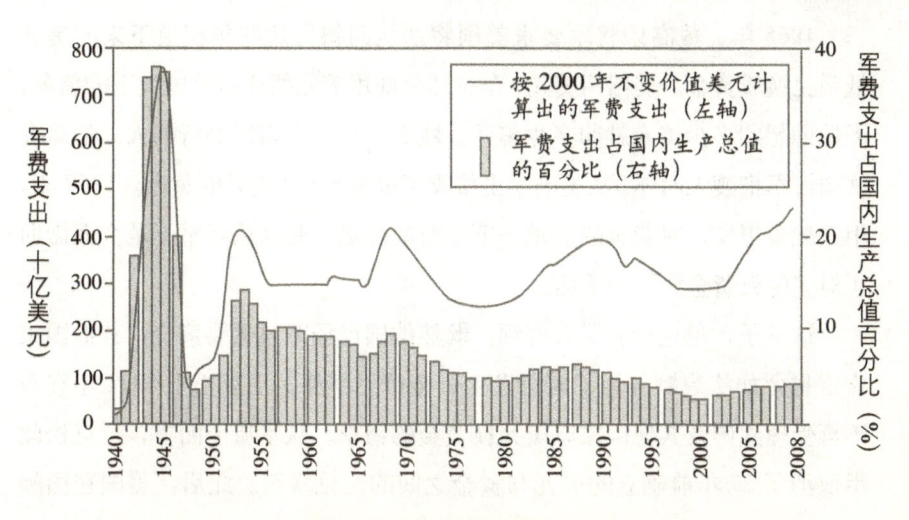

图3.2 美国军费开支趋势(1949~2008年)

积攒了大量的美元储备。这些国家就开始行使自己的权利，用美元向美国兑换黄金。

到了 1960 年，美国黄金储备下降了 9%。不仅如此，在欧洲诸国用美元换黄金的同时，美国财政部又印制了更多的美元。黄金储备下降，流通中的美元增加，二者结合在一起就意味着新的 1 美元背后支持的黄金数量变得更少了。

也就是大约在这个时候，私营市场上黄金的价格开始上涨，并超过了布雷顿森林协议规定的每盎司 35 美元的价格。为了使黄金的价格保持在每盎司 35 美元的水平，美国、英国、西德、法国、瑞士、意大利、比利时、荷兰和卢森堡等国的中央银行联合行动，抑制金价上扬。这些国家一起设立了"伦敦黄金池"。一直以来，伦敦都是世界首要的黄金交易市场。南非产的黄金大部分被运到伦敦出售，甚至就连俄国的黄金也通过各种渠道流入伦敦的黄金市场。

欧洲诸国开始对美元的币值表示关切，他们担心美国财政部没有足够的黄金储备，这样新发行的美元就不值钱了。第一位站出来声称美元已经贬值的国家元首是法国总统戴高乐将军。戴高乐总统意识到，美国最终会抛弃用美元纸币兑换黄金的政策，因为美国货币供应的增长速度超过了黄金的产出速度。

1965 年，戴高乐将军要求美国将法兰西银行这些年积攒下来的美元纸币兑换成黄金。美国用美元，至少部分地用美元偿还对外国欠下的债务，而他们想印多少美元就印多少美元。戴高乐是一个言出必行的人。他命令法国海军横渡大西洋，从美国手里接收了价值 1.5 亿美元的黄金。1967 年，中东战争爆发，对黄金的需求一下子空前高涨。戴高乐将军于是全面撤回了对"伦敦黄金池"的承诺。

这下子，尼克松有了大麻烦。既然法国已经开口索要黄金，其他国家肯定也会如法炮制。为了避免发生黄金挤兑事件，尼克松于 1971 年宣布不再受理法国及其他国家以美元换黄金的请求。从本质上而言，尼克松此举取消了 27 年前确立的美元与黄金之间的汇兑联系。此后，美国在国际贸易中只用债券或是美元进行结算，而不再使用黄金。

尼克松的做法也意味着美国从此完全放弃了用美元兑换任何其他可兑换黄金通货的政策。尼克松宣布放弃布雷顿森林协议确定的美元与黄金比价之后，黄金的价格一下子从每盎司35美元飙升到850美元，如图3.3所示。

然而，受到尼克松影响的并不仅仅是黄金的价格。现在，窗户已经洞开，美国需要多少美元就可以印制多少美元了。事实上，1971～2008年，美国货币供应量增长了16.8倍。但与此同时，美元的购买力却下降了81%。

尼克松向世人表明，美国可以无限量地供应美元。如果放任货币供应不受限制地增长，美国经济很有可能会受到致命打击。然而，货币供应这么大的事情当时竟然没有引起媒体太多的重视。

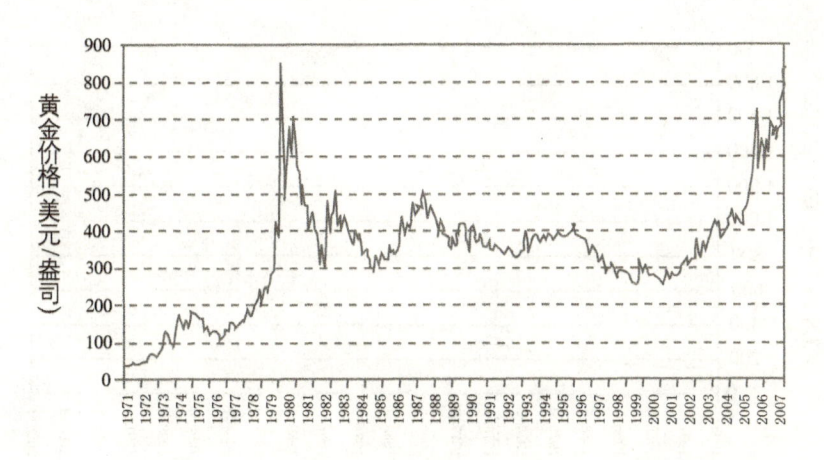

图3.3　黄金的价格走势（1971～2008年）

数据来源：世界黄金协会，www.Worldgoldcouncil.com

当时似乎并没有人对公众提出警告，让他们留意流通中货币的数量，就连美联储都没有采取行动。从图3.4中我们可以看出，美国过去50年来货币供应增长的情况。值得注意的是，在尼克松宣布放弃金本位制之后，美国货币供应量开始急剧增长。

如果一国的货币体系没有黄金作为支持，那么其对该国能够创造多少货币也就失去了制约。以美国目前的经济状况为例，美国政府花钱无节制，好像钱是从树上长出来的一样。对于以纸币为基础的经济体系来说，其所面临的一个非常重要的问题就是：货币增长不受限制。

这种体系还存在一个问题，那就是信贷创造失去了制约。信贷的增长会被误以为是经济的增长。有了信贷的支持，消费者就会去购买那些他们原本不会用现金去购买的商品。这样一来，就会出现过度消费的问题。企业主们也是一样。他们的生意在扩大，股价在上升，于是大家就纷纷开始购买估值过高的股票。法定货币体系掩盖了信贷过快膨胀产生的相关问题。如果不是任何人都可以轻松获得贷款，那么住房市场是否会出现泡沫呢？如果各机构不是那么积极地承担风险，那么次级贷款衍生品是否会发展出一个市值数万亿美元的市场呢？

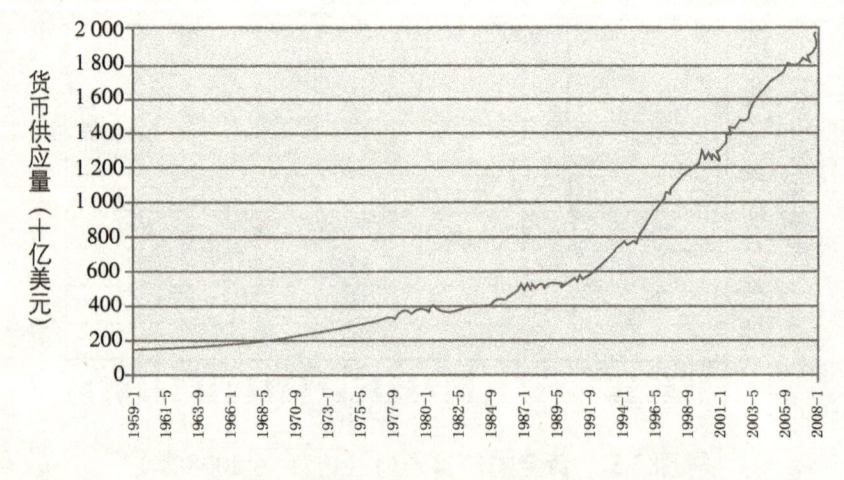

图 3.4　美国货币供应增长情况（1959～2008 年）

资料来源：联邦储备委员会，www.federalreserve.gov

尼克松于 1971 年放弃金本位制度之后，美国历史上最为严重的一个通货膨胀周期就已经在酝酿之中了。由于放弃了金本位制，美国各个行业的市场都出现了泡沫，包括商品市场、互联网新创企业和房地产市场。每个泡沫破灭之后，都会带来市场的崩溃。问题在于，就算我们能无限度地增加货币的供应，也不能无限度地增加黄金的供应。黄金之所以宝贵，原因也就在于此。遗憾的是，货币供应无限度的增长使得我们赚到的每一张美元都贬值。如果你把美元存到活期账户、定期账户或是用来购买货币市场基金，你的美元就会慢慢地贬值，这样过上一段时间之后，这些钱的一大部分就都被损失掉了。

通货膨胀必然持续上升。保护你的资金不受通货膨胀影响的最好办法就是购买黄金和其他贵金属，比如白银。你需要做的不仅仅是保护你的财富不要贬值，你还得让它升值。办法之一就是把资金投资于需求较高的大宗商品或资源。

比如，中国已经从全球第 20 大耗油国，一跃成为仅次于美国的全球第二大耗油国，中国人偏好的出行方式也从自行车转变为汽车。为了满足这种需求，就需要修建更多的路、桥和其他基础设施。为了适应这种发展速度，中国就需要进口资源和材料。因此，购买需求较高的大宗商品就是让投资组合增值的一个非常好的方法。在第 14 章中，我们会对各种选择进行更为详尽的讨论。

第 4 章
被商业银行拒之门外的人

> 对于合众国来说，真正的威胁来自一个看不见的政府。它就像一只巨大的八爪鱼，用满是黏液的触角紧紧地抓住我们的城市和我们的国家……

1913 年的一个寒冷的冬夜。此时此刻，伍德罗·威尔逊总统最关心的并不是室外的温度，他的面前摆着一个更为重要的任务。几名国会议员正在耐心地等待着总统，他们已经把总统需要签署的文件准备妥当了。威尔逊拿起他的钢笔，把他的大名签在《1913 年联邦储备法案》（Federal Reserve Act of 1913）上。

对于国会中这一部分特定的议员与这几位银行家来说，这是美国历史上最伟大的时刻之一。但对大多数美国人来说，这标志着财富和繁荣的终结。为什么签署一份法案竟然具有如此深远的影响，并引发截然不同的反应呢？

不管其初衷多么好，该法案却允许一小部分人结成联盟，把持国家的货币和经济政策。正是因为这些人制定出来的那些政策，美国经济才走到了今天这一境地：在肇始于 2007 年 11 月的经济衰退中挣扎求存。

失业率高达 10%，住房销售量下降，仅 2010 年 2 月一个月内就有 308 524 处房产发生止赎，消费者信心依旧薄弱，所有这一切的原因都需要我们去探究。不过在此之前，我们先要回头去了解一下美联储的历史。

在第 1 章中我们对美国第一银行已经有所了解，该银行可以说是美国联邦储备体系的一个雏形。该银行的经营许可于1811年到期，直到1816年，美国才特许设立了美国第二银行，该银行是另一种形式的中央银行。

即便如此，当时美国银行体系中的主导力量仍然是州立银行，这些银行都有发行货币的权力。1863年，国会通过了《国民银行法案》（*National Banking Act*），根据该法案，如果州立银行想要继续发行货币，就要被课以重税。由于银行无力承担税收带来的成本，很多银行都纷纷关门歇业。只有国家特许设立的银行才能发行货币而且不必缴税。

一直到1907年华尔街陷入恐慌之前，美国的银行体系都没有什么大的变化。在前面的章节中我们已经了解到，这次恐慌引发了银行挤兑。由于储户纷纷提取现金，纽约的尼克伯克信托公司（Knickerbocker Trust Company）资金耗尽，最终无力支撑，轰然倒闭。接下来的一次挤兑发生在美国信托公司（Trust Company of America），随后是林肯信托公司（Lincoln Trust Company）。

有些报道称这次恐慌是约翰·皮尔庞特·摩根（John Pierpont Morgan）一手操纵的，目的是在投资银行业中为自己创造出垄断地位。至于这种说法的可靠性如何，目前尚无定论。

明尼阿波利斯联邦储备银行称这次恐慌的根源在于已有银行机构对于金融体系的操纵。他们还披露了银行家们从这次恐慌中得到的收益。明尼阿波利斯联邦储备银行在一份报告中称，如果尼克伯克信托公司倒下，国会和公众就会对所有的信托公司失去信心，银行就从中渔利，这就是银行家们的逻辑。

和今天的银行救助有异曲同工之妙，罗斯福总统走了一步有意思的棋：他请出了J.P.摩根来帮助重整秩序。罗斯福给了J.P.摩根2 500万美元的政府资金，由J.P.摩根来把这笔流动性资金注入银行体系当中。请注意这笔资金的用途：**向体系中回注流动性**。

毫无疑问，此举与2007年经济衰退时发生的情景惊人地相似。出于对交易对手风险的担忧，信贷被冻结。银行举步维艰。风险贷款需要取消，从而进一步降低了银行的资本。政府把钱交到银行手里，让银行去放贷。但银行并没有把钱贷出去，而是囤积了起来。

纽约一家面向机构客户的独立财务报告评级公司所做的一份详尽的研究显示，美国排名前 50 的地区性银行经营状况欠佳，而且尽管其资本总额上涨了 12%，这些银行却并没有把钱贷给有需求的企业。这表明银行都在囤积现金。在 1907 年的恐慌中，J.P. 摩根拿到了 2 500 万美元的政府资金。令人称奇的是，在 2007 年经济衰退中，摩根大通又从政府手里拿到了 250 亿美元。

然而，大多数读者都没有意识到这样一个事实：根据"商业内幕"（Business Insider）网站披露的摩根大通公司某高管的电话采访录音，摩根大通公司并没有想要把它从政府手里拿到的原本属于纳税人的 250 亿美元贷出去，以重振美国经济。该名高管声称，政府的救助资金将被用于收购项目。网站引用他的话说：

> 我并不认为我们会停止收购……我认为在当前这种环境下，我们有一些非常有利的成长机会，而且我认为，我们有很好的机会把这 250 亿美元用于这一目的。当然，这也取决于衰退是否会转变为萧条，要看未来将会发生什么。你知道，我们这笔钱是用作最后担保的。

现在你还对"摩根大通是现代世界中的野蛮人"这种说法感到诧异吗？小企业才是国民经济的主力，这些企业雇佣了私营部门半数以上的劳动者。在过去的 15 年里，新增就业机会中有 64% 是小企业创造出来的。如果小企业借不到钱，发不出工资，或是无法扩大生产，那么他们无奈之下只能裁员，这将令失业率高企的情形雪上加霜。

当摩根大通坐拥巨额现金的同时，大多数小型企业还在日复一日地挣扎求存。后面的章节中，我们还会谈到摩根大通，还是先回到 1907 年吧。

这次恐慌之后，国会通过了《1908 年紧急货币法案》（Emergency Currency Act of 1908），并依照该法案成立了国家金融委员会。该委员会由 9 名参议员和 9 名众议院议员组成。委员会主席的职位授予了罗德岛的参议员纳尔逊·奥尔德里奇（Nelson Aldrich）。该委员会的职责是就需要作出哪些改变来整顿国家的银行体系进行调查。

虽然委员会成立之后立即着手进行调查，但我们知道，政府不管干什么事都会拖很长时间，这个委员会花了4年的时间才把他们的发现拼凑成一个报告。

在这段冗长的时间里，参议员奥尔德里奇花了将近两年的时间在欧洲穿梭旅行，对欧洲诸国的银行体系进行调研。回国之后，他邀请了一些学者和几家大银行的老板参加了一个由他本人亲自主持的会议。这次会议是在佐治亚州萨凡纳镇和佛罗里达州杰克逊维尔市中间的一个小岛上举行的。杰基尔岛是美国一些最有名的大家族的冬季旅游胜地。这些家族包括J.P.摩根、威廉·洛克菲勒、约瑟夫·普利策、乔治·贝克和詹姆斯·斯蒂尔曼这些美国的名门望族。1910年11月22日，奥尔德里奇和他的一群多财善贾的朋友在杰基尔岛上一家私人高级俱乐部会面了。

J.P.摩根（1837～1917）
美国银行家，吞并卡内基钢铁公司，组建美国钢铁公司。预订了《泰坦尼克号》首航最豪华套房，却没有登船，因此逃过一劫。

受邀前来的人包括奥尔德里奇的私人秘书亚瑟·谢尔顿（Arthur Shelton）、前哈佛大学经济学教授皮埃特·安德鲁（A. Piatt Andrew）博士、摩根大通的高级合伙人兼摩根的私人特使H.P.戴维森（Henry P. Davison）、纽约国民城市银行的总裁F.A.范德利普（Frank A. Vanderlip）以及库恩洛布公司的合伙人保罗·M.沃伯格（Paul M. Warburg）。

这次会议非但没有向外界公开，而且刻意对外保密，因为与会者并不希望透露风声。我们知道，美国民众出于恐惧，已经表达了他们对于中央银行体系的关切。他们已经看到为数不少的银行倒闭了，如果一群私人银行家、学者和富有的生意人见面并准备以立法的形式控制国家银行体系的事得以曝光，肯定会立刻引来民众大规模的反对。

这群权势遮天的人很清楚，摆在他们面前的任务非常艰巨。就在奥尔德里奇参议员准备向国会提交一个全面检讨美国银行体系方案的时候，其他的人正在忙着确保自己的利益不会受到丝毫损害。他们秘密起草的文件最终催生出一个由他们来控制美国人民的货币命运的方案。

盘根错节的银行世家

在参加杰基尔岛会议的所有人当中，保罗·沃伯格被认为是伍德罗·威尔逊总统签署法案的主要奠基人。沃伯格在银行业并非无名小卒。他出生在德国汉堡一个犹太人家族，这个家族中不少人都是银行家。他的家族开设的第一家银行是 M.M. 沃伯格公司，成立于 1798 年。他的父亲，莫里茨·沃伯格（Moritz Warburg）是沃伯格公司的老板。

沃伯格家族在欧洲从事银行业已经有 300 多年的历史了。中世纪，基督教禁止放贷取息的行为。他们规定可以收取费用或是罚金，但不能收取利息。犹太教也是如此，但有一个例外：尽管犹太教禁止犹太人彼此之间收取利息，但犹太人可以向基督徒收取利息。

大多数犹太人都曾受到教会或是当地法令的排斥，不允许他们从事某些职业。因此，犹太人不得不去从事那些被认为较为低贱的职业，比如收税人或是收租人。从事这样职业的人被称为"钱商"。

在德国等地的市集上，钱商的踪迹随处可见。钱商会给别人开出收据，而这些收据也可以在其他市集上使用，因此，这些收据就成了一种通货。

因为犹太人可以向非犹太人收取利息，他们就继承了银行家的角色。被从西班牙驱逐的犹太人中的一部分人曾为征服者威廉提供资金。在教皇亚历山大二世和罗马帝国的皇帝亨利四世的准许下，威廉于 1066 年入侵英国。他把 2 600 名犹太人从鲁昂带到了英国。由此开始，犹太人成了英国最早的银行家。

保罗·沃伯格家族的祖先就是这批银行家中的一员。他的父亲莫里茨曾在阿姆斯特丹呆过 6 个月，期间他曾在一家私人银行工作，对银行经营有了初步的了解。莫里茨在阿姆斯特丹逗留期间，成了荷兰中央银行（Dutch Central Bank）的一名通讯员。

在学徒期结束之后，莫里茨继续在法国一家银行学习银行经营之道。这是一家法国银行公司，由于父亲与罗斯柴尔德家族有交情，在父亲的帮助下，莫里茨得以进入这间公司。也正是与罗斯柴尔德家族的这种关系，最终莫里茨在内森·罗斯柴尔德创立的罗斯柴尔德父子公司里获得了一个职位。

罗斯柴尔德家族已经在银行业摸爬滚打了几百年。我们来看一看下面这个时间表吧，表4.1中列出了这一家族的重大业绩与事件。

逐渐地，莫里茨把罗斯柴尔德父子公司发展成了一家声誉卓著的银行，保罗延续家族的传承从事银行业，也是再自然不过的一件事。保罗·沃伯格在德国汉堡大学毕业后，又在巴黎和伦敦继续学习。

在伦敦居住期间，他在英国的一家经纪公司工作，他对这英法两国家银行体系的内部运营状况已经有了相当了解。此后，沃伯格来到美国，在纽约的库恩洛布公司任职。1902年，沃伯格成为该公司合伙人。

值得一提的是，银行家们（尤其是那些参与创造了美联储的那些银行家们）彼此之间有着盘根错节的关联，就如同华尔街上的公司一样。比如说，在第7章中我们将看到美林公司聘请了霍华德·鲁宾（Howard Rubin）来主持抵押贷款证券的交易。

鲁宾在受雇于所罗门兄弟公司的时候就已经对抵押贷款证券的交易了然于心。据说，首批的抵押贷款担保证券（CMO）就是所罗门兄弟公司和第一波士顿公司为房地美设计出来的。第一波士顿公司和美林公司之间也存在渊源，美林公司曾收购了怀特与韦尔德公司（White, Weld & Company），而该公司过去曾属于第一波士顿公司。在后面的章节中我们会更多地谈到这些关联。

我们已经知道，保罗·沃伯格的父亲与罗斯柴尔德家族的关系，是他在罗斯柴尔德父子公司工作时通过内森建立起来的。保罗在纽约的库恩洛布公司谋取了一个职位。该公司是由阿伯拉罕·库恩（Abraham Kuhn）和所罗门·洛布（Solomon Loeb）于1867年设立的。

雅各布·希夫（Jacob Schiff）出生在德国法兰克福。希夫家族在德国建立起一个银行业王朝，奠基者是摩西·希夫（Moses Shciff）。雅各布·希夫在一次回德国的时候遇到了阿伯拉罕·库恩，这次会面之后，雅各布·希夫加入了库恩洛布公司。他娶了所罗门·洛布的女儿，于是他在公司的地位就更加稳固了。与希夫一样，保罗·沃伯格娶了洛布的另一个女儿，成了库恩洛布大家庭的一员。

值得一提的是，参议员奥尔德里奇的女儿嫁给了约翰·D.洛克菲勒。

表 4.1　罗斯柴尔德家族重大事件年表

序号	时间	事件
1	18世纪60年代	迈耶·阿姆谢尔·罗斯柴尔德在父亲死后回到法兰克福，开始从事古币交易和放贷业务。
2	1789年	迈耶被任命为威廉九世的代理人。
3	1798年	迈耶的儿子内森离开法兰克福，在曼彻斯特做纺织品等生意。
4	1812年	内森的弟弟詹姆斯在巴黎开设了一家银行。
5	1815年	罗斯柴尔德家族在英国的分支为威灵顿公爵提供黄金，帮助公爵打赢了滑铁卢之战。
6	1820年	内森的哥哥萨洛曼在维也纳安顿下来，弟弟卡尔在那不勒斯开始做生意。
7	1836年	内森去世。
8	1840年	罗斯柴尔德父子公司成为英格兰银行的金块经纪商之一。
9	19世纪50年代	大兴土木修建豪华住所。收购了生产波尔多的木桐酒庄和拉菲酒庄。
10	1875年	利昂内尔·罗斯柴尔德借钱给英国政府购买苏伊士运河股份。
11	1887年	在罗斯柴尔德家族的资助下成立了戴比尔斯集团，从事钻石交易。
12	1901年	由于没有男性继承者，罗斯柴尔德家族在法兰克福的王朝走到了末路。
13	1919年	罗斯柴尔德父子公司主持每日修正黄金价格。
14	1926年	罗斯柴尔德父子公司再次为伦敦地下电子铁路公司融资。
15	1929年	家族开始步入艰难时代，华尔街崩溃，欧洲纳粹主义兴起。
16	20世纪60年代	罗斯柴尔德家族把目光投向美国，罗斯柴尔德公司开始创立。
17	1981年	巴黎的罗斯柴尔德银行被法国收归国有，家族拒绝承认失败，其后不久创立了罗斯柴尔德银行公司。
18	1985年	罗斯柴尔德父子公司就"英国煤气"的私有化向英国政府提出建议。
19	2004年	罗斯柴尔德家族国际银行业王朝蓬勃发展，家族在全球40个国家设立有银行机构。

更有意思的是，雅各布·希夫小时候住的房子是与罗斯柴尔德一家合住的。这所房子位于法兰克福的袭登加斯犹太居住区。

在希夫的领导下，库恩洛布公司成了美国第二大金融公司，与摩根大通公司一起占据了这个行业最顶尖的位置。该公司通过承销铁路股票赚取了数百万美元的利润。1901年，库恩洛布公司控制了2.2万公里的铁路以及价值3.12亿美元的股票。

库恩洛布公司的赚钱手段可不止铁路一项业务。该公司还大规模投资于银行股。在《真钱与假钱》（*Real Money versus False Money*）一书中，作者丹尼尔（T. Crushing Daniel）称该公司在1912年拥有32家银行和信托公司的股票权益。

这不禁让人怀疑，沃伯格改革美国银行系统的动机到底是为了进一步增加自己的财富，还是真心想要帮助美国公众。有记录显示，1897～1906年，他的公司购买了价值8.21亿美元的银行证券及企业证券。很显然，创建一家由银行家和富商操纵的中央银行能够使沃伯格的财富免受损害。

有趣的是，沃伯格从未对外隐瞒他想要通过设立一个中央银行的方式来改革美国的银行体系的想法。1907年，沃伯格在《纽约时报》发表了一篇文章，标题是"我们银行系统的缺点和需要"。在这篇文章中，沃伯格说美国的货币制度与美地奇人或是亚细亚人时代的银行体系一样落后，而与汉谟拉比时代非常相似。沃伯格还声称美国人应该使用由商业银行背书的纸币。

在文章的最后一段，沃伯格为设立一个由富商操纵的中央银行进行了辩护。他写道，如果说我们不应该让那些最杰出、最有名望的商人组成中央银行的理事会的话，那我们不是在贬低我们自己吗？

显然，沃伯格非常强烈地支持建设一个集中化的银行体系。按照他的设想，应该设立一个储备银行，该银行由私人拥有，并以股份的形式获得收益。该储备银行也应有发行纸币的权力。

沃伯格非常清楚，公众对于中央银行并不信任。于是，沃伯格向参加杰基尔岛会议的这帮人建议，新的银行在命名时不要使用"中央银行"的字样，实际上，"美国联邦储备局"这个名字就是沃伯格想出来的。他建议，可以把这个银行叫做"国家储备管理局"。对沃伯格来说，这样就足以骗过美国公众，让他们以为这并不是一个中央银行。

被操纵的货币托拉斯

为期十天的会议结束之后，这些人都非常自信地以为，他们起草了一个能够为国会所接受的方案。然而事实并非如此。

该方案被提交给新成立的货币委员会的成员进行评议。该委员会在政治上分成了两派。当时，主要有两派政治势力在竞争对华盛顿的控制权。其中一派被称作"渐进派"，他们想要对繁荣时期日渐猖獗的政治力量和经济力量进行限制，他们对于削减银行家对于制定经济决策的权力和影响力尤其感兴趣，这一派通常与小企业主和农民结合在一起。另外一派则更加保守，代表了富商们的利益和想法。

奥尔德里奇和杰基尔岛会议上这一帮人起草的方案严重地偏向银行家一方。这一方案是要设立一家由理事会控制的中央银行，而这个理事会的成员大部分都是银行家。该方案得到了美国银行家协会和大多数共和党国会议员的支持。对渐进派来说，这一方案与他们追求的目标完全背道而驰。谋求再次出山的美国前总统西奥多·罗斯福站在了渐进派一边，他对这一方案大加驳斥，认为它把美国的信贷和货币全都交到了私人手里，而不是交由公众进行有效控制。

另一个竞争总统职位的是民主党成员伍德罗·威尔逊，他认为这一方案把控制权交到了银行家手中，因而对它进行了激烈地抨击。渐进派批评这一方案还有另外一个原因：在储备委员会的46个席位中，只有4个席位代表美国公众。按照该方案，9名理事会成员中实际只有2名代表政府自身的利益。引来最激烈的批评的，还是这一方案中关于国家储备管理局有权自行发行纸币的规定。曾于1896年被民主党提名参选总统的内布拉斯加州参议员威廉·詹宁斯·布赖恩（William Jennings Bryan）抱怨说，奥尔德里奇货币方案的背后站着的都是些大金融家。

不过，奥尔德里奇的方案还是起到了一定的作用。它开启了一扇门，让货币委员会中另外一派的成员牵头进行了一次调查。他们认为，美国银行业的权力全部集中在了一小部分人的手里，并断言这些人已经形成了一个"货币托拉斯"。于是，财富的高度集中成了美国公众争论的焦点。

20世纪初期，为数不多的几家投资银行控制了全国大部分的证券交易。这一点和今天的情形非常相似，这些公司包括摩根大通、库恩洛布等。他们赚了大笔的钱，这些公司的总资产加起来可达300亿美元之巨。

该委员会又成立一个小组委员会，由路易斯安那州的阿色涅·普若（Arsène Pujo）任组长。普若在国家货币委员会中隶属于研究外国银行体系的小组，他们研究外国银行体系是为了考察是否借鉴国外经验来改善美国国内银行体系。1911年，普若被任命为银行与货币委员会主席。1912年4月27日，普若开始举行一系列的听证会，对J.P.摩根等银行家进行讯问。

摩根一度被认为是将美国银行体系从1907年恐慌中拯救出来的英雄，这个人的权力和影响力已经太大了。委员会主席普若意志十分坚决，他想要向公众表明，对于摩根的不信任是持之有据的。

一开始，普若把重点放在了调查保险公司、铁路公司、公共设施企业和工业公司之间是否存在连锁董事、是否已经结成货币托拉斯的情形。美国公众已经相信存在着一个货币托拉斯，而且这个托拉斯的成员已经几乎完全控制了给予其他公司和企业的信贷分配。

路易斯·布兰代斯（Louis Brandeis）在全美一些非常有影响力的杂志发表过一系列文章，让公众更进一步加深了这种认知。布兰代斯曾在哈佛大学攻读法律。在波士顿定居之后，他成了一个非常成功的律师，把大量的时间花在了调查有政治背景的案件上。他尤其喜欢代表小企业与巨型公司抗衡。布兰代斯相信，连锁董事与信贷的良性竞争是不能共存的。他在文章中指出，连锁董事是"货币托拉斯的最有力的武器"。

委员会对摩根进行了数次讯问，要求他回答针对他在银行业的活动提出的问题。在1912年12月19日进行的一次听证中，纽约最富有的律师之一、同时也是普若委员会的成员塞缪尔·昂特迈耶（Samuel Untermyer）

向摩根提问，有那么一个人，或是一伙人，他们控制了信贷，因而也就控制了货币，是不是？摩根承认。在听证会上，摩根声称货币和信贷不是一种东西，而且一个人不能同时控制这两者，试图以此混淆视听。他还对委员会说，他在贷出资金时，头脑中考虑的唯一一件事就是贷款者的品性，而这种做法在当时是被大多数银行所接受的。

在听证会进行的过程中，普若拿出了一位资深会计人员编制的几份文件，这些文件表明越来越多的钱被引诱到股票市场之中，而且这些钱都被纽约卷走了，而纽约正是大型金融机构和银行的所在地，摩根大通就是其中之一。

1913年2月28日，调查进行了10个月之后，普若委员会提交了最终报告。报告称，由于存在连锁董事及其他形式的托拉斯，全国银行体系已经高度集中化了。

集中之后的权力大部分都被J.P.摩根的金融公司和约翰·洛克菲勒的国民城市银行所享有。他们有权任命112个企业中的341个董事，而这112个企业的总资产高达222亿美元。在当时，这一数字已经达到了美国经济总量的10%。

摩根距美联储董事席位仅差一步之遥

听证会结束后过了一年，摩根、洛克菲勒和其他那些被认为是货币托拉斯成员的人被责令交出董事席位。然而，这并不能阻止他们控制国家的信贷和货币供应。他们还会利用其影响和联系确保美联储得以顺利降生。

尽管最初提交给国会的方案没有获得通过，参议员卡特·格拉斯（Carter Glass）却另外提交了一份议案，他就是《格拉斯-斯蒂格尔法》中的格拉斯，而这个议案最终也签上了总统的大名。这是在经过两次修改而且民主党和共和党都各自让步之后才得以通过的。

这个把美国货币政策的制定权交到少数几个人手中的人到底是谁呢？格拉斯在弗吉尼亚州的林奇堡出生并长大。他父亲罗伯特在报社做编辑，后来当上了市长。正是由于很早就开始接触政治，格拉斯为自己的政治生涯铺平了道路。

卡特·格拉斯在 13 岁时就开始在父亲手下的一家报社打工，19 岁时，他在亚特兰大一家铁路公司当上了一名审计员。像他的父亲一样，卡特后来又回到了报纸行业。他写了一篇关于与他父亲一同竞选市长的候选人的文章，他的父亲把这篇文章发表在了《匹兹堡新闻》（Petersburg News）上。这篇文章引起了《林奇堡新闻》（Lynchburg News）的编辑阿尔伯特·瓦蒂尔（Albert Waddill）的注意，于是他向格拉斯伸出了橄榄枝，请他来《林奇堡新闻》当了一名记者。

格拉斯在这家报社一直干到了 23 岁，后来他接受了生平第一份与政治有关的任命，在林奇堡市议会做书记员。

1902 年，44 岁的格拉斯当选为美国众议院议员。在不到两年的时间里，他又接受任命，加入了银行与货币委员会，并学到了不少金融知识。待到伍德罗·威尔逊当选为美国总统的时候，格拉斯已经是该委员会的主席了。格拉斯聘请了 H.P. 威利斯（Henry Parker Willis）博士（金融专家、经济学家及知名财经记者）加入到他的团队。

威尔逊当选总统后，国会开始由民主党人把持。在提到国家银行体系这一问题时，威尔逊总统这样写道：

> 不论如何，现在更值得重视的是对于信贷的控制已经高度集中化了，这非常危险。在这个国家，最大的垄断就是对大规模信贷的垄断。只要这种垄断存在，就不可能实现自由与多元化，个人也就没有了向前发展的动力。

既然总统全力支持对银行体系进行改革，格拉斯便认为如果此时把此前奥尔德里奇提出的未获通过的创建联邦储备体系的草案拿出来，可能会有不同的结果。他必须先了解，要获得总统的签署还需要对这份的议案进行哪些修改。

纽约的一位银行家代表被派到了威尔逊的住处找出威尔逊对于奥尔德

里奇议案有哪些意见。当被这位代表问到对于这个法案有哪些想法时，威尔逊说，奥尔德里奇的议案有60%到70%都是正确的，但其余部分都需要修改。

对于格拉斯来说，这样的信息太过模糊，并不足以让他对议案做出重大的修改。1912年11月7日，格拉斯给总统威尔逊写了一封信，请求与他当面讨论改革国家货币体系的问题。格拉斯在信中说，他与威利斯教授已经有了一个替代奥尔德里奇议案的方案，但在继续下一步之前，最好能够听一听总统本人的意见。

1912年12月19日，格拉斯收到了来自威尔逊总统的请柬，邀请他和威利斯到总统在普林斯顿的住所会面。12月26日，格拉斯与威利斯直接来到了总统的住处。二人与威尔逊商讨了草案中待解决的难点问题。格拉斯是这样描述这次会面的：

> 我们花了两个小时的时间，对当时的情况进行评估，并把主席的备忘录进行了详尽的解剖。谈话将近结束时，威尔逊先生宣布，就他的判断而言，我们已经"在正确的道路上走了很远"。不过，他仍然提出了不少建议。
>
> 正是由于他提出的一项重要建议，美联储才最终得以在华盛顿成立，并对这一体系进行监督。我们曾设想把这一功能委托给当时全国银行体系的主管机构货币监理署。威尔逊先生笑着说，他赞成"一定程度的集中化，但不能太多"。因此，他建议先起草一个独立中央理事会章程。后来，这一建议被看作是这一体系的最高成就。

1913年1月份，听证会将重新召开，而格拉斯新修改过的方案将是重头戏。那些为奥尔德里奇议案背书的银行家们不愿意接受这个新方案，因为按照这个方案，中央银行不能被银行家们所操控。

曾帮助格拉斯起草议案的威利斯教授把格拉斯拉到一边，告诉他一位来自纽约的银行家曾向威利斯提出这样一个建议，找一个能够接受我们方案的委员会主席。

摩根与格拉斯的货币发行权之争

格拉斯知道反对的声浪正在高涨，于是他又与总统见了一面，对方案进行了修改。不过，两人一致同意不加入设立中央银行的条款。他们都是地区性银行的拥护者。

在他们看来，这个修改后的草案肯定会获得通过。他们所不知道的是，J.P. 摩根、财政部长威廉·麦卡杜（William McAdoo）和来自得克萨斯州的爱德华·曼德尔·豪斯（Edward Mandell House）正在积极密谋，他们想要设立一个中央银行的想法比以往任何时候都更为迫切。

从豪斯的日记中我们得知，1913年3月27日，他与J.P.摩根以及另外一个颇有名望的银行家会面，讨论了摩根起草的货币改革方案。豪斯在日记中还提到了他与沃伯格之间的交易：

> 1912年12月19日，我和沃伯格在电话中讨论了货币改革的问题。我讲了华盛顿之旅，以及我为了促成这件事所做的一些工作。我告诉他参议院和国会似乎正急着做他想做的事，总统威尔逊针对这一问题直截了当地表达了看法。

反对派的势力已经集结，他们的目标就是防止格拉斯已经修改过的方案得以通过。对格拉斯来说，胜利并非唾手可得。但他相信，凭借威尔逊总统的影响力，方案应该能够通过。在威尔逊总统的要求下，卡特撰写了一份摘要，对这份方案的要点进行了概述。总统的本意是在国会开会时要求特别延时来讨论这份摘要。

豪斯收到了一份摘要，并把它交给了保罗·沃伯格。毫无疑问，沃伯格是反对这份方案的，因为这个方案支持设立区域性银行，却没有提到要设立一家由银行家控制的中央银行。

沃伯格拒绝了这份修改后的方案。对于沃伯格提出的批评，格拉斯对《1913年联邦储备法案》的某些重大修改抱持着顽固的敌意，而且常常不加掩饰地脱口而出。

1913年,沃伯格在出席众议院银行和货币委员会的会议时表达了他对《格拉斯－斯蒂格尔法案》的看法:

> 我是库恩洛布公司的一员。我在1902年来到了这个国家。我在德国汉堡出生,并在那里接受了银行经营的教育,我在伦敦和巴黎学习银行学,并在世界各国游历。在1907年的恐慌中,我提出的第一个建议就是"设立一家全国性的清算机构"。奥尔德里奇的方案中有一些非常重要的内容,这些都是银行业中最重要的东西。至于这个方案,你们的目标也应该是一样的——将储备集中化、调动商业信贷、让纸币发行更有弹性。

这些幕后的密谋者费尽心机,极力拉拢盟友,力图使威尔逊总统签署的《1913年联邦储备法案》中包括设立中央银行这一条,并且由银行家控制。他们向财政部部长麦卡杜求助,希望他能给格拉斯施压,迫使他修改法案。

麦卡杜要求与格拉斯会面,就该法案进行讨论。等到麦卡杜到来之后,一份已经修改过的、包含中央理事会条款的法案摆在了他的面前。该法案还授予理事会超越黄金储备的限额发行国债的权力。麦卡杜告诉格拉斯,银行家们很热情,纷纷表示支持这一法案。

格拉斯知道,他与威尔逊总统起草的法案可能永远都不会获得通过,于是他又一次面见总统,讨论修改法案。最终,该法案经过两次修改才在国会得以通过,并最终由总统签署。在此过程中,格拉斯切实地感受到了银行家和他们政治盟友所施加的巨大压力。

就在法案通过的前几天,参议员伊莱休·鲁特(Elihu Root)曾发表声明,称《1913年联邦储备法案》议案是对自由的践踏。他预言,远在我们从以增发货币来实现繁荣的美梦中醒来之前,我们的黄金就已经消失无踪了,无论怎样调整利率都不可能再将这些黄金吸引回来,只有黄金才能保证我们免遭灭顶之灾。1913年12月23日,《1913年联邦储备法案》获得通过,众议院表决298对60票,参院表决43对25票。最终,这份由威尔逊总统签署的法案赋予了美联储自由控制国家货币的权力。只要愿意,它就能够印刷纸币。把国家的货币供应权完全交到一个银行联盟手中存在着这样一种危险：如果投入到流通领域的货币数量增加，那么每一美元的购买力就会下降。仅仅这一点就可能毁掉国家繁荣。

在《韦氏词典》中，通货膨胀的定义是："一般物价水平持续上涨，通常由货币和信贷量的增加引起。"卡托研究院认为，美元购买力下降完全应该归咎于美联储。该研究院称：

> 由于流通中的货币量不断上升，美元的价值已经被稀释。美国之所以会毫无规律地发生通货膨胀，完全应归咎于本国的货币当局。美联储要为美元总体储量的上升负责，因而也要为每一张已经发行的美元的购买力的下降负责。

影子政府掌握着国家财富

说到美联储，前纽约市长约翰·海兰（John Hylan）曾有过精彩的描述：

> 对于合众国来说，真正的威胁来自一个看不见的政府。它就像一只巨大的八爪鱼，用满是黏液的触角紧紧地抓住我们的城市、州和我们的国家……在这只八爪鱼的头上是洛克菲勒标准石油公司和一小伙银行家族，这些人通常被称为国际银行家，他们实际控制着美国的政府，却只为自己谋私利。

就连威尔逊总统都开始为这一决策感到后悔。1919年的时候，他曾这样深刻地表达了自己的追悔之情：

> 我是一个极不开心的人。我在不知情的情况下毁掉了我的国家。一个伟大的工业化国家被它的信贷体系所操控。我们的信贷体系集中掌握在了少数人手里，因此，我们国家的发展和所有的活动也都掌握在了这些人手里。

那些通过各种手段使得他们中意的法案得以在国会中通过的人们，却在为他们的成功弹冠相庆。奥尔德里奇在《独立报》（The Independent）发表的一篇文章，在法案通过之前，纽约的银行家们仅能控制纽约的银行。现在，他们已经能够主宰整个国家的银行储备。

雅各布·希夫给爱德华·豪斯发了一封贺信，信上写到，对阁下为货币立法所做出卓有成效的工作，我深感敬佩。同时，我还要恭贺阁下，这一手段终于形成了法律。

1914年，美联储在新成立的组织委员会领导下正式开始运营。该委员会的成员包括财政部长、农业部长和货币监理署署长。他们的任务就是要选定哪些城市作为"联邦储备城市"，并指定联邦储备区。

1914年4月2日，委员会正式宣布选定设立联邦储备银行的城市包括波士顿、纽约、费城、克里夫兰、里士满、亚特兰大、芝加哥、圣路易斯、明尼阿波利斯、堪萨斯城、达拉斯和旧金山。

联邦储备体系中有12个成员银行，这些银行采取的是公司模式，其股份被出售给之前确定的联邦储备区的商业银行和储贷协会。地区性联邦储备银行的行长以及9名董事中有6名全都经由股东选举产生。美联储的主席由总统提名，并且该提名必须经国会确认。

该体系中一个非常重要的组成部分就是联邦公开市场操作委员会，该委员会由12名成员组成，包括7名美联储的全部成员和纽约联邦储备银行行长，其他4个名额由另外11个联邦储备银行行长轮流担任。

联邦公开市场操作委员会最主要的工作是对公开市场操作进行监督。公开市场操作是美联储最重要的货币政策工具之一，美联储利用它来影响市场上货币的储量，以及决定货币总量的增长范围。

《美联储的秘密》（Secrets of the Federal Reserve）一书的作者尤斯塔斯·马林斯（Eustace Mullins）曾在偶然间发现了一些有意思的材料。马林斯称纽约联邦储备银行最大的8名原始股东分别是（以1983年时各股东拥有股份数量的多少排列）：花旗银行、大通曼哈顿、摩根信托、汉华银行、汉华实业信托、美国信孚银行、北美国民银行和纽约银行。

马林斯还断言，原始的企业营业执照表明，纽约联邦储备银行发行股份总数为 203 053 股，根据 1914 年 5 月 19 日对货币监理署报备的文件，所发行的这些股份之中超过半数为纽约市的几家大型银行所持有。

洛克菲勒和库恩洛布公司所控制的纽约国家城市银行拥有最多的股份有 30 000 股；第一国民银行持有 15 000 股；大通银行拥有 6 000 股；国民航海银行（即后来的海丰银行）持有 6 000 股；纽约国民商业银行则持有 21 000 股。

如果马林斯的记述是正确的，那么我们就可以说，这个美联储实际上就是原来的货币托拉斯。这也展示了美国公众所害怕出现的那种景象——美联储成了一个有权优势的银行家组织，他们可以随意创造货币，从而也就拥有了控制国家财富的能力。

谁给美国开了金融毒药？

《波力期权周刊》（*WaveStrength Options Weekly*）的创始人亚当·拉斯（Adam Lass）将美联储称为一剂毒药。他这样写道：

> 美国投资者的血液里有一种危险的药物，这种药物正让他们变得疯狂。药里的毒物让他们放弃了逻辑和自我保护，诱使他们（有人说他们是故意的）在最差的时机投资于最差的公司——那些既不能赚取利润又不能改善股东境况的公司，否则那些股票的价格就会下跌。
>
> 这种药物最初被认为是一发"魔法子弹"，能够"搞定"经济和市场的自然周期，消灭其自然的涨落节奏，从而让好的公司蒸蒸日上，并把不好的商业方案和蹩脚的管理团队剔除出去。然而事与愿违，这种药物不仅让市场变得动荡，还创造出了疯狂的资产泡沫和大规模的经济衰退。
>
> 这种药物并没有增进信任、提高参与度或是增加流动性，相反却制造出了不信任、漠然和萎靡的氛围。而且在股市这个狭隘的世界之外，它还令数以百万计的美国公民失去了他们的工作、储蓄和住房。我所说的有毒的药就是现代美国联邦储备体系。

拉斯辩称，尽管围绕着美联储创立的秘密让公众大为震惊，但真正的恐怖之处在于人们实际上对美联储知之甚少。拉斯表示，在20世纪的大部分时间里，对于美联储以及美联储的银行利率和流动性政策，很少有投资者真正了解，大部分人都是漠不关心。

公众对于美联储的那一点点可怜的了解全都来自媒体。但这是非常危险的，因为不管媒体怎样描述美联储，其出发点都是为了最好地满足其卖出报纸的需求，或是为了满足华盛顿和华尔街的需求，它们就想让投资者们听到这些东西。

拉斯指出，保罗·沃尔克（Paul Volcker）统治下的美联储就是一个很好的例子。1979年，沃尔克被总统吉米·卡特任命为美联储主席，来应对当时高居不下的通货膨胀率。然而，此时的媒体也开始连篇累牍地详细报道美联储"后院"的事件。

对某些人来说，沃尔克是一个英雄，因为他几乎仅凭一己之力就战胜了通货膨胀；而对另外一些人来说，他是一个恶棍。因为他所使用的办法就是把联邦资金利率提高到20%，并把抵押贷款利率推到了21%以上。这是一个把资金投入到银行的大好时机，长期存款合约的收益远远高于大多数股票投资。

如果你想要从这些机构中贷到营运资金可就难上加难了。时常就有农民和小企业主在美联储总部外的宪法大道上排成队，手里拿着火炬或是干草叉。沃尔克的继任者格林斯潘因为媒体的宣传而名声大噪。拉斯说："美联储以前从未有过这样的主席。每次他从轿车里出来就会有一大帮狗仔队在后面等着他。"对于自己受到如此密切的关注，格林斯潘显然非常享受。

媒体把格林斯潘称为"全世界最有权势的人"，而他似乎也乐于这样相信。更重要的是，几乎每一个投资者都这样相信。他们不得不为自己的决策后悔不已。随着格林斯潘把利率调低，资本成本大幅下降，于是转瞬之间就连最差的商业方案和最弱的管理团队看上去都光鲜之极。

有些人说，把纯粹逻辑的毒药注入到投资的血管中是有意为之，其目的是为了以熨平经济周期确保永久持续繁荣的方式终结历史。这大概可以算是股票市场中的登天之梯了吧。

美联储非但并没有熨平经济周期，相反却引发了巨大的动荡。美联储的基础理论并非是可靠的、经过时间验证的经济概念，而是反向的逻辑：亏损的承诺成了最甜美的蜜糖，而利润则成了严厉的惩罚。拉斯说，美联储是一种非常危险的推动力量，它让那些有可能完全摧毁整个现代经济的周期性崩溃来得更快。

很多分析人员和作者都同意拉斯对于美联储的评价。《黄金和货币自由市场导报》（*Freemarket Gold & Money Report*）的出版人詹姆斯·特克（James Turk）说，中央银行体系不仅仅是过去一个野蛮的遗物，而且还正在变得越来越危险。特克写道：

> 用不了多少年，等到美元崩溃的时候，在此之前已经有很多其他法定货币崩溃了，美元只不过是其中一个而已。人们就会回顾现在的情形，并问自己为什么像中央银行这样野蛮的机构能够哄骗这么多的人，让他们相信中央银行是一个好东西。答案就是，中央银行创造出了繁荣的假象。

特克对于美联储的评语完全正确。美联储创造出了富庶的假象。在过去这几年里，美国积累的债务比历史上任何时候都要多。雪上加霜的是，美联储大幅提高了货币供应量。随着货币供应量的上升，通货膨胀率也开始上涨，这反过来降低了货币的价值。自从美联储诞生以来，美元的价值已经下跌了95%以上。如果再不采取强有力的措施，我们的后代们就需要为美联储的错误付出代价了。

第5章
货币操纵的鬼把戏

> 美联储如何将国债从左手，倒卖给右手，借此造成市场的繁荣假象？中国如何摆脱美国的国债束缚？

通过某些数据我们可以对宏观经济有一个很好的认识，比如失业率、消费支出额、工厂订单数量、零售销售额、公司财务报告以及股市的盈亏。投资者几乎可以在任意一份报纸上找到这些数据。还有一些数据能够告诉投资者，某个国家的经济，甚至是世界经济正在发生着怎样的变化，而这些数据很少能够在报纸的头版报道中找到。

货币供应量就是这样一种数据。我们在前面的章节中提过这个概念，不过这里我们需要更加详尽的讨论。为什么这个概念如此重要？因为流通中的货币数量能够告诉我们手里持有的货币的真正价值，也就是说我们真正拥有多少财富。

理解货币供应量最简单的方法就是用购买古董来打比方。古董之所以贵重，原因有两个：一是因为它们年代久远，二是因为它们数量稀少。市场上某一种古董的数量越少，想要买这种古董的人就越多，人们就越愿意花更多的钱去得到它。反过来，某种古董存世的件数越多，它的价值就越低，人们花较少的钱就可以买到。对货币而言，也是同理。流通中的货币数量越多，单位价值就越低。

经济学家利用3种定义描述货币供应量。第一种叫做M0，指的是流通中的硬币和纸币的总数，再加上银行库存的货币以及这些银行在储备银行中的存款。截至2009年7月，美国的M0总量为9 086亿美元。

除了人们钱包里的钱和银行库存的钱之外，还有其他形式的货币。M1是另外一种度量方式，它包括M0以及活期账户和旅行支票账户中的存款，这些都可以转换成货币。截至2009年7月，美国的M1总量为1.6万亿美元。

还有一种度量方式是M2，指的是储蓄账户、货币市场基金、低于10万美元的存单以及回购协议①中货币量的总和。M2同时还包括M1（M1又包括M0）。截至2009年7月，美国的M2总量为8.3万亿美元。

紧随M2之后的另一种度量方式就是M3，指的是10万美元以上的存单中的货币加上M2（包括M1和M0）。M3同时还包括欧洲美元汇兑和机构投资者货币市场账户中的货币。欧洲美元指的是存放在美国以外诸如中国、俄罗斯或沙特阿拉伯等国家银行的美元存款或是从这些银行借到的美元贷款。

基本而言，欧洲美元代表着：

1. 美国公司为国外运营而准备的美元货币；
2. 外国公司为国外或国内运营而准备的美元货币；
3. 外国政府为投资项目或国际总收支逆差而准备的美元货币。

一直以来，M3被认为代表了最为广义的货币供应量。根据美国国家通货膨胀协会的统计，2010年的M3为10.3万亿美元。

说到M3，有一件事不得不提。过去，美联储曾定期跟踪该项数据，并在美国货币供应量的报告中加以披露。2006年3月23日，美联储宣布不再跟踪这一数据。美联储在公告中称，鉴于M3没有提供比M2更多的有关经济活动的信息，而且多年以来未在货币政策制定过程中起到作用。

---

① 在卖出证券时附带的另外一个协议，规定在一段时间内以更高的价格回购这些证券。

美联储认为收集和发布这些信息的费用超过了它所能带来的益处。

阴谋理论家则称美联储停止发布这一数据，是因为它想要隐瞒通货膨胀数据。我们都知道，国家的货币供应量实际控制在美联储手里，而与货币供应量相关的最大问题就是通货膨胀。大多数时候，之所以会发生通货膨胀，都是因为货币供应量的上升。图5.1向我们展示了从1917～2009年美国货币供应量的上升情况。

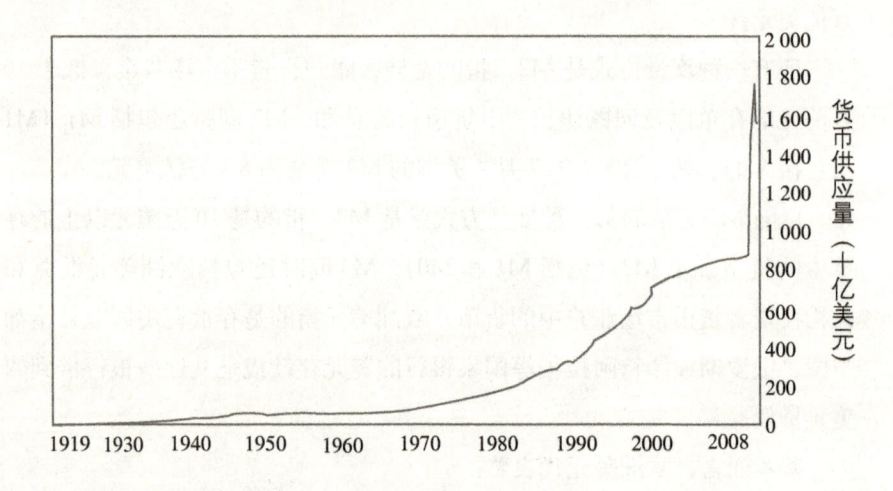

图 5.1　美国货币供应量增长趋势（1917～2009年）

资料来源：Charting Stocks
网站，www.chartingstocks.net/wp-content/uploads/2009/03/money-supply1.gif

此图表明：过去这些年间，美国的货币供应量经历了巨幅上涨。因此，我们有理由得出结论：货币供应量的上升意味着通货膨胀的上升。

请注意过去40年来货币供应量的上涨幅度。根据2006年2月政府最后一次的报告数据，M3的年增长率为8%，但M1的涨幅只有0.4%，M2的涨幅为4.7%。

政府声称，对于评估货币供应量而言，M3数据并不具备相关性。但他们的这种说法毫无道理。他们认为，M2数据（包括低于10万美元的存单中的存款以及支票账户和旅行支票账户的存款）比数值动辄高达数万亿美元的M3数据重要得多。最后一次报告的M3数据为10.6万亿美元。

他们还声称，报告 M3 数据要花费太多的时间和金钱。跟踪其他货币数据已经投入了成本，那么在这基础上跟踪 M3 数据应该也不会太过昂贵。

这一数据为什么就不重要呢，是不是政府在有意隐瞒通货膨胀数据？"影子政府统计数据"（Shadow Government Statistics）网站的执行主编约翰·威廉姆斯（John Williams）认为，M3 的增长的确能够反映通货膨胀的状况。据估计，当前美国最广义的货币供应量指标 M3 的年增长水平在 15% 以上，这种情形自 1971 年 8 月尼克松总统关闭黄金窗口之后从未有过。这预示着除石油和食品价格以及不断走弱的美元压力之外，美国经济的货币性通货膨胀压力也在升高。

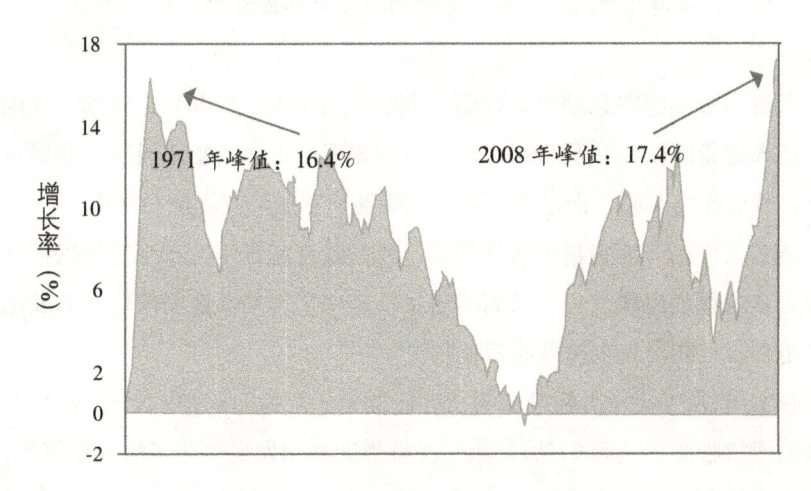

图 5.2　货币供应量 M3 增长情况

数据来源：Marketoracle.com；"影子政府统计数据"网站，shadowstats.com。

威廉姆斯还声称，由于没有对冲外国持有的美元流入美国国库或其他机构带来的影响，美联储实际上正在采取刺激货币增长的政策，这与它自己亲自注入资金的效果没有什么两样。

威廉姆斯并不是唯一一位认为通货膨胀将要到来的人。历史学家、《来自杰基尔岛的怪物》（*The Creature from Jekyll Island*）一书的作者爱德华·格里芬（G. Edward Griffin）也持这一观点。格里芬说：

如今，通货膨胀已经制度化了，基本以5%的稳定涨幅逐年递增。这一涨幅被认为是既能产生最大的收入又不会引起公众警觉的最优水平。

这样一来，不仅我们当年赚到的钱会贬值5%，之前年度所积攒下来的钱也会以这个速度贬值。在第一年末，1美元就只值95美分了；而在第二年末，这95美分又贬值了5%，只剩下了90美分。依次类推。

等到一个人工作满20年之后，他所赚取的每1美元中就都有64美分被政府拿走了。如果他工作满45年，那么隐含的税率将达到90%。政府几乎把这个人一辈子的积蓄全都据为己有了。

大班出版集团的总编贾斯蒂斯·利特尔（Justice Litle）也认为，美国正在步入通货膨胀期。利特尔写道，银行盗匪们正急着偿还通货膨胀保证资金，收取年终奖励，而世界正朝着超级通货膨胀的深渊渐行渐近。

通常来说，一提到超级通货膨胀，我们就会想到津巴布韦等新兴经济体因为该国曾经出现过史上最高的通货膨胀率。可是，像美国这样的发达国家是否有可能会发生超级通货膨胀呢？

事实上，增发货币导致超级通货膨胀的例子俯拾即是。1921～1922年，苏联的通货膨胀率达到213%；第一次世界大战爆发后，为了给战争筹款，德国中央银行停止用黄金赎回纸币，并开始大量印刷钞票。待到"一战"结束，流通中的货币的数量已经是战前的4倍了，而消费者物价指数也上升了140%。1921年5月，开始出现通货膨胀。1922年7月，通货膨胀率已经达到700%，德国央行仍在马不停蹄地印刷钞票，见表5.1。

1922年，奥地利的通货膨胀率曾达到过惊人的1 426%。1914～1923年1月，奥地利的消费者物价指数上升了11 836倍。后来多亏杰出的经济学家路德维希·冯·米塞斯（Ludwig von Mises）的建议，奥地利才从通货膨胀的魔爪中解脱了出来。

冯·米塞斯于1881年9月29日出生于奥地利的伦贝市。他的家族在当地颇有声望，他的父亲曾经是一名建筑工程师，为奥地利的铁路部门服务。

由于他在铁路部门的工作极为出色，奥地利政府授予了他父亲"冯"这一荣誉姓名。

表 5.1　历史上的通货膨胀

国家	出现最高通胀率的时间	最高月度通胀率	换算成每日通胀率	价格上涨两倍所需时间
匈牙利	1946 年 7 月	4.19×10^{16}	207%	15 小时
津巴布韦	2008 年 11 月中旬	79 600 000 000%	98.0%	24.7 小时
南斯拉夫	1994 年 1 月	313 000 000%	64.6%	1.4 小时
德国	1923 年 10 月	29 500%	20.9%	3.7 小时
希腊	1944 年 10 月	13 800%	17.9%	4.3 小时
中国	1949 年 5 月	2 178%	11.0%	6.7 小时

注："换算成每日通胀率"与"价格上涨两倍所需时间"两项的数值由本书作者计算得出。
资料来源：史蒂夫·汉克（Steve H. Hanke）教授，2009 年 2 月 5 日，卡托研究院（Cato Institute）

1906 年，25 岁的路德维希·冯·米塞斯从维也纳大学拿到了法律博士学位。此后不久，他就成了维也纳商会的首席经济学家。1912 年，米塞斯出版了《货币与信用原理》（*The Theory of Money and Credit*）一书。

米塞斯在经济学上最重大的贡献之一就是击败了 20 世纪 20 年代末肆虐奥地利的通货膨胀。根据《现代经济学的生成》（*The Making of Modern Economics*）的作者马克·斯库森（Mark Skousen）的记述，冯·米塞斯是应奥地利政府的请求出手终结这次超级通货膨胀的。

接到这一请求之后，他让曾经拜访过他的几位政府官员于午夜时分到一个特定的地点去见他。这些官员虽然有些摸不着头脑，但由于他们急于知道答案，便同意在他指定的任何地点与他会面。

等到冯·米塞斯出现之后，这些官员请教他该如何结束这次通货膨胀。冯·米塞斯指着身前的一幢建筑喊道，听见那里的噪音了吗？把它停掉？这幢建筑就是政府的印刷厂，彼时正一刻不停地印制着纸币。政府对米塞斯的建议非常重视。等到他们停止了印钱，通货膨胀也就停止了。

交换公式：GDP（名义）= M*V

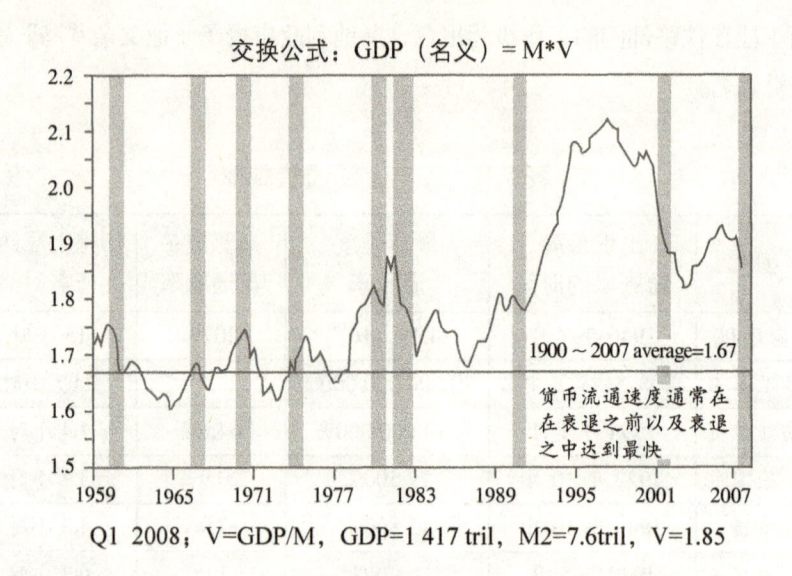

1900~2007 average=1.67

货币流通速度通常在在衰退之前以及衰退之中达到最快

Q1 2008；V=GDP/M，GDP=1 417 tril，M2=7.6tril，V=1.85

图 5.3　货币流通速度对通货膨胀的影响

资料来源：联邦储备委员会，经济分析局，HIMCO

奥地利并不是唯一一个经历过高通货膨胀的国家。从图 5.3 中可以看出，其他很多发达国家也都出现过极端的通货膨胀。美国正面临着这种危险，尤其是在政府支出仍在不断上涨的背景下。

银行家玩的"数兔子"游戏

利特尔指出，货币增发并非引发超级通货膨胀的唯一原因。实际上，这还与货币流通速度（即货币在流通领域运动得有多快）有关。为了理解货币流通速度，我们先回顾一下历史，看看这个概念如何产生的。

美国宇航员、经济学家西蒙·纽科姆（Simon Newcomb）研究出了一个数学公式来帮助人们确定货币的价值。纽科姆在早年间并没有接受过正规的教育，他所学到的大部分东西都来自他的父亲。他的父亲是一名教师。而他父亲所没有教他的那些东西，他都靠自学得来。后来，当他在研究院读书的时候，曾受邀到哈佛大学劳伦斯科学院深造。1884 年，他被约翰·霍普金斯大学任命为数学及天文学教授。1885年左右,纽科姆开始着手研究货币供应问题。他研究出了一个数学公式,这是他最重要成果之一,大多数经济学家都用这个公式来确定货币的价值:

$$MV = PT$$

在这个公式中,M代表实际货币量;V代表速度,即货币流通的快慢程度;T代表交易总量;P代表价格水平。

通货膨胀是指总体价格水平的上升,而通货紧缩是指总体物价水平的下降。如果V和T保持不变而M上升(也就是说,在其他因素不变的情况下,货币供应量上升),就会发生通货膨胀。同时,如果V上升(人们花钱的速度变得更快)或是T下降(交易总量减少),而其他变量保持不变,也会发生通货膨胀。

这个数学公式可能有些复杂,不过利特尔为读者们提供了一个简单的理解货币流通速度的方法。利特尔这样写道:

假设你正站在一个大树桩面前。树桩上有一个色彩非常抢眼的记号,还有许多兔子围这个树桩绕圈奔跑。每次有一只兔子经过树桩上的这个记号,你就在写字板上画一个X。现在,假设你在统计结果的时候发现在60秒的时间间隔内画了20个X。那么,你该如何在同样的时间内让记下的X的数量加倍呢?

方法有两种:你可以增加绕着树桩跑的兔子的数量,或者保持兔子的数量不变,而让这些兔子跑得更快(记住:当你画下X时,你并不在意跑过的是同一个兔子还是其他别的兔子。你只是在记数兔子经过记号的次数)。

这个例子中的兔子就好比流通中的货币。系统中的货币并非一动不动。货币若要对经济产生影响,就必须动起来。因此,当货币变"热"的时候,也就是当兔子全速奔跑的时候,较少的几只兔子就足以让写字板上画满X了。兔子绕树跑得速度越快,意味着货币的换手率越高。如果货币变"冷",那就等于是说兔子们全都昏昏欲睡,这时候你就需要更多的货币(也就是兔子)才能够在写字板上画出相当数量的X来。如果货币完全停止换手,就相当于兔子们完全静止下来。这就是说,它们一动也不动。

因此,一旦美联储在体系中注入越来越多的货币,就等于把越来越多的兔子放进了等式当中。随着美联储变得疯狂而孤注一掷,也许就会有几十只甚至是几百只兔子在一起奔跑。

最终结果就是,美联储能够直接控制系统中货币的数量,却不能直接控制货币流通的速度。系统不能强迫兔子奔跑。

利特尔的观点表述得非常清楚。从图5.4中我们可以看到,货币流通速度通常在在衰退之前以及衰退之中达到最快。

如果美联储增加了货币供应,那么这些货币在哪里呢?答案就是,银行和企业囤积了大量现金,而这种情形在前些年是未曾发生过的。2008～2009年,道琼斯工业平均指数中的30家公司的货币持有量从2 790亿美元增加到了4 980亿美元。

金融学教授肯尼斯·N. 丹尼尔斯(Kenneth N. Daniels)称,美国大型

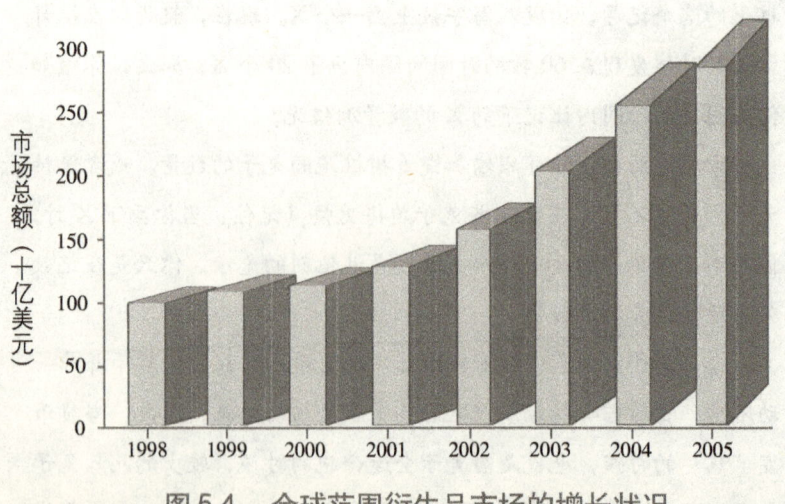

图5.4　全球范围衍生品市场的增长状况

企业积累的现金数量已经达到了 20 世纪 60 年代以来的最高水平。企业都在囤积现金。在接下来的 18 个月当中，经济复苏的速度或是幅度都不足以令失业率发生较大改变。

囤积现金的公司，也远非道琼斯工业平均指数中那 30 家公司。标准普尔 500 指数公司中也有很大一部分增加了现金持有量，总额达 1.19 万亿美元。此外，这些公司还不约而同地减少了支出，使得失业率居高不下。

银行也群起行动。2009 年 1 月，美联储手中的多余储备已经达到 7 930 亿美元。这个数目比财政部通过 7 000 亿美元问题资产救助计划发放或抵押给金融公司的钱的 2 倍还要多。

在雷曼兄弟控股公司申请破产保护的当年，花旗集团持有现金的数量几乎翻倍，达到了 2 442 亿美元，居美国银行现金囤积排行榜首位。事实上，美国最大的 4 家银行（美国银行、花旗银行、富国银行、摩根大通）的流动性总共增加了 67%，从 2008 年 6 月的 9 142 亿美元上升到了 2009 年 9 月 30 日的 1.53 万亿美元。这一数量相当于这些银行总资产的 21%，而一年之前，这一比例为 15%。

2009 年，美国借贷的总体规模缩小 7.4%，根据联邦存款保险公司的数据，这是 1942 年以来最大跌幅。按照财政部估计，这意味着当年有 1.5 万亿美元的贷款消失无踪。

受到贷款规模收缩伤害最大的还是小型企业，因为在小型企业就业的人数占美国劳动人口总数的 50%。在美国，小型企业的产值占到了非农私营部门 GDP 的 50% 以上。

囤积现金的问题在于，企业若要招人，国家经济若要增长，就需要货币在经济领域内流通起来。消费者如果没有了货币，他们就不会去消费。对企业来说，这意味着销售量将会下降，利润也就随之减少，下岗人数就会上升。随着失业人数的上升，也就会有越来越多的人无力偿还住房抵押贷款，因而住房抵押贷款违约率就会上升。很快，国家的经济就会呈现出螺旋形下降的态势。

2010 年 2 月，根据相关报告，逾期 60 天及以上的住房贷款的百分比已经达到了 6.9%，逾期 90 天及以上的住房贷款的百分比则爬升到了 5%，抵押贷款止赎率则升至了4.58%，这也标志着违约率连续12个季度持续上升。因此，由于银行和其他机构大规模囤积现金，经济复苏显得更加困难重重。《金融时报》上有一篇文章非常值得注意，这篇文章或许可以解释银行和其他机构大规模囤积现金的动机。

文章说，银行及各大机构的高管曾受到监管者（特别是来自美联储的监管者）的训诫，必须要等到经济和立法前景变得更为明朗之后才能把资金返还给投资者。

《金融时报》还报道说，华尔街上一位资深高级管理人员曾经说过："到了这一地步，监管机构已经有点草木皆兵的意味了，部分原因在于他们害怕如果允许财务状况较好的银行把现金返还给投资者，那些身陷困境的机构也会提出同样的要求。"这篇文章还称，监管机构希望银行在向投资者发放任何形式的股息之前，先在手头积累较多的利润。

诸如摩根士丹利和高盛等投资银行手头已经拥有了大量利润。2009年，高盛的净收益就达到了134亿美元，约合每股22.13美元，是2008年净收益（23.2亿美元）的5倍还多，也打破了2007年创下的116亿美元收益记录。摩根士丹利公司2009年的收益为117亿美元，是2008年收益的2倍多，同样创下了历史最高的收益记录，仅在第四季度，该公司就录得33亿美元的收益。

虽然美国货币供应量有了巨幅增长，但银行和其他机构囤积的现金数量几乎达到了前所未有的水平。现在，我们来看一看到底有多少货币被创造出来了吧。

印钱与降息，投资者遭受着双重压榨

2002年，美联储主席本·伯南克在华盛顿发表演讲时讲到，美国政府拥有高超的印刷技术，想要多少美元就有多少美元，而且几乎没有什么成本。通过增加流通领域的美元数量，甚至是威胁这样做，美国政府就能降低美元价值。

美联储故意增加流通中的美元数量，这样就可以使利率保持在较低水平。2001年，格林斯潘担任美联储主席时，就曾把利率降低到1%。事实上，格林斯潘曾在3年中把利率维持在历史低位。

自由财经作家迈克·惠特尼（Mike Whitney）曾在一篇写给"市场大行家"（Market Oracle）网站的文章中，把经济衰退和信贷危机全部归咎于格林斯潘。惠特尼如此写道：

> 格林斯潘让印钞机开足马力印钱，而银行和住房抵押贷款借贷机构则无所不用其极地把美元交到那些不合格的借款者手中。
>
> 可调利率抵押贷款、"只付息"贷款、"无首付"贷款等等都是金融机构创造出来的中看不中用金融工具，令美国经济在2000年网络泡沫破灭后苟延残喘。

惠特尼称，正是格林斯潘的"贱钱"政策使得房地产市场出现了投机狂潮，令房价疯涨。仅仅6年之内，房地产市场的总市值就从11万亿美元增长到了21万亿美元。他断言，房地产市场的爆炸性增长完全是由低利率诱发的。

惠特尼还声称，低利率为贱钱进入经济提供了一条渠道，而这无疑会创造出股票市场泡沫。惠特尼还表示，格林斯潘明明知道如果一直保持低利率将会发生何种情形，以及这种情形将会造成怎样的后果。

格林斯潘却有着另外一套说辞。他声称自己并不知道问题会严重到这种地步。2007年2月份播出的《60分》节目的访谈中，格林斯潘说：

> 尽管我知道这些做法普遍存在，等我意识到这些做法的严重性时已经太迟了。我在2006年初的时候才明白过来。

很难想象格林斯潘本人竟然不知道这种做法会带来多么严重的后果。格林斯潘持有纽约大学的两个学位，同时他还是经济学家。他比大多数人都更懂经济。作为美联储主席，他当然知道调低利率扩大货币供应量会带来什么样的后果。

归根结底，联邦资金利率是由美联储设定的。这一利率是银行间互相借款的利率，也被称为短期贷款利率。不管美联储调高还是调低这一利率，都会对住房抵押贷款的利率造成影响，因为该利率是与短期贷款利率绑定在一起的，比如房屋净值率和可调利率。正是这些种类的住房抵押贷款（包括"只付息"贷款和"无首付"贷款）的出现，才让人们能够很容易地买到房子，但房子虽然买来了，却并非所有人都能供得起。

低利率固然带来了房地产市场的繁荣，但是由此产生的过多货币经过华尔街的操作变成了高度投机、非常危险的金融衍生品。根据国际清算银行（Bank for International Settlements）提供的数据，2002～2008年，衍生品市场经历了爆炸式增长，从127万亿美元增长到了684万亿美元，翻了将近4番。从图5.4中便可以看出这一增长趋势。

格林斯潘说，之所以保持低利率遏制通货膨胀。所有迹象表明，当前这一届美联储仍有意维持低利率。圣路易斯联邦储备银行的詹姆斯·布拉德（James Bullard）说，美联储计划在较长的一段时期内将利率保持在"极低"的水平。

索斯藤·波雷特（Thorsten Polleit）说，维持低利率是一个致命的失误。在2009年6月撰写的关于当前的经济衰退的文章中，他说维持低利率"无异于通过不停地增加银行流通信贷和货币供应的方式来应对这次由中央银行压低利率引起的崩溃"。

波雷特称，抑制利率的政策是企图躲避过去几十年来累计的债务带来的成本，巨额债务完全是政府控制下的法定货币体系不断增发货币的结果。如果利率不再下降，信用金字塔最终将轰然崩塌。

急剧膨胀的美国国债

格林斯潘确立了政策，伯南克则亦步亦趋，这样做的结果就是美国债台高筑，参见图5.5。自2007年以来，美国的国债以每天44亿美元的速度增长。如今，利息支付已经占了联邦预算的12%以上。这就意味着，为了避免债务违约，华盛顿每年不得不支付高达3 353亿美元之巨的利息。

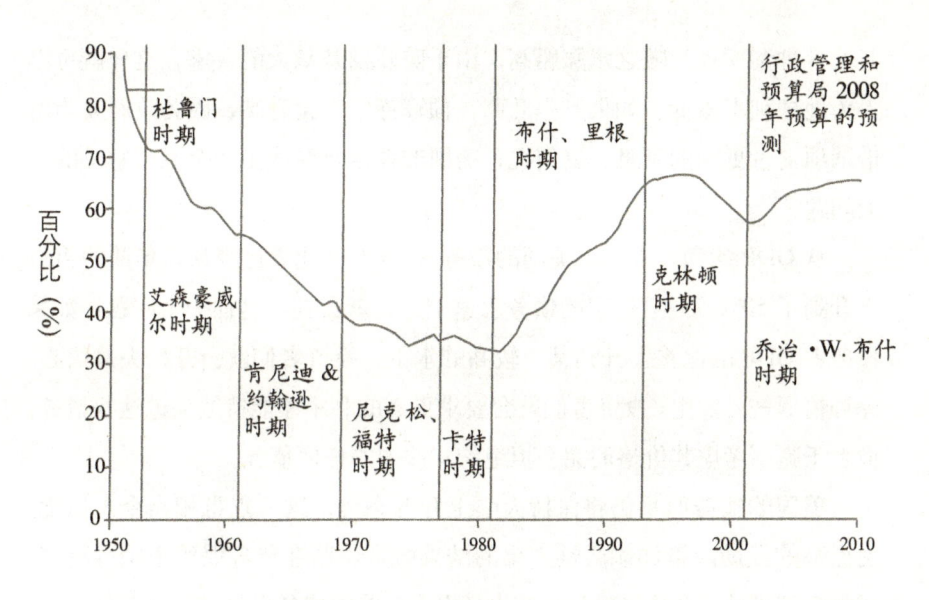

图 5.5　美国国债占 GDP 比重

资料来源：白宫网站；www.whitehouse.gov。

中国、日本等国买入美国的大部分国债。中国曾是美国最大的债权国，不过，中国最近正在减持美国国债，转而持有黄金等大宗商品。中国官员曾几次对美国债务表示担忧。由于中国急于减持美元，日本持有的美元数量从第二位上升到了第一位。

然而，持有美国债务的并非只有外国人。美国政府债务的最大债权人就是美国自己。美联储体系中的银行和其他政府机构持有的国债数额达到了惊人的 4.806 万亿美元。

更令人不安的是，美联储本身也购买了大量的美国国债。根据 FedUpUSA 网站提供的数据，美国总计发行了价值 1.1 万亿美元的国库券、抵押担保证券和长期债务，其中，美联储购买了 8 610 亿美元国债，几乎占总量的 80%。

美联储为什么要自己购买自己的债务呢？据"经济崩溃"（Economic Collapse）网站称，原因在于买家太少，美联储别无选择之下只好自己购买。

为了吸引更多买家，美联储应该提高国债的利率。如果它这样做的话，其他各种利率也会随之水涨船高。由于美联储是最大的买家，这样就可以人为地把利率压低。如果利率升高，预算赤字也会升高，因为政府要为所借款项支付更高的利息。更何况，美国的债务已经成了一个亟待解决的重大问题。

从 GDP 的角度来说，美国的债务占 GDP 的比重已经从几年前的 40% 上升到了 50%。一旦一国的债务急速上升，就会存在这样一个问题：如果债务占 GDP 的比重上升到某一较高的水平，投资者们就会开始失去信心。此种情形一旦发生，投资者们就会要求更高的利率才能持续买进这些债务，或者干脆不考虑其价格而完全拒绝购买该国的任何债务。

美国的债务似乎仍将保持大幅上升的态势，这一点也相当令人担忧。奥巴马的救助政策和刺激性支出的结果就是美国在债务泥潭中陷得更深。据财政部预计，自从奥巴马总统上任以来，美国债务已经超过 2 万亿美元。我们不要忘记，他上任的时间还不到两年。

奥巴马的支出状况与他的前任相比如何呢？布什总统上任的时候，美国的国债规模为 5.73 万亿美元，而当他卸任的时候为 10.7 万亿美元。其间的差额为 4.97 万亿美元。如果奥巴马总统能够任满 4 年的话，我们是否可以预期他会再新增 8 万亿美元的债务呢？

美国的债务状况一直让我们头疼不已。我们已经看到，巨额债务如何让市场震荡频发。想一想当希腊可能发生债务违约的消息传出时市场是如何反应的吧。不仅如此，这一问题还可能发生在西班牙、葡萄牙和意大利，而这些国家债务占 GDP 的比率已经接近 60%。

欧盟领导人正急于找到一个方案能够避免这些国家（尤其是希腊）发生债务违约。欧盟委员会主席巴罗佐号召欧洲各国政府达成一个详尽的金融援助方案，帮助希腊渡过难关。由于担心希腊无力偿还其债务，投资者于是要求该国的政府债券提供更高的利率，而希腊政府却说，这样高的利率他们负担不起。

2010 年 3 月 25 日，《福布斯》杂志刊登了著名经济学家鲁里埃尔·鲁比尼（Nouriel Roubini）的一篇文章称，在全球经济努力爬出衰退的泥淖之时，欧元区的债务危机却大大地增加了经济出现双谷经济衰退的风险。

希腊债务危机已经成了当前经济和政治争论的焦点。这不仅是希腊的悲剧，它可能会传染到葡萄牙、西班牙、意大利和爱尔兰。

鲁比尼还声称，两年之后，美国的联邦债务规模将超过GDP，联邦预算将永远无法平衡。这种状况是不可持续的，并且令人对美国未来的AAA级评级产生疑问。美国是否有可能会失去其AAA级的信贷评级呢？2010年3月初，穆迪公司对美国的债务问题表达了关切。穆迪称，在信贷评级为AAA级的国家中，美国和英国等国的偿债能力正在遭受严峻的考验。

华盛顿特区的Lynx投资咨询公司的总裁彼得·塔诺斯（Peter Tanous）预见到未来会有大麻烦。他说，我们正在一条无法回头的路上越走越远，美国的金融前景一片荒凉。

美国会还债？还是想战争？

这已经不是美国第一次面对如此规模巨大的债务危机了，类似的事件在大萧条时期就曾经发生过。1933~1939年，国家债务占国民生产总值（GNP）的比重几乎达到40%。罗斯福通过先收缴黄金然后提高金价的办法偿还了债务，但这种做法不可避免地令美元的价值受到了伤害。

时至今日，已经很难设想此时此地政府会重新采取收缴公众持有的黄金的措施。我们仍然有堆积如山的债务需要偿付。政府能够做什么呢？它可以完全停止出售黄金，然后提高金价，直到足够清偿所有欠债。

再者就是加税。肖恩·塔利（Shawn Tully）在一篇文章中说，为了避免让债务把经济拖垮，2019年平均每户家庭的联邦所得税可能要提高1.1万美元，增幅达55%。我们不要忘记，美国财政部发行的每一张债券都是靠着政府用未来税收进行支付的承诺支撑的，而这些税收当然是来自美国公众。

政府可以终止诸如社会保险、联邦医疗保险以及联邦医疗补助等应得权益计划。当然，这种做法必然会遭到众人的反对。问题在于：根据2008年《美国政府财政报告》（Financial Report of the United States Government），美国政府允诺的未来社会保障和联邦医疗保险的支出已经超过了 65 万亿美元。因此，停止这些计划毫无疑问会在相当程度上缓解国家的债务状况。

政府还可以提高物价，让美元进一步贬值。这样一来，偿债就会变得容易一些。如果因为美元变得不那么值钱，偿还欠债就不需要原来那么多美元了。不得不承认的是，这些都不是我们乐于看到的解决方案。冰冻三尺非一日之寒，这一问题也不可能在一朝一夕间得到解决。

问题的核心就在于这种经历了几十年的发展形成的制度——银行的部分准备金制度。银行的部分准备金制度为政府凭空印钱开了绿灯。不管政府怎么做，国债这一问题都将会在未来的岁月里如影随形地纠缠着我们。

"经济崩溃"网站的一篇文章称，从数字上看，美国的债务永远都不可能还完。文章称，就算今天美国政府把美国每一家银行、每一个企业、每一位纳税人手中的每一分钱都拿走，也不足以清偿欠下的债务。

令人悲哀的现状是，美国自从独立战争开始就一直欠着外债，唯一的例外是 1835 年。这一年，在安德鲁·杰克逊总统的运筹下，债务得以全部清偿。杰克逊痛恨银行。他出生于一个贫苦的家庭，但他白手起家成了巨富。杰克逊认为债务是施于国家的诅咒。他相信，这不仅意味着厄运，而且长时间地处于欠债的境地，也让一国政府蒙羞。他曾向国会表示，希望有一天，这个国家能够不再负债。

在他就任总统之时，美国的债务规模为 4 800 万美元，这主要都是因为 1812 年战争的原因而借下的。在他任期内，销售公共土地带来的收入足够满足政府每年的支出。他不仅清偿了国家的债务，而且还有了盈余。杰克逊认为，联邦政府的税收只要满足支出需要就可以了，盈余部分应该退还给美国公众，而不应该存放在中央银行。

遗憾的是，杰克逊总统取得的成就仅仅是昙花一现而已。1865 年，因为内战的原因，政府又开始大规模举债。1865 年，政府贷款认购代理人杰伊·库克（Jay Cooke）发表了一份关于国家债务的报告。他预计，美国的债务将升至 30 亿美元，占全国财富总量的 15%，平均到每个人身上为 98.62 美元。

今天，平均每个人要负担的债务的数目是 41 125.79 美元。145 年来，每个人身上负担的债务增长了41 061%。但实际上，并非每个人都有责任来偿还这一债务。根据"税赋基金会"（Tax Foundation）网站提供的最新信息，美国国税局有报告称，2007年约有1.41亿人申请税收返还。不过，这些人中只有大约4 700万人享有足够的减税、免税或税收抵免，证明他们无须向国税局缴税。

还有一部分人申请税收返还，并且仅缴纳了非常少的税金，因为他们年收入低于5万美元。这就意味着，真正的税赋负担其实是由4 600万缴纳所得税最多的这群人承担着。

如果政府决定通过加税的方式来偿还债务的话，担子也会落在这群人肩上。如果你是这群人中的一员，这就意味着你的债务份额为260 869.55美元。需要提请注意的一点是：债务的规模将会越来越大，你需要负担的额度同样也会越来越多。

美国有可能成为一个"无债之国"吗？可能性相当低。那些掠夺财富的野蛮人已经把我们逼上了一条艰难的财政之路。在国会预算局（CBO）的《2009～2019年经济预算与前景展望》（Budget and Economic Outlook for 2009 to 2019）报告中，预算局称这一衰退将是美国自"二战"以来经历的历时最长的一次衰退，可能会持续18个月。

该报告还预计，这次衰退将是有史以来最严重的一次，未来两年的经济产出将比正常水平平均低6.8个百分点。预算局称这将是"二战"以来最大规模的赤字。

预算局也承认，它对未来的展望存在着一些不确定因素，其中之一就是金融市场混乱的程度和持续的时间及其对未来经济走向的影响。预算局的报告中写道：

> 在那些引发这场金融危机的金融工具和金融业务当中，很多都是在过去10年才广泛流行起来的。而且，这次危机的规模以及金融市场的全球关联性，与美国以往经历过的金融困境有着极为重要的不同之处。
>
> 此外，联邦政府（尤其是美联储）干预的规模和创新手法以及

干预程度的不确定性会对经济前景产生影响,这使得分析家利用历史形态来预测较近的未来变得更为困难。

基本而言,政府无法确定结果会是如何。掠夺财富的野蛮人一手炮制出来的大规模杀伤性金融武器已经将美国的经济推入了岌岌可危的境地。

那些我们认为应该做点什么来改变这种现状的政客们除了创造出如山一般的巨额债务以外别无所长。他们的动机不是为了以最佳的方式来服务国民,而是为了拉选票和企业赞助。

一所知名大学的资深战略规划教授詹姆斯·奎因(James Quinn)对今天发生在我们身上的事件做出了最贴切的描述,这些选举出来的官员已经不再代表民众了。他们代表的是 17 000 名企业游说者,这些人每年花费 33 亿美元来"说服"他们。我们这个羽翼未丰的共和国的美好理想已经完全被那些把灵魂出卖给企业和银行之利益的政客们给糟蹋了。

第6章
评级机构：不容挑战的金融裁判

> 信贷评级机构其实是戴着面具的野蛮人，
> 这一点与他们的客户没有两样。

2010年4月16日，《商业周刊》发表了一篇很有意思的文章，但其他媒体对这篇文章的反应却很平淡。实际上，这是一篇本应得到更多关注的文章，它让我们注意到华尔街上还有这样一批野蛮人，他们和高盛、摩根士丹利、美国国际集团、美国银行和花旗集团等公司一样，对拖累全球经济负有不可推卸的罪责。

我所说的这些野蛮人就是标准普尔公司、惠誉国际公司（Fitch）和穆迪投资者服务公司（Moody's Investor Services）等信贷评级机构。尽管普通投资者可能知道这些公司的名字，但很少有人理解这些公司在评估华尔街上的公司卖给全世界的投资证券时，所扮演的至关重要的角色。这些公司的评级既能成就一只证券，也能毁掉一只证券。正因如此，他们对公司、国家和证券的可信性进行评级应该是没有偏见的、客观的。令人毛骨悚然的是，不论华尔街创造出什么样的衍生工具，即便有毒，也会获得这些公司众口一词的推荐。

标准普尔公司　亨利·普尔先生于1860年创立。2009年营业额约26亿美元。它是麦格劳-希尔集团的子公司。

按照《商业周刊》上所刊登的文章的说法，穆迪公司对2005年之前发行的价值434亿美元的巨型抵押贷款债券（jumbo-mortgage bonds）进行降级评议，而这些债券曾一度获得了最高的评级。该公司表示，总共约有3 000只证券的评级会被调低。此前一周，穆迪公司曾声称可能会调低较早前发行的总值约500亿美元的次级住房抵押贷款债券的评级。

古根海姆证券（Guggenheim Securities LLC）的投资策略部门负责人斯科特·布克塔（Scott Buchta）曾指出，市场基本上忽视了这一声明，但如果穆迪公司把这些债券的评级从投资级调低到非投资级，投资者可能不得不把这些债券抛掉。

对于住房抵押贷款证券的大规模降级才刚刚开始，此时距危机发生已经有整整15个月的时间。降级没有发生在危机之前，也没有发生在危机之中，而是发生在危机之后。美国公众对于住房抵押贷款证券在美国最大的银行，及其他借贷机构的失败中所起到的作用心知肚明。因此，现在才来调低评级不仅为时已晚，而且也没有什么意义。

如果证交会（SEC）指控高盛公司证券欺诈的罪名成立，那么接下来应该接受调查的就是这些评级机构。因为多年以来，标准普尔、惠誉国际和穆迪等公司一直都深受机构投资者信赖，华尔街上交易的大部分证券的信贷评级都是这些公司做出的。

穆迪公司曾声称自己是全球最受尊重的公司之一，也是全球最被广泛利用的信贷评级、研究和风险分析来源之一。标准普尔公司把自己吹嘘成广为全球投资者所知的金融市场情报机构领军者。该公司还说他们致力于为那些想要做出明智的投资决策的投资者提供市场情报，包括信贷评级、各种指数、投资研究以及风险评估和解决方案。惠誉国际公司说自己广受投资者、发行机构和银行家赞誉，因为其所提供的信息可信、透明而且及时。

信贷评级机构并非只有这三家，另外一些评级机构包括：贝氏（A.M. Best，美国）、贝湾（Baycorp Advantage，澳大利亚）、多美年债券评级服务公司（Dominion Bond Rating Service，加拿大）、太平洋信贷评级公司（Pacific Credit Rating，秘鲁）。按照定义，评级机构的意义就在于做出信贷评级，帮助投资者确定与某一证券，或衍生品相关的信贷风险。

如果这些机构把有毒的住房抵押贷款证券评为 AAA 级的话，他们的建议到底有多可信呢？以高盛公司的代号为 Abacus 2007-AC1（一种基于次级住房抵押贷款证券）的复合型担保债权为例，证交会指控高盛公司证券欺诈，正是因为这一证券，标准普尔和穆迪公司都给出了 AAA 的评级，这可是任何一只证券所能得到的最高的信贷评级。

2008 年 9 月 15 日，雷曼兄弟公司申请破产保护之前，穆迪给它的评级是 A2，而标准普尔对该公司的评级是 A。该公司的大部分风险暴露都来自基于次级住房抵押贷款的住房抵押贷款证券。

穆迪对美国最大的保险公司美国国际集团的评级是 A2，标准普尔对该公司的评级是 A。然而就是这家保险公司，于 2008 年 9 月 16 日以 80% 的股权为代价接受了联邦政府高达 850 亿美元的贷款，而它这样做的目的仅仅是为了活下去。

大体而言，信贷评级是对某一个人、公司甚至是国家的资信是否可靠进行估测。公司或债券的信贷评级作为一个金融指标，帮助潜在投资者判定与某一投资工具相关的风险。

每个评级机构都要对评级对象（证券或公司）的财务健康状况进行评估。在做过财务评估之后，再对证券或是公司做出诸如 AAA、AA+、BBB 或 BB+ 之类的评级。

穆迪公司的评级包括 Aaa、Aa1、Aa2、Aa3、A1、A2、A3、baa1、Baa2、Baa3、Ba1、Ba2、Ba3、B1、B2、B3、Caa1、Caa2、Caa3、Ca 和 C 等诸多等级。大多数其他公司的评级也都大同小异。

评级分为两种类型：长期评级和短期评级。长期评级表明的是评级机构对于到期日为一年或更长的固定收益证券风险进行的评估。对任一证券而言，如果其评级为 AAA，这就意味着评级机构认为该项投资的质量相对而言较好，而且投资风险相对而言最小。如果评级为 AA 或 A，则意味着高质量、低风险或是中等质量、低风险。

Baa 表明评级为中等，意味着存在中等水平的风险。而评级为 Ba 或 B 的投资品则表示存在着投机因素，因此存在较高的信用风险。以此类推，最低的评级为 C，这是最差的投资等级，风险最高。

与此类似，短期评级是对投资期限13个月以下的投资品的风险进行的评估。评级级别也是AAA为最高，C为最低，不过通常都会加上P-1、P-2或P-3之类的脚注。P的意思是"优质"，用来表明该投资品的发行机构是否有足够的能力偿还贷款。

那么这些评级为什么很重要呢？如果一个公司或是一只证券的评级被调低会发生什么呢？对于发行机构来说，这就意味着借贷成本更高，而这最终会影响该机构的收益。此外，降级通常意味着公司不仅丧失了投资者的信任，还意味着该公司在其所处的行业中丧失了资信。

最令人担忧的还不是这些。降级意味着该证券存在着非常高的风险。降级是对投资者提出的一个警告，提请他们注意，依据降级程度的不同，这有可能意味着投资者需要出清该证券。

我们必须要明白的是，信贷评级有着非常重要的意义。20世纪70年代前期，监管机构曾经颁布法令，对特定评级的投资品的交易进行限制。比如，该法令规定，共同基金不得购买评级低于某一标准的债券。

《纽约时报》专栏作家、普利策奖获得者托马斯·弗里德曼（Thomas Friedman）曾在1996年说，当今世界存在着两个超级大国，一个是美国，一个是穆迪公司。美国可以用炸弹摧毁一个国家，而穆迪可以凭借信用降级来毁灭一个国家。至于这两个超级大国谁更强大，还真说不清楚。

拿到AAA的评级就好比获得一枚金星勋章。我们还是不禁要问，评级机构到底更倾向于保护他们为之进行评级的公司呢，还是更倾向于保护投资者的利益呢？

投资者为什么要对评级机构保持警惕呢？近期发生的证券交易委员会对高盛公司的诉讼便是一个很好的例子。一些分析师已经开始对评级机构提出质疑。

在希腊债务危机之后，评级机构开始调低某些欧洲国家的评级。欧盟提请评级机构注意，在判断一国的财政健康状况时务必要小心谨慎，并声称可能会对他们的工作进行调查，甚至成立一个中央机构来取代他们进行相关工作。

值得注意的是，这些机构此前也曾受到广泛关注，特别是当安然和世通公司等评级非常高的公司爆出丑闻之后。但是，这些灾难并没有能阻挡住华尔街的脚步，各大公司依然需要这些机构对他们进行评级。

一直以来，人们都认为评级机构是可靠而且值得信任的。纽约大学斯特恩商学院经济学荣誉教授劳伦斯·怀特（Lawrence J. White）说：

> 金融监管实行了70年，结果就是让这些评级机构站到了债券信息市场的中央。这些机构对债券的资信做出的判断受到追捧，于是这些判断也就获得了法令一般的效力。

怀特还声称，正是由于证交会设置了准入壁垒，其他公司无法进入，才让这些评级机构得到了蓬勃发展。过去，评级机构必须先要经证交会"全国认定的统计评级组织"的指定资格，然后才能正式担当评级机构的角色。2006年，参议员投票通过了一个旨在对信贷评级行业进行改革的法案《2006年信用评级机构改革法案》（Credit Rating Agency Reform Act of 2006），这个法案赋予了证交会对信贷评级行业内的竞争进行监管的权力，同时还要对利益冲突进行监督。该法案甚至赋予了证交会对信贷评级机构进行核查的权利。此外，该法案还改变了评级机构认可办法。证交会不再使用"全国认定的统计评级组织"这一指定资格，改为向有3年从业经验并能够达到证交会指定的一系列标准的机构授予"统计评级组织"资格。

迄今为止，在130多家机构中，只有5家获得了证交会的指定资格，他们分别是穆迪公司、标准普尔公司、惠誉国际公司、多美年债券评级服务公司和贝氏评级公司。在这5家公司当中，标准普尔和穆迪约占信贷评级市场80%的份额。

名义上，证交会负有对信贷评级机构进行监督的职责，但事实是，在它的帮助下，各评级机构形成了一个组织紧密的机构团体，他们在评级时往往随心所欲，并最终造成了严峻的后果。次级住房抵押贷款证券就是一个新近的失败例子。在此之前，这些机构也曾让我们大失所望，并将数以千计的美国人的退休梦毁于一旦。

评级机构，道德不过是金钱的掩体

我们只需回顾一下几年前发生的事就会明白，评级机构并非像我们希望的那样，是一个讲道德的强大组织。安然和世通公司的轰然倒塌，就是评级机构失败的最佳案例。

穆迪和标准普尔对这两家公司的评级都很高。当这两家公司的不正当业务和会计操作被曝光之后，价值数百万美元的退休金组合变成了泡影，数以千计的人被迫搬出自己的住房，数十亿美元的市值瞬间蒸发。

那么评级机构的情形如何呢？他们毫发无损。而安达信会计师事务所（Arthur Andersen）则在这次丑闻中一蹶不振，因为它明明知道安然公司存在问题，却没有采取任何措施来阻止该公司。

事实上，安然公司采取的某些欺骗手段似曾得到安达信的帮助，甚至就是在安达信的授意下才这样做的。2002年5月，安达信公司因为非法销毁关键文件而被判妨碍司法公正。时至今日，似乎已经很难相信安然公司曾一度被认为是抓住行业牛耳的天然气管道公司。该公司的股票曾备受投资者的青睐。

安然公司成立于1985年，由休斯敦天然气公司（Houston Natural Gas）和北方内陆天然气公司（InterNorth）合并而成。经过此次合并，新成立的安然公司拥有了长达了5.95万公里的天然气管道。后来，安然公司成了北美洲规模最大的天然气采购商及出售商。

1989年，安然公司开始着手参与能源期权和期货交易。肯尼斯·莱（Kenneth Lay）的野心还远不止此。1991年，在杰弗里·斯基林（Jeffrey Skilling）的帮助下，此人曾是麦肯锡公司的能源行业咨询师，安然把业务扩展到了水、煤炭和钢铁等资源领域。

在斯基林的部署下，安然成了一家野心勃勃的公司，每天都要买卖数十亿美元计的电力或是其他大宗商品期货。安然公司俨然从一个天然气公司脱胎换骨成了一家能源贸易公司。

该公司因为在能源贸易领域牟取暴利而饱受非议。但肯尼斯和斯基林并不在意。2001年，安然的股票已经达到了每股90美元的历史高位，而斯基林也成了公司的首席执行官。从图 6.1 中我们可以看到安然公司股票价格的增长情况。

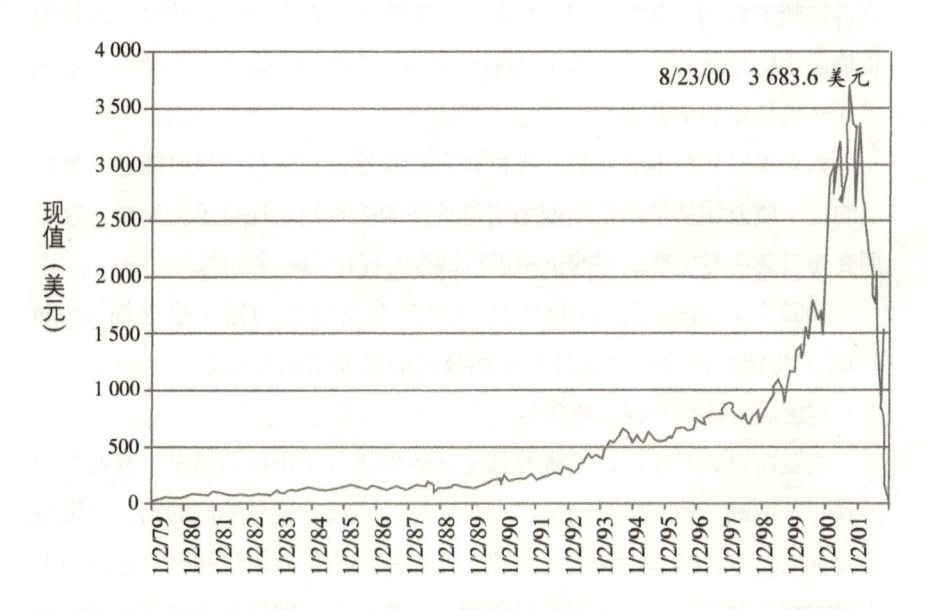

图 6.1　初始投资 34.75 美元于安然公司的价值增长情况

资料来源：乔治城大学（Georgetown University）

斯基林还为安然公司开创了新的市场，包括光纤通信线路的闲置产能和天然气衍生品。公司在线交易业务每年能够创造高达 1 250 亿美元的收益。

斯基林和肯尼斯把安然公司打造成了美国第七大企业。公司拥有 2 万多名雇员。1993 年，安然公司报告的利润为 3.87 亿美元；1994 年的总利润为 4.53 亿美元；1995 年的总利润为 5.2 亿美元。安然公司被《福布斯》杂志称为美国最具创新能力的公司。

然而荣耀的日子并没有持续多久。2001 年，各种问题开始出现。同年 8 月，斯基林以个人原因辞去了首席执行官一职，但他同时也带走了数百万美元的薪酬。肯尼斯重新回到首席执行官的位置。也是在这一年，安然公司董事会副主席克利福德·巴克斯特（J. Clifford Baxter）对肯尼斯·莱提出警告，说他发现了公司在会计方面的一些异常现象。

133

肯尼斯对这一警告置若罔闻。虽然此后各种警告纷至沓来，肯尼斯仍然保持了一副不闻不问的态度。他并没有想着要把安然公司塑造成为一个值得信赖的公司。2001年12月2日，安然公司宣布破产。此时，公司的负债逾300亿美元。安然公司的股价跌落至每股26美分，给投资者造成了670亿美元的损失。

如果穆迪和标准普尔等评级机构在对安然公司进行评级时能够公允持中的话，该公司从筚路蓝缕变为富可敌国的故事到底还会不会发生。这是调查委员会在对安然公司的倒闭进行调查时提出的一个问题。

2002年，该委员会问穆迪公司的董事总经理约翰·迪亚斯（John Diaz），为什么穆迪公司会针对安然公司的债券给出投资级的评级，而仅仅4周之后，该公司就发生债券违约，并宣布破产。

迪亚斯说，对于没能发现能够更高效地服务于市场的信息，穆迪公司感到非常抱歉。他对委员会讲，如果安然公司没有误导他们的话，评级应该会更低一些。这种辩解毫无道理。作为一家信贷评级机构，穆迪公司本应对安然公司的所有账簿进行尽职调查。更何况，评级公司往往能够接触到大多数机构永远都不可能会接触到的信息。

真相就是，信贷评级和审计是互相关联的。而评级决定则以财务报表作为最重要的信息来源。有此种调查能力作为后盾，认定穆迪公司应该能够发现一些会计异常情况也并非毫无道理，特别是在安然公司自己的会计已经发出了警告的前提下。

另外一个值得指出的事实是，安然公司正在打造能源贸易的新方式，而这一新方式在当时是不受监管的。鉴于这一事实，穆迪公司本应在给出AAA的评级之前倍加小心。

安然公司的倒闭影响极为广泛。《商业周刊》杂志的总编辑史蒂夫·谢泼德（Steve Shepard）称，安然公司的失败实际上是有关公司治理制衡机制的系统性失败：管理层的诚信、董事会、董事会的审计委员会、外部会计师事务所、华尔街的分析师，以及我们所有人都失败了。

"失败"一词太过轻描淡写了。更糟糕的是，投资者们一生的积蓄全都化为了泡影。退休之梦完全破碎。不过，安然公司的倒闭只是退休之梦破灭的一个例子而已。世通公司倒闭的影响同样恶劣。起初，世通公司只是一家非常不起眼的长途电话折扣公司，最后却成为了通讯业的巨擘。世通公司的品牌也因会计丑闻的爆发而受到了玷污。最终，会计丑闻导致该公司申请破产保护。这是美国有史以来最大的一宗破产案。

负责编写世通公司调查报告的律师威廉·麦克卢卡斯（William McLucas）认为，该公司的首席执行官伯纳德·埃伯斯（Bernard Ebbers）负有不可推卸的责任，因为他创造出了一种高级主管威吓下属使之不敢质疑其权威的企业氛围。麦克卢卡斯的报告还表明，公司的高管曾开会讨论如何人为虚增收入，而埃伯斯曾出席过此类会议。

在埃伯斯的努力下，世通公司成了全美国第二大通讯公司。1999年，该公司的市值达到了1 150亿美元的峰值，同时，该公司的股票在全国最被广泛持有的股票排行榜上名列第五。参见图6.2。

正如世通公司的崛起并非埃伯斯一人之力，该公司的毁灭也不能归咎于他一个人。埃伯斯经常向他的首席财务官斯科特·沙利文（Scott Sullivan）征询意见。

事实证明，沙利文的确是一个数字大师，或者毋宁说，是一个操纵数字的大师。沙利文命令他的下属虚增收入，并且瞒报支出。真相大白之后人们发现，沙利文虚报的会计金额使得该案成为美国历史上最大的会计欺诈案。

由于面临着25年的刑期，沙利文成为了对埃伯斯进行庭审时的主要证人。沙利文当庭承认，他在公司的财务状况上说了谎。在2001年第三季度与分析师进行的一次电话会议上，沙利文说世通公司在该行业中占据着非凡的位置。他还补充说："我认为，不管经济状况如何，我们都一定会成功。"

沙利文最终被判处5年监禁。在宣判时，主审该案件的法官芭芭拉·琼斯（Barbara Jones）发表评论说，与其他参与会计欺诈的管理人员相比，沙利文"很明显更加罪有应得"。琼斯说，沙利文在让世通公司不断前进的同时，也为自己保留了每年70万美元的薪酬以及价值1 000万美元的奖励和股票期权。

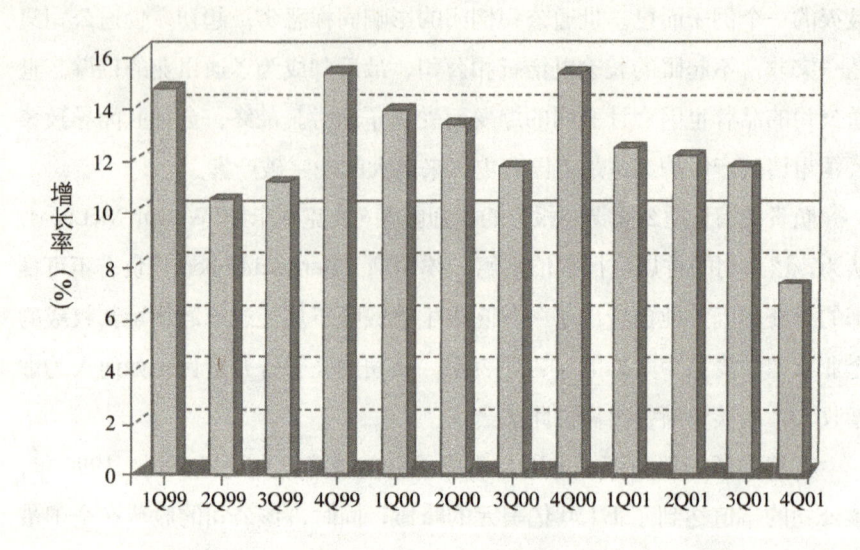

图 6.2　世通公司收入增长情况（1999～2001 年）

资料来源：Big Charts 网站 www.bigcharts.marketwatch.com

在申请破产保护前 3 个月，世通公司的评级都还是投资级。事实上，2001 年 5 月，世通公司曾发行了将近 120 亿美元的债券，并获得了投资级的评级，然而，大约一年之后，该公司就申请了破产保护。购买这些债券的投资者的损失超过了 80%。然而，评级机构非但没有承担任何后果，而且还继续过着强盗一样的生活。

戴着面具的野蛮使者

人们可能会自然地认为，信贷评级机构都是按照最高的准则行事，不会轻易因任何人、任何理由而改变。归根结底，这些机构的评级决策对投资者而言就相当于"同意"的批复。然而，这样的假设就如同认为这是一个所有人永远都只做正确的事的想法一样，无非是一种痴想而已。真相是，信贷评级机构就是戴着面具的野蛮人，他们为利益而奔忙，这一点和他们的评级对象并没有不同。

穆迪公司和标准普尔公司的高管人员在接受众议院调查时所提供的证词表明，信贷评级机构曾为了延揽业务而放松评级标准。2008年10月22日，彭博社的一篇报道称，这些机构的雇员曾私下里对某些获得了较高评级的住房抵押贷款证券的价值提出质疑。

委员会公开了一系列的电子邮件，证明这些评级机构的雇员对于这些评级表达出了相当的关切。其中，标准普尔公司的一名员工的电子邮件这样说道，在这个空中楼阁倒塌之前，希望我们都已经变得富有并且从容退休。

在对委员会所收集的电子邮件进行评述的时候，众议院监管和政府改革委员会主席亨利·韦克斯曼（Henry Waxman）说，信贷评级机构的故事就是一个惨败的故事。

另外一个雇员电子邮件写道，我们似乎都戴上了眼罩，从不对他人给我们的信息提出质疑。我们的工作就是设想出最差的情形，然后建模。这封电子邮件后面还提到："这些错误加在一起，不是显得我们在信用分析方面非常无能，就是表明我们已经为了利益把自己的灵魂出卖给了魔鬼。"

麦克拉齐公司（McClatchy）在一项调查中发现，当住房市场在2007年底崩溃的时候，一向广受投资者的信赖的穆迪投资者服务公司的反应是，清除掉了那些发出警告的分析师和高管，并且提拔那些帮助华尔街把美国带入自大萧条以来最严重的经济危机的那些人。

麦克拉齐公司还声称，穆迪公司合规部门的人曾给予住房抵押贷款池以最高的评级，然而这些贷款很快就跌到了垃圾级。对政府而言，评级公司做出的评估是对还是错，可能已经不那么重要了。大多数专家都相信，如果没有这些机构，华尔街就无法正常运转。

杰里米·沃纳（Jeremy Warner）在为英国《每日电讯报》写的一篇文章中把信贷评级机构称为"不可触碰的王者"。在这篇刊载于2009年12月11日的文章中，沃纳称，次级贷款市场的崩溃无非是评级机构所犯下的一系列过错中最新的一个而已，其他的还包括20世纪80年代的拉丁美洲债务危机、20世纪90年代的亚洲金融危机、安然公司事件以及我们能想到的近代历史上任何重大的违约事件。

沃纳说，在所有事件中，评级机构都没有能够预见到灾难的发生。不幸的是，这些机构不仅掌控着次级贷款衍生品，连美国的主权债务也要受他们的控制。为了解决危机遗留的问题，各国都投入了巨大的财力，这种做法不可避免地使各国的债务快速增长。然而决定哪些国家能够得到 AAA 评级的，正是穆迪、标准普尔和惠誉国际等评级公司，虽然他们从未成功预见过此前的任何一次经济灾难。

沃纳称，评级机构之所以变得"不可触碰"，其原因在于可供选择的评级机构只有这么几家。要想对公司或是国家进行评级，需要有分析师和研究人员网络的支持，更何况评级还需要花费不菲的成本。市场上只有这么几家公司在做这件事，原因也就在此。

这些机构在评级业务上形成了"微垄断"。沃纳说，一方面因为信贷评级机构选择非常有限，另一方面因为对这些机构的过度依赖，所以才使得任何判断失误的后果都被强化了。

《美国纪事报》(*American Chronicle*)所持观点也与此类似。近期刊登在该报的一篇文章中提出了这样一个问题，今天，对于那些此前曾给予那些利用高风险的住房抵押贷款，炮制出光怪陆离的金融产品的银行 AAA 评级的信贷评级机构，我们采取了什么措施了吗？

答案是：没有。这些机构目前仍然是华尔街卡特尔的一个部分。但为了挽住面子，他们已经把那些曾经获得 AAA 评级的投资品降级了。据《美国纪事报》的报道，近期信贷评级机构已经将价值超过 6 000 亿美元的不良投资品降级，而这些投资品之前的评级都是 AAA。一时间，这些投资品从明星变成了垃圾。这无非是在危机已经全面爆发、损失已经无可挽回之后进行的亡羊补牢之举。

《美国纪事报》指出，尽管评级机构都有极为高深的数学模型和金融方面的专业知识可供利用，但他们并不是"价值无涉的观察者"。

美国消费者联合会（Consumer Federation of America）提交的一份特别报告称，这些产品（证券）获得了较高的评级，这使得即便是最保守的投资者都会出钱购买，从而将住房抵押贷款的风险扩散到整个金融体系，而金融机构也无需为补偿这些风险额外拨备充足的资本。

美国消费者联合会还发现，随着结构性融资业务的增长，评级机构的盈利能力越来越依赖于在高利润的业务市场中能够赢得多大份额。由于评级机构在对发行机构进行评级时都会收取费用，因此做出有利评级的利益冲突和压力就无比巨大。

美国消费者联合会提请我们注意，信贷评级机构存在的最严重的问题之一就是这些机构所利用的商业模式。如果哪家公司需要评级机构对其发行的证券进行评级，就得向评级机构支付大笔的费用。而这种行为本身就会令评级发生偏颇，令评级机构产生出偏见，从而给出高于预期的评级。

就债务抵押债券（CDO）而言，信贷评级机构赚到的钱比普通评级费用要多出两倍。Generational Dynamics 网站称，穆迪公司收入的 50% 都来自于此类业务。该网站还发现，穆迪公司曾在上报给证券交易委员会的 10-K 表格中这样说道，债务抵押债券应将继续为公司增长带来支撑。

《佛蒙特法律评论》（Vermont Law Review）上的一篇文章指出，由于穆迪公司的收入增长都来自于住房抵押贷款证券的评级，因此公司改变了自己的业务理念，开始给出有利于此类证券的评级。该报告称，穆迪公司的一位前高管曾注意到，华尔街上的公司已经和评级机构展开了新的对话，而评级过程也逐渐演变成了一场谈判。

对于高盛公司推出的代号为 Abacus 2007-AC1 这种产品，《黑星新闻》（Black Star News）报道说，穆迪公司收取的费用在证券总值的 0.3%~0.5%，也就是 30 万美元到 50 万美元之间。

美国国会议员加里·阿克曼（Gary Ackerman）称，信贷评级机构利用他们对信息的控制来愚弄投资者，让他们把猪当成牛，把臭蛋当成烤鸡。串通与不实陈述并非真正的自由市场所应有的东西。

苏格兰人投资管理公司（Scotsman Capital Management）的文斯·法雷尔（Vince Farrell）说道：

> 这些评级机构的做法绝对应该受到严厉的谴责。他们拿了发行机构的钱，然后就给出有利的评级。如果说评级这事太过复杂，让你感到头晕脑胀，这我可以理解。

就连那些非常聪明的人都会挠着头大惑不解地说："怎么能够通过金融炼金术把评级为 BBB 的质量较差的东西变成评级为 AAA 的好东西呢？"

由于立法的原因，信贷评级机构似乎不必为他们做出的评级承担任何责任。这并不是说这些机构过去没有被告上法庭。这样的事情的确曾经发生过，更常见的状况是，评级往往是对对方有利的。比如，英国的劳埃德银行（Lloyds Bank）曾与穆迪公司对簿公堂，称后者做出的评级诱使该银行把数千万美元的资金投到了美国世纪金融公司（National Century Financial Enterprises）身上。

劳埃德银行称，他们于 2001 年 3 月购买了面值 6 000 万美元的代号为 NPF XII 2001-1 的 A 级证券，穆迪公司对该证券的评级为 Aaa。在 2002 年 11 月，他们有购买了面值 6 800 万美元的代号为 NPF XII 2000-4 的 A 级证券，穆迪公司对该证券的评级是 Aaa。劳埃德银行称，当发行上述证券的美国世纪金融公司由于涉嫌大规模金融欺诈破产之后，他们的投资遭受了很大的损失。劳埃德银行称，如果不是穆迪公司对上述证券给出了 Aaa 的评级，他们就不会投入数千万美元的资金。不幸的是，劳埃德银行输掉了这场官司，因为法庭裁定，评级报告并不构成投资依据。尽管劳埃德银行未能向法庭证明该银行是依赖穆迪公司的评级而做出的投资决策，但众所周知的是，任何一个利用信贷评级的机构都严重依赖这些评级。穆迪、标准普尔和惠誉国际这 3 个公司已经结成了华尔街卡特尔。

埃劳德银行　英国四大私营银行之一，1765 年建立泰勒·劳埃德公司，兼并 50 多家银行。1889 年改现名，它是伦敦票据交换银行之一。

谁在瓜分穆迪的江山？

20 世纪初，约翰·穆迪（John Moody）创立了穆迪公司。约翰给一家银行跑腿，每月赚 20 美元。这应该算是他金融事业的起点。在翻看他递送的报纸的时候,约翰注意到报纸上介绍的证券种类简直多得数不胜数。他知道,因为证券的数量太多,投资者要想跟踪某家公司或某只股票非常困难。于是,他决定以出版行业指南的形式把他对市场的看法与投资者分享。

1900年,穆迪出版了著名的《穆迪工业及其他各类证券指南》(Moody's Manual of Industrial and Miscellaneous Securities),这本指南提供了有关金融机构、政府机构、制造业、矿产业、公用事业以及食品公司所发行的股票和债券的资料及统计数字。仅仅两个月内,该指南便销售一空。

1907年股灾发生之后,迫于资金困境约翰不得不出售了指南出版业务。约翰在内心里就是一个创业家,没过多久,他就重新回到了这个行业,为投资者出版金融信息。但这一次,他决定集中精力出版特定的某些证券的信息。于是,他出版了一本有关铁路证券信息的新书。穆迪的这本书并不仅仅包含铁路证券的信息,他还采用字母评级法对每一只证券进行了评级。尽管这一评级体系并不是约翰发明的,但毫无疑问他是第一个对证券进行评级的人。

1909年,《铁路投资分析》(Moody's Analysis of Railroad investment)一书出版,该书对200家铁路公司的证券进行了评级。约翰出的书又一次成了抢手货。4年之后,约翰把同样的理念应用到了公用事业公司。1914年,约翰把评级的理念扩展到了债券市场。同一年,穆迪投资者服务公司成立。1924年,穆迪公司的评级业务已经几乎涵盖了美国整个债券市场。

约翰·穆迪被称为是股票和债券行业信贷评级的创始人。看到穆迪公司在信贷评级领域取得了巨大的成功,标准公司也于1916年开始从事债券评级业务。1920年,普尔公司加入这一行业。同年,惠誉国际公司成立。1941年,普尔公司与标准公司合并成了标准普尔公司。

信贷评级机构的前身是商业征信所,这是对商人偿债能力进行评定的机构。1841年,路易斯·塔班(Lewis Tappan)在纽约成立了第一家征信事务所。1849年,约翰·布拉德斯特里特(John Bradstreet)设立了另一家商业信用评估机构,并于1857年出版了第一本关于评级的书籍。

穆迪公司是美国最古老也是最有威望的信贷评级机构。该公司以诚信为基石，为投资者提供不含偏见的、重要的证券信息。今天的信贷评级机构似乎已经不把诚信和可信度当回事了。通过给予住房抵押贷款证券AAA的评级，这些机构实质上就是让这些证券获得了正当的地位。

在这些机构引导下，公众相信此类证券的风险极低。而与此同时，评级机构的利润开始大幅飙升。事实上，穆迪公司的财报显示，2010年第一季度该公司的收入为4.77亿美元，同比增长17%。

不过事情到了这一步开始变得有趣。信贷机构虽然调低了住房抵押贷款证券的评级，但这种做法既没有什么实质意义，而且也太晚了。同样地，证券交易委员会的行动也太晚了。就在近期，证券会发表的一份报告表明，当前的信贷评级业务存在重大缺陷，需要这些机构采取措施进行整改，为投资者提供有意义的评级，并且进行必要的披露。

证券交易委员会对惠誉国际、穆迪和标准普尔公司的调查进行了10个月，评估这些机构在做出评级以及管理利益冲突方面是否遵循了各公司公布的相关办法。该报告称，对于住房抵押贷款证券和债务抵押债券而言，各机构都没有规定具体的、书面的、全面的评级程序。证交会还发现，评级流程中的重要信息并非总能够得以披露，有时甚至都没有书面记录，而且利益冲突问题也并非总能得到适当的管理。

因此，证交会发表了一篇报告，对信贷评级机构大加指责。遗憾的是，这一切都发生在信贷评级机构已经开始调低风险证券的评级之后；发生在经济危机已经对全球所有的经济体都造成了重大打击之后；发生在投资者的退休金账户已经损失了数百万美元之后。这样说来，证交会在报告中称这些机构应该接受调查还有什么可奇怪的呢？当我们得知证交会发现这些机构并没有恰当地履行其职责的时候还会感到震惊吗？

另外还有一个事实，也许没有那么震撼但却更加令人失望：证交会这个信贷评级机构的主管机构也没有恰当地履行职责。参议员罗恩·保罗（Ron Paul）称证交会"不仅是一个彻头彻尾的废物，也是问题的一部分"。

在我们看来，证交会完全可以称得上是当代掠夺财富的野蛮人。这个机构失败的次数太多了，我们已经不愿去回想。近期，证交会起诉了高盛公司，虽然其用意很好，但仍然是那句话：作用有限，为时太晚。

> 历史上的野蛮人

一代天骄成吉思汗

　　成吉思汗曾经距离成为整个世界的征服者仅有头发丝粗细的那么一点距离。成吉思汗在位期间，他所征服的土地超过了亚历山大大帝征服的土地与罗马帝国土地面积的总和。在他成为征服者之前，曾有过一些预兆，预示着他将成为世界的主人。

　　据传说，成吉思汗是苍狼的后裔。还有传说称他出生的时候，手握凝血如赤石，这预示着日后他将君临天下，同时也意味着他的称霸之路必将血迹斑斑。

　　成吉思汗不但是一个战争贩子，还是一个真正的野蛮人。他从未停止过征战，从未停止过扩张帝国的领土。他的金帐汗军扼守着丝绸之路等多处战略要道，他的大军向南打到了印度，向西打到了维也纳，向东打到了日本。成吉思汗，一代天骄，一个手段残忍的统治者，彻底改变了世界历史的进程。

　　成吉思汗成年之后，就成为战斗中的雄狮，混战中的利剑。在征服敌人之时，他的果敢和坚毅能让人尝出毒药的味道。在击溃每一个部落酋长的尊严之时，他的冷酷和凶暴显露无遗。

　　成吉思汗不仅手段残忍，而且心机深重。他一步一步地朝着蒙古族部落的大汗的宝座走去，身后是被他杀掉的对手尸体。如果说成吉思汗的蒙古大军以及军中的政治结构是一台机器的话，那么这台机器的燃料就是胜利和劫掠。成吉思汗登上了代表着至高无上的权力的宝座之后，开始着手颁布法律，确立行政体系，有了这两项保证，他的帝国才又得以延续150年。法律和行政体系不但令帝国秩序井然，同时还使得一些历史学家重新审视这段历史，让人们能够更好的理解成吉思汗。

有些史料声称，成吉思汗不嗜奢华，他把所有的财物和战利品都归公有，把所有的士兵都视作兄弟，跟放牧者吃一样的饭菜。就算这些全都属实，其实也只是权宜的政治手腕而已，无非是为了与位于蒙古南面的中国的豪奢形成鲜明对比。

这种做法与今天那些信奉民族主义的领导者的行径没有什么不同。他们攫取了大量的财富，并且声称这样做是为了更加平均地分配这些财富。为了更好地认清这位野蛮人强烈的报复心理与狡猾的本性，我们首先要了解蒙古人的生活方式，毕竟他就是在这样的环境中成长起来的。

亨利·霍伊尔·豪沃思爵士（Henry Hoyle Howorth）1876年在《蒙古史：从公元10世纪到20世纪》（History of the Mongols: From the 9th to the 19th Century）一书中写下的这段话，出于必然的原因，这部蒙古史实际上就是一部"鼓吹史"。这本书主要讲述的是伟大的国王所进行的征服以及其他部落的抗争，书中充斥着大量的屠杀、洗劫和毁城的故事。

大体上而言，书中讲述的是一个在艰苦环境中成长起来的，能吃苦耐劳而且强悍的种族如何发展壮大的故事。他们的血液中融入了铁的成分，于是注定了他们会去摧毁那些奢侈而富庶的种族，把对方只能在富足和安逸的环境的下发展起来的艺术和文化毁灭殆尽，把他人费尽心力构筑起来的天堂变成地狱。

从本质上而言，蒙古人就像瘟疫和饥荒一样，是一架专事毁灭的机器。如果本书中的故事让你感到痛苦和烦扰，我也无能为力，这恐怕只能看作更好地理解人类发展的伟大进程所必需付出的代价。成吉思汗本人的历史，对于13世纪的亚洲大草原来说也没有什么惊世骇俗的，除了那些有关他的出生传说外。

起初，蒙古只是一个由很多不同部落组成的种族，占据了西藏的群山和塞尔维亚间的一片不毛之地。主要的部落包括塔塔儿部、乃蛮部、篾儿乞部、克烈部，还有其他一些人数较少的部落。

实际上，蒙古高原上最为勇猛的部落是塔塔儿部。这个部落的人非常骁勇善战，以至于在蒙古人的力量崛起之后，人们便把蒙古人称为鞑靼人。13世纪的英国历史学家马修·巴利斯（Matthew Paris）曾说他们是可憎的撒旦之族，如同从塔耳塔洛斯（Tartarus，即冥府）中狂涌而出的恶魔，因而得名鞑靼（Tartars），实在恰如其分。

他们的生活十分艰辛。大草原并不是一个宜居之地：常年不断的风沙、没有树木、冬季苦寒、不适合农耕。草原上的部落都是以游牧为生，随水草而居，养活他们赖以为生的牲畜。

由于生存环境恶劣，各部落之间经常为难得的货物或丰美的水草而发生战争，突袭抢劫更是家常便饭。在《世界征服者史》（Genghis Khan: The History of the World Conqueror）一书中，作者志费尼（Ata-Malik Juvaini）写道，部落之间时常发生战争和冲突。他们有些人把抢劫、暴行、淫猥和酒色看成豪勇和崇高的行为。

月夜潜逃

成吉思汗，名铁木真，这是他的父母给他取的名字。他在成为大汗的路上经历了无数磨难。当他还是一个小男孩的时候，就已经与他母亲宗族的一个小女孩定了亲。为了帮助父母支付聘金，小铁木真不得不按照契约的规定给他的未来岳父做长工。契约生效时，铁木真只有8岁。

不过，由于中途发生了变故，契约并没有执行完毕。一天，铁木真的父亲也速该在回家的时候，经过了塔塔儿部的营地。尽管塔塔儿部是蒙古人不共戴天的仇敌，但根据当时的习惯，一个孤身的旅人可以在任何地方寻找住处和食物，而且对方也应该帮助旅人安排食宿。

也速该知道自己无法穿过对方的营地而不被发现，于是他径直走上前去，请求这些塔塔儿部的人给他一些吃的。这里必须指出的是，也速该过去也曾经侵扰过塔塔儿部的营地，抓过塔塔儿部的俘虏并要求赎金。有谣言称，当时在营地旁的火堆边坐着的就有过去被他俘虏的人。塔塔儿人给了他一些吃的和喝的，然而，这些东西里面已经被下过毒了。3天之后，也速该虽然回到了自己族人的身边，但却从此一病不起。最终一命呜呼。当时，铁木真8岁。

铁木真的磨难还远不止此。父亲死后，铁木真所在的部落抛弃了他的母亲和他的几个弟弟，同时被抛弃的还有也速该的另外一个妻子以及他与这个妻子所生的孩子。当时，一旦铁木真所在的孛儿只斤部群龙无首的消息传出去，其他的部落就会群起而攻之，把这个部落撕得粉碎。

有意思的是，他们并没有杀掉铁木真。因为他们知道他和他的家人就算没有在条件艰苦的大草原上饿死，会被别的部落逮住杀掉。然而，这一小撮人却勉力活了下来，靠乞讨度日。这样的日子持续了将近4年，直到命中注定的那一天终于到来。铁木真十二三岁时，与自己的弟弟合撒儿合力杀死了他们同父异母的兄弟别克帖儿。有些历史学家称这次残杀是由于互相争抢食物引起的。

有一个故事是这样讲的。别克帖儿私下拿了铁木真捕获的一只猎物，只给自己家人吃而没有和大家一同分享。如果是这样，那么这次残杀就是为了生存不得已而为之。还有一个故事称别克帖儿向铁木真挑战，因为他想成为这一小群人的头领。为了惩罚这种暴力行径，泰赤乌部派人来抓走了铁木真，当时铁木真一家人正寄居在这一部族。

据托马斯·克劳韦尔说，铁木真被戴上了木枷。这是一个两块木头制成的沉重枷套，戴在双肩上，将颈部和手臂圈围起来。犯人戴上木枷之后无法仰卧，而且必须靠人协助才能进食与便溺。被抓之后，铁木真在泰赤乌部被游行示众。

有一家人看他可怜，便趁夜把他戴着的木枷卸了下来。铁木真之所以能够逃脱，完全是依靠了这家的家长锁儿罕失剌。

故事是这样讲的：泰赤乌部为庆祝节日在斡难河畔筵宴，只留了一个骨瘦如柴的男孩来守铁木真。铁木真看准机会，双手捧起木枷，照准男孩的脑袋撞去，男孩被撞晕，躺在了地上。铁木真得手之后，立即拔腿就跑。

铁木真藏身在斡难河的浅水里，却被锁儿罕失剌撞见。锁儿罕失剌不但没有向泰赤乌部人告发他，反而叫他安静地躲好。直到清晨，也没有其他人发现铁木真。他悄悄地爬到锁儿罕失剌的家里。锁儿罕失剌的家人不但帮助他脱掉了木枷，还送给他干净的衣服和食物。

最终，铁木真躲在锁儿罕失剌装羊毛的车子里才逃过了搜捕，并最终逃走。

正是这些磨难和他人小小的恩惠，塑造了铁木真的品性，也正是因为这种品性，他才得以招集旧部，重新建立起了孛儿只斤部。不久，与孛儿只斤有世仇的蔑儿乞袭击了铁木真住地，掳走铁木真之妻孛儿帖。当时，铁木真一家在不儿罕哈勒敦山下脚下扎营，大约300名蔑儿乞武士突然涌现，把一家人冲得四散奔逃。

蔑儿乞人在一架牛车里发现了孛儿帖，并把她掳走了。铁木真势单力薄，只得求助于他父亲的至交王罕。铁木真率领自己部属和王罕支援给他的大队武士，在深夜里向在希洛克河畔扎营的蔑儿乞部发起进攻。蔑儿乞部战败，首领被俘。

这一次，全世界看到了铁木真无情的一面。

他让蔑儿乞部首领指认出当时攻击了他和他的家人的那些武士，之后，铁木真把这些人全部处死。然而，铁木真的残忍还不止此。克劳韦尔写道，他把死去的人的妻子分成了两部分，一部分留给族人做侍妾，另一部分全都充做奴隶。

成吉思汗的崛起

这是铁木真成为成吉思汗的起点。正是因为他有着这样的过去，我们才能够理解为什么成吉思汗既是一个卓越的战略家，同时也是一个多疑的人。他吝于施舍自己的信任，复仇的时候又狠辣无情。

《成吉思汗：世界的征服者》(Genghis Khan: Conqueror of the World)一书的作者哈托格（Leo de Hartog）曾断言，由于多疑，铁木真紧紧抓住自己的权威不放，以此来保护自己的地位和那些对自己最忠诚的人。

哈托格写道，与同时代的其他人一样，成吉思汗仅为自己、自己的子孙和最亲近的同伴而战。没有证据表明他曾有过任何关心全族人福利的想法，甚至在他所立的法典中也完全没有表达过这样的思想。

　　家法的规定是相当严苛的。比如，对于通奸、谋杀、伪证、偷牛或偷马等罪行的惩罚都是死刑。大汗往往是由推举产生，而成吉思汗则是一路披荆斩棘，克服了重重困难才最终登上大汗宝座。

　　士兵们也要遵守严格的法令。

　　爱德华·吉本曾写道，每一个士兵都要为同袍士兵的安全负责，违者格杀勿论。法令中充斥着征服的精神，在敌人被击溃并苦苦求饶之前，没有和平的可能性。

　　铁木真本人就是一个骁勇的武士，正因为如此，很多勇士都被吸引到他的身边。他还善于利用自己的影响力分化其他的部落，吸引叛逃者竞相归附。据克劳韦尔的记载，铁木真的追随者数量大增，在战场上投入3万名蒙古骑兵对他而言绝非难事。

　　《成吉思汗：生平及遗产》(Genghis Khan: His Life and Legacy) 一书的作者保罗·拉契涅夫斯基 (Paul Ratchnevsky) 曾这样写道，复仇是一种道义上的责任，蒙上天恩准，成吉思汗确信自己拥有实施复仇的权利。

　　公元1206年，铁木真登基为大汗，称"成吉思汗"。他是第一位统一蒙古草原各部的统治者。成千上万的武士对他心怀崇敬，因为仰慕他的品性而聚集在他的身边。

　　成吉思汗精明过人。他知道，要想让这些人对他保持忠诚，唯一的办法就是用财富打动他们。按照《成吉思汗与蒙古的统治》(Genghis Khan and Mongol Rule) 一书的作者乔治·莱恩 (George Lane) 的说法，武士们蜂拥至成吉思汗的麾下，无非是为了获得奖赏。《蒙古人》(Mongols) 一书的作者戴维·摩根 (David Morgan) 在论及成吉思汗的两难境地时这样写道，如果这个刚刚成型的战争机器不采取某些果决的措施，他们很快就会又落入到互相争执、一盘散沙的境地，蒙古草原将再次回归到此前的状态。

我们相信，这一观点至少可以解释为什么蒙古人从此开始了征服世界的漫漫征程。终于，一支所向无敌的军队诞生了。在13世纪的战场上，这支大军几乎攻无不克，战无不胜。但是，这样一支军队如果不用来对外征伐，就不可能长期存在。现在，唯一一件需要决定的事就是：这支大军应该朝哪个方向进发。

箭在弦上：瞄准中原

征战即将开始，成吉思汗把他的第一个目标锁定为物产丰腴的中原大地。几百年来，中国一直在蒙古各部间干涉周旋，试图让这些野蛮部落之间自相残杀，这样就不会对中国自身产生威胁。成吉思汗选择的第一个打击目标就是蒙古与中原帝国之间最薄弱的一环——西夏。

西夏与蒙古各部毗邻而居。成吉思汗明白，虽然金国势力更为强大，但如果蒙古攻打西夏，金国必定不会出兵帮助西夏。公元1209年，西夏灭亡。这是强大的金国犯下的第一个错误。如今，西夏已经在蒙古人的统治之下，没有什么能够阻挡成吉思汗入侵金国的脚步了。短短3年之间，成吉思汗就把金国打得落花流水。成吉思汗的围城战术日益精熟，很快他的大军就包围了金国首都燕京，也就是今天的北京。

尽管蒙古人围城的打法凶悍异常，但真正让那些被征服者闻风丧胆的，还是蒙古骑兵。蒙古骑兵擅长骑射，据说他们的弓箭的射程比英国人的长弓的射程要多出130码（约119米）。

在征服敌人方面，成吉思汗手下绝不留情。《帝国盛世》(*Day of Empire*) 一书的作者蔡美儿（Amy Chua）曾这样写道，蒙古人在战争中残忍至极。

他们把烧熔的银水灌到敌人的耳朵和眼睛里面……据说成吉思汗曾扬言，人生最快意的事就是'击败你的敌人，看着他们匍匐在你的脚下，拿走他们的马匹和财物，聆听他们女人的呻吟'。对他而言，这是最大的幸福。

而成吉思汗和他的蒙古大军正是这样做的。最终，他们征服了维也纳和日本海之间的所有土地。这就意味着，蒙古人控制了东西方之间的贸易。丝绸之路的一部分也在他们的控制之下。

打通亚欧贸易财路

不断的征伐和劫掠给蒙古人带回了巨额的财富，并且永久地改变了蒙古人的生活方式。过去，蒙古草原上的游牧部落选举首领的方式就是看谁拥有一副铁制的马镫，而如今，他们已经过上了挥霍无度的生活。

在一篇名为《蒙古人与丝绸之路》(The Mongols and the Silk Road)的文章中，小约翰·马森·史密斯(John Masson Smith Jr.)写道，蒙古人聚敛了大量的财富，特别是粮食和纺织品。他们获得这些东西的渠道包括抢劫、勒索、征税和贸易。

食物、纺织品以及奢华的帐篷都开始在新蒙古社会中出现。占领了丝绸之路以后，富有的蒙古人又有了新的投资渠道。装满丝绸的商队大篷车络绎不绝地行走在从远东通往中东的撒马克罕(Samarkand)的贸易之路上。到了13世纪中叶，在意大利就已经能够买到来自中国的丝绸。

新的贸易路线穿越了欧洲，这些地区的财富也落入了蒙古人的手里。蒙古人在伏尔加河和黑海沿岸设置的贸易中心富庶繁荣。

彼时，成吉思汗早已不在人世，但他留下的扎撒以及蒙古武士的勇武精神已经深深地扎根于他后代子孙的心中，而他的后代子孙也因此收获了大量的财富。在成吉思汗统治时期，蒙古人的斗争历程不仅血腥，而且残酷。

《成吉思汗与蒙古的统治》的作者莱恩写道，那些遭受过蒙古人攻击并幸存下来的大部分人，以及那些通过二手甚至三手渠道听说过蒙古入侵的人，往往倾向于相信成吉思汗的确是上帝赐予的惩罚。

在这个野蛮人的国度，这个在游牧途中积攒军队如同收集纪念品一般的国度，把邻人的财富全都强抢过来，装在箱子里运走。也正是由于蒙古人的贪婪，这个帝国才在东西方之间钻出了一个孔洞，从而打开了贸易的闸门。到了忽必烈可汗统治时期，蒙古帝国才真正成为一个举足轻重的政治力量。

成吉思汗的另外一项技能就是收编被征服的军队。戴维·摩根引用《鞑靼记述》(The Tartar Relation) 作者的话说，成吉思汗养成了把征服的军队视为己用的习惯，他的目标就是用不断壮大的武力击败其他国家。他的继任者也继承了他这种邪恶而狡猾的习性。

即便如此，有些敌人仍然被他一个不留地全都剿灭了。他心如铁石，据拉契涅夫斯基所述，他还习惯性地羞辱敌方的首脑。拉契涅夫斯基写道，他嘲弄乃蛮部的头领菊儿八速，侮辱秃儿罕哈敦，并把花剌子模国王的孩子全部杀死，就连年龄最小的、最受宠的儿子都没有放过。

有意思的是，当今政坛上有一位野蛮人也具有上述某些特征，他就是弗拉基米尔·普京 (Vladimir Putin)。

大汗普京向来就有痛击政敌、不遗余力地打击不高兴的卫星国发生的叛乱的习惯，而这一习惯一直在给他的政治生涯制造源源不断的麻烦，虽然俄罗斯人把他看作是一个伟大的改革家，一个极大地提高了俄罗斯人生活水平的政治家。

《华尔街日报》的专栏作家布雷特·斯蒂芬斯 (Bret Stephens) 在 2007 年 7 月写过一篇非常尖锐的报道，对普京作为总统做出的成就进行了评论，文章称：

> 俄罗斯已经成为了一个彻头彻尾的法西斯国家。就算普京先生在俄罗斯极受欢迎——就如克里姆林宫的辩解者们所热衷于指出的那样，这也并不重要。暴君们总能通过消灭独立媒体、增强军备来激起民族主义狂热、巧妙利用教会等方式得到民众的欢迎，并利用石油美元来支付公共服务开支和平衡预算。

> 普京先生也没有毫无保留地将重新选择国有化的生产方式，这

也不重要。与此类似，希特勒推行的经济政策的核心也是合作主义。

志费尼（按照波伊勒的译文）也说过类似的话：

> 所以出现了这种情形：眼前的世界正是蒙古人的乐园。因为从西方运来的货物统统交给他们，在遥远的东方打包起来的物品一律在他们家中拆卸。行囊和钱袋把他们的仓库装得满满的，而且他们的日常服饰都镶以宝石，刺以金缕。
>
> 在他们居住地的市场上，宝石和纺织品价格极其低廉，如果把它们送回原产地或产矿，反倒能以两倍以上的价格出售，而携带织品到他们的居住地，则好比把香菜籽送到起儿漫国做礼物，或者是把水送到瓮蛮国做献纳。

蒙古帝国的财宝是以摧毁他国人民生计的手段得来的。这些好战的游牧部落原本一无所有，他们一心想要从邻国强抢东西。他们的成功，或许只因他们勇猛无匹，冷酷残暴。成吉思汗的家族在新的贵族体制中占据了显赫的地位，这种情形一直持续到了20世纪。《图解领导百科》（*Encyclopedia of Leadership*）一书引用了乔治·戈瑟尔斯（George R. Goethals）和他的同事们的一篇报告，报告称有些国家的统治者，比如土耳其的帖木儿（Tamerlane）和俄国的伊凡四世（Ivan IV）都曾试图与成吉思汗结为姻亲，以此来证明自己的统治权。

从聪慧狡诈、足智多谋、残酷无情的成吉思汗夺得政权算起，150年后，蒙古人的伟大的历史走到了尽头。然而，成吉思汗的政治策略和残暴的极权统治一直流传到了今天，被一些政治上的野蛮人所继承。

THE BARBARIANS
of
WALL STREET

第二部分
出没华尔街上的野蛮人

　　金融风暴过后，资金狂潮不在，才看到是谁在沙滩上裸泳。投行的决策者们为了争得"财政输血"而机关算尽。雷曼轰然倒塌、贝尔斯登低价易主、美林投怀送抱……风雨飘摇的华尔街上，高盛帝国屹立如初、大发危机财。是因为高盛的高管穿上"皇帝的新衣"还是另有深层内幕？

　　行情到来时，谁最先拜倒在野蛮人的脚下？送钱给他们无度挥霍，任他们左右自己的灵魂，而这些人又是如何一步步沦为精神分析家的案例？

第7章
投资银行：华尔街之鞭

> 投行创造出一种证券，并把它吹嘘得美轮美奂，然后，投资者就会把辛辛苦苦赚来的钱投资进去。

2009年7月14日，美国最大的证券公司之一高盛公司宣布，该公司第二季度利润达到34亿美元，令人叹为观止。这是该公司140年历史上表现最好的一个季度。

与一年前相比，该公司的季度利润翻了两番还多。让人赞叹的是，这一惊人的业绩是在美国（以及世界其他各国）身陷"二战"以来最严重经济危机之时取得的。这次危机影响非常广泛，美国失业人数将超过1 400万。

然而，这一利润背后还有更值得一说的故事。我们知道，就在一年之前，也就是信贷危机集中爆发之时，高盛公司从联邦政府手中拿到100亿美元的贷款，这笔贷款是财政部问题资产救助计划（TRAP）的一部分。

那么，一个曾经接受政府百亿救助款的公司是如何在一年之内实现大逆转的呢？高盛公司是美国政府债券最主要的经纪机构，就是这个看起来简简单单的名分让高盛获得了破纪录的利润。

回顾2008年9月21日，我们看到高盛公司被美国政府认定为银行控股公司，这使它成为美国第四大银行控股公司。按照定期证券借贷机制①(TSLF)，该公司已经暂时地拥有了从美联储借贷资金的能力。

我们必须要明白，美联储设立的这个定期证券借贷机制，使得高盛这类公司能够用非政府担保的 AAA 级证券从美联储换取贷款。

这样做的问题在于，高盛提供给美联储做抵押的 AAA 级资产并不像他们所描述的那么安全。事实上，很多此类资产背后都是由住房抵押贷款作支撑的，而住房抵押贷款正在以令人难以置信的速度贬值。

但对高盛来说，这些证券是否安全并不重要，重要的是他们能够从中获利，因为他们相信，这些证券将会自我毁灭。为了保护他们的利润，高盛公司在美国保险集团等公司投了保。

高盛公司虽然获得了利用定期证券借贷机制的资格，但只是暂时性的，这个资格在 2009 年 1 月到期。但即便是到期，对高盛公司的影响也不大了，因为到那时它摇身一变，已经成为银行控股公司了。作为银行控股公司，高盛就可以永久享有从美联储借款的权利了。而且更妙的是，它借来的款项几乎是零利息。

通常来说，一旦成为了银行控股公司，相对传统银行来说，筹措资金就会容易很多。不仅如此，银行控股公司承担股东债务的时候可以享受免税的待遇，这使得他们在收购其他银行或非银行机构时更加容易，在发行股票时受到的监管也更为宽松。银行控股公司还有回购发行或流通在外的本公司股份的法定权力。

除了上述这些利益和特权，银行控股公司不管遭遇何种损失，联邦政府都会为它埋单，它的任何损失都有政府给它兜着。这让高盛感到非常欣慰。银行控股公司还可以收购其他银行。也就是说，如果高盛公司愿意，它就可以通过收购其他银行的方式来扩大其存款基础。

过去两年，众多银行倒闭，而且这种趋势还将继续，高盛公司可能会把这些银行作为收购目标。高盛在获得银行控股公司这一地位之前，联邦

---

① 定期证券借贷机制是美联储设立的一个借贷机制，一级交易商能够以抵押的方式借贷国库券，期限为 28 天。抵押品可以是评级从 AAA 到 Aaa 的住房抵押贷款证券。

监管条例禁止它进行此类交易，而现在高盛已经不必受到这种束缚了。

成为银行控股公司的另外一个好处就是，高盛公司可以利用有利的会计条例，享受额外的利益。成为银行控股公司也有一些不便之处。其中之一就是政府会仔细审查公司每一步行动，并实施更为严格的监管。大多数专家都曾认为，一旦高盛变成了银行控股公司，由于政府监管的加强，它将失去获取巨额利润的能力。而该公司以前对巨额利润已经习以为常。

从公司7月14日公布的报告来判断，政府并没有让这个21世纪的赚钱机器放慢速度。虽然高盛成功转型为银行控股公司，并逃过了监管机构的戒律，但如果仅有这些原因，我们还不能用"野蛮"来称呼它。我们之所以称高盛公司为"21世纪的野蛮人"，主要归因于它掠夺美国公众财富的种种行径。

在本章中，我们会对其中一些行径进行一番审视，包括2008年的次贷危机，高盛公司在20世纪末互联网泡沫中参与承销互联网相关企业的IPO的情况，正是这一危机导致了美国25年来最大规模的经济衰退。首先我们要来看一看这家成立于1885年的公司是如何成为美国最了不起的掠夺财富的野蛮人的。

从裁缝店到高盛帝国？

马库斯（Marcus）刚来到新大陆的时候做过很多不起眼的工作，比如赶着马车四处卖货。在费城逗留的那段时间里，马库斯遇到了一位名叫伯莎·戈德曼（Bertha Goldman）的犹太移民。虽然姓氏相同，但伯莎与他的家族并没有亲缘关系。伯莎在19岁的时候来到了美国，与她的父母住在一起。没过多久，伯莎与马库斯就结婚了。

后来，马库斯成了一个小店主。在伯莎的鼓励下，两个人开设了一间裁缝店。1869年，马库斯、伯莎还有他们的5个孩子移居到了纽约，马库斯在这里能够做一些更有成效的工作。他在松树街30号开了一间店铺，店铺的招牌上写着"马库斯·戈德曼，银行家兼经纪人"。

1869年，马库斯开始做本票交易。每天早上，他从曼哈顿下城区的珠宝商人，或者从被称为"泥沼之地"的女儿街一带的皮革商手中低价购入本票，下午再把这些票据卖给商业银行。

他既能为小商人们提供优惠利率的短期贷款，又为自己赚取了一些利润。这样，马库斯就成了商业票据交易行业的先驱者。不仅如此，他还凭借此项业务发了大财。1880年，马库斯的公司每年的年度营业额达到3 000万美元。

1882年，他邀请自己的女婿塞缪尔·萨克斯（Samuel Sachs）加入家族公司。一年半之后，塞缪尔成了公司合伙人，公司的名字也随之改成戈德曼与萨克斯公司（Goldman & Sachs）。后来，马库斯·戈德曼的儿子亨利（Henry）和戈德曼的另外一个女婿路德维希·德赖弗斯（Ludwig Dreyfus）也以初级合伙人的身份加入进来，公司于是扩展成一家普通合伙公司，并更名为高盛公司（Goldman Sachs & Co.）。

高盛位于曼哈顿的大楼　创始人马可斯沿街打折收购商人们的本票，然后在约定日期由原出售本票的商人按票面金额支付现金，差额便是马可斯的利润。

正是这位亨利·戈德曼把高盛的业务拓展到更宽广的领域。1887年，高盛公司与英国商业银行克兰沃特父子公司（Kleinwort Sons & Co.）建立了业务关系，高盛公司从此进入了国际商业金融、外汇服务和货币套利等领域。

渐渐地，高盛公司在商界就有了名气。没过多久，该公司就把一些位于中西部公司的业务也抢了过来。这些公司包括西尔斯·罗巴克公司(Sears Roebuck)、克卢特·皮博迪公司（Cluett Peabody）和赖斯－斯蒂克斯干货公司（Rice-Stix Dry Goods）。随后，高盛公司在圣路易斯和芝加哥也开设了办事处。亨利·戈德曼负责拓展公司的国内业务。

1896年，塞缪尔·萨克斯的弟弟哈里（Harry）也进入了高盛公司。此后不久，该公司成为纽约证券交易所的成员，并开始提供证券交易服务。高盛公司逐渐在美国站稳了脚跟，并最终发展成为美国证券投资行业的翘楚。

多年以来，高盛公司一直被认为是美国最优秀的投资银行之一。但很快我们就会发现，这一荣誉最终还是受到了玷污。人们已经不再信任它了。

次贷危机的大赢家

高盛公司认为，次级住房贷款抵押证券最终会拖累美国经济，因而决定减持抵押贷款相关债券，并且购买高价的保险，作为防御进一步损失的保护性举措。凭借这种策略，高盛公司在2007年获得了约40亿美元的利润。也正因如此，我们才把高盛公司称作当今世界的野蛮人。

我们发现，很少有人注意到这样一个事实：尽管高盛公司对次级贷款市场的可持续性并不看好，但该公司不仅是创造了次级住房抵押贷款证券的公司之一，而且还把大量的此类证券撒向华尔街。

事实上，高盛公司之所以被证券交易委员会盯上，其原因就在于它创造出来的 Abacus 证券。证券交易委员会称高盛公司非但故意没有向投资者披露它并不看好 Abacus 证券这一事实，而且还把这一证券当做优秀证券推荐给其他投资者。

但是，Abacus 证券并不是唯一一支不被高盛公司看好的证券。为了了解高盛公司的野蛮做法，我们必须回到 2006 年 4 月 27 日。就在这一天，高盛公司创造了 GSAMP Trust 2006-S3 证券，GSAMP 的意思是"高盛可选式抵押产品"。

高盛公司新创造出来这支完全由次级住房抵押贷款支持的证券，并卖给华尔街上的其他投资机构和投资公司，包括那些管理着美国数百万人的养老金、共同基金和退休计划的机构。

很多不合资格的借款者都获得了次级住房抵押贷款，但是从信用历史来看，他们根本拿不到传统贷款。次级住房抵押贷款属于消费者贷款中风险最高的一类，通常会与优质贷款在不同的市场上分开出售。

次级住房抵押贷款的借款者要支付更高的利息，相对而言，优质贷款的借款者支付的利息则较低。而那些申请次级住房抵押贷款的借款通常都是低收入者，或者是有着较差还贷信用记录的借款者。正因如此，他们才需要支付更高的利息。

GSAMP Trust 2006-S3 完全由次级贷款构成。高盛公司从美国几家不同的抵押贷款公司买进贷款，而这些公司已经向大量的不合格借款者发放了大量的住房抵押贷款。高盛公司之后把 GSAMP Trust 2006-S3 分拆成几档不同的证券，按照风险程度不同，各档的评级也不相同。这些分拆后的证券的评级都是由穆迪和标准普尔等机构做出。

尽管分拆后的证券中的大部分贷款都一文不值，但 68% 的新证券都获得了两家评级机构 AAA 的评级。因为大多数的金融机构都不会花力气阅读与证券相关的数量极为庞大的文件，他们只能依靠信贷评级机构的评级来作出自己的投资决策。

我们在第 6 章中已经对信贷评级机构有所了解，也知道他们给出的 AAA 评级是怎么一回事。我们还知道，信贷评级机构经常与他们的客户串通，给出高于正常状况的评级，因为对这些评级机构来说，评级越高，利润也就越高。

我们还是不禁怀疑，为什么银行或是抵押贷款公司明知道，某些人无力偿还贷款还要把钱贷给他们呢？很多借贷机构都会说，他们只是在按照国会不得歧视低收入者的要求办事。

他们是在按照《社区再投资法案》（Community Reinvestment Act）的要求行事。根据该法案规定，借贷机构应向一定数量的低收入借款者提供住房抵押贷款。在后面的章节中，我们会进一步讨论这一法案，以及该法案如何点燃了 2008 年席卷全球的金融危机。我们还会对政客们何以会变成 21 世纪的野蛮人进行一番审视。

遗憾的是，在高盛公司创造出这种新证券后不足 18 个月的时间里，就有 1/6 的次级贷款借款者开始违约。于是，标准普尔等评级机构开始下调它们最初的评级。

2007 年 7 月 19 日，标准普尔公司在 RatingsDirect[①] 上发布报告。在报告中，标准普尔下调了 418 种住房抵押贷款证券评级，市值约为 2.5 万亿美元。

在这份报告中，标准普尔公司称采取降级的措施是因为它相信这些证券的损失大大"超过历史先例"。

[①] 标准普尔主要的信用评级数据库和分析系统。

高盛公司对外宣称完全不知道它创造的证券会产生这么大的破坏力，这是难以令人信服的。根据《纽约时报》的报道，2010年1月12日，高盛公司负责核心策略的高管托马斯·马萨拉基斯（Thomas C.Mazarakis）承认说，公司并不看好其所推荐的某些投资品。

事实上，正是这些不看好次级证券的人帮助高盛公司在2007年赚取了40亿美元的巨额利润。对于那些买入了次级住房抵押贷款证券的机构来说，已经没有脱身的机会了。专家称，由于次级证券市值暴跌导致了经济衰退，令价值1.3万亿美元的个人财富化为乌有。

从全球范围来看，根据私募股权投资公司黑石集团（Blackstone）的董事会主席史蒂夫·施瓦茨曼（Steve Schwarzman）的估测，全球40%的财富已经凭空消失。

如此看来，高盛公司当之无愧是21世纪最具破坏力的野蛮人，其为祸之烈令人难以想象。正因如此，我们才把高盛称为"华尔街之鞭"。高盛公司以野蛮行径吞噬了成千上万的美国投资者的财富，却并不是头一遭。我们不必把回顾的目光投得太远，只需看看2000年的互联网泡沫就已足够。

高盛：令承销标准轰然崩塌

在肇始于互联网时代的企业并购大潮中，高盛公司曾是风光无限的弄潮儿，由它承销的业务占了全行业的四分之一还多。更为让人惊叹的是，它所赚取的承销费已逾20亿美元。

承销IPO业务是高盛公司的一项特长。早在1906年，高盛就开始帮助联合烟草公司筹措用于扩大生产的资金。此前，该公司曾暗中向高盛公司借款，以维持投资者对公司的信心。

高盛公司向联合烟草公司的管理团队建议，通过把公司股票面向公众发售的方式来获取所需资金。尽管高盛公司此前从未包销过任何股票，但这次它成功地帮助联合烟草公司组织发行了价值450万美元的股票。

以这次IPO为契机，高盛又在同一年与雷曼兄弟公司共同承销了西尔斯·罗巴克公司的IPO。1910年，高盛公司接连承销了几家公司的IPO，其中包括五月百货公司（May Department Stores）、F.W.伍尔沃斯连锁超市公司（F.W.Woolworth）、大陆制罐公司（Continental Can）、B.F.百路驰公司（B.F. Goodrich）和默克公司（Merck）。

具有讽刺意味的是，高盛公司承销过最成功的一次IPO就是该公司自己的IPO。1999年5月，高盛公司发售了约6 900万股股份，共筹资36亿美元。如今，高盛公司已经是华尔街上首屈一指的IPO承销商。

而且，正是由于该公司有了"华尔街上首屈一指的IPO承销商"这样的声誉，很多与互联网相关的创业公司请高盛公司帮忙筹措资金。谈及高科技股票泡沫，《滚石》（Rolling Stone）杂志的专栏作家马特·泰比（Matt Taibbi）称高盛公司承销了大量高风险互联网企业的IPO，以至于令"承销标准轰然崩塌"。

我们只需查看一些高盛公司参与承销过的互联网企业IPO的案例就能够发现，这种说法确有其事。以网零公司（NetZero）为例。这是一家位于加利福尼亚州的互联网服务提供商，由罗纳德·伯尔（Ronald Burr）、斯泰茜·灰塚(Stacy Haitsuka)、马尔万·泽边(Marwan Zebian)、哈罗德·麦肯齐（Harold MacKenzie）于1998年10月创立。

当时，这家公司是第一家免费互联网服务提供商。公司的盈利模式非常简单：为数以百万计的互联网用户提供免费服务，这些用户则会成为网页展示广告平台（横幅广告）的最佳受众，而这些广告则可以为公司带来收益。网零公司的广告服务技术拥有不下9项专利。同时，网零公司还是第一家发明了基于用户互联网使用模式，通过网页地址定位投放实时广告的公司。

网零公司的商业模式无可挑剔，它现在最渴盼的是1.15亿美元的资金，用于扩大业务规模。于是，该公司的创始者们找到了华尔街上最有名的IPO承销商高盛公司。高盛公司从网零公司上市的机会中嗅到了钱的味道，于是同意承销该公司的IPO。1999年7月14日，网零公司提交了IPO申请。

仅仅2个月之后，也就是1999年9月24日，网零公司的股票就已经出现在纳斯达克指数当中了。据高盛公司预计，起始股价应该在每股9～11美元之间。对高盛公司来说，计算初始发行价格不是什么难事。在1999年，

IPO 当天股价就翻倍的股票数量已经是过去 25 年来的 2 倍。

从路演出价情况来看，投资者对于网零公司股份的需求非常旺盛，于是高盛公司立即把初始发行价提高到每股 16 美元。网零公司上市的当天，其股票的开盘价为每股 27.75 美元。当天收盘的时候，股票的价格为 29.125 美元，网零公司筹到了 30 亿美元资金，这样算起来一天之内网零公司的股价就上升了 82%。一夜之间，网零公司的创始者们都成了百万富翁。

我们知道，高盛公司作为承销商，能够从组织发行股票的业务中赚取丰厚利润。那么，承销 IPO 这项业务到底有多赚钱呢？

前对冲基金经理扎卡里·沙伊特（Zachary Scheidt）透露，通过投资银行筹款时，收取的费用通常为筹款总额的 5%～6%。如果由承销商帮助公司上市，把股票卖给投资者。一般来说，承销费是股票发行价的 6% 到 10%。因此，如果一个公司以每股 14 美元的价格卖掉 3 000 万股股票的话，承销商就能赚到 0.25 亿美元到 0.42 亿美元。

这样算来，高盛公司从承销网零公司 IPO 这项交易中轻轻松松就能赚到 1.5 亿美元到 1.8 亿美元的承销费。然而，网零公司的亏损已经超过了 1.5 亿美元。它从广告客户身上赚取的收入仅为 0.45 亿美元。

就在网零公司试图打造以广告收入为盈利基础的商业模式时，公众对于网页横幅广告的观念已经发生了变化。横幅广告越来越惹人讨厌，人们已经不再像横幅广告刚一出现时那样见到就点击了，因为新鲜感早已消失殆尽。

至于网零公司是否能在市场中存活下来，对高盛公司而言则无关紧要。他们承销这些新兴互联网企业的 IPO，并不是因为这些企业能够给投资者带来价值，而是因为承销商能从组织发行股票中赚取利润。在互联网繁荣的高潮期，任何一家互联网公司都有可能进行 IPO，并筹集一大笔资金，即使这家公司从未盈利也没关系。

在华尔街上，承销 IPO 很像一场游戏。首次发行的股票买家通常都是机构投资者。承销商一般都会事先把股票信息透露给这些机构买家，包括股票预期的价格区间，甚至还可能或多或少地透露市场对股票的需求量。机构投资者据此提交一份认购意向书，说明自己在 IPO 完成之后计划购买多少股份。

一般来讲，IPO 时股票的初始发行价都会稍低于预期的市场价，这样不但能令买家满意，还能吸引买家在该承销商下一次承销 IPO 时再来认购新股。

扎卡里·沙伊特说，在他做对冲基金经理期间，曾接过一些"紧张得几乎喘不上来气的经纪人"打来的电话，问他是否有意购买 IPO 的股份，并称这可是百年一遇的好机会。这些人之所以喘不上来气，通常是因为他们的经理刚对他们说，如果今天你没有卖掉 50 000 股的话，就卷铺盖回家。承销商催迫得越紧，他就更觉得交易里面有猫腻。

对于高盛公司来说，承销 IPO 本身只是一项业务而已，该公司是否真的能够生存下来，以及这是否是个很好的投资机会都不重要。只要能够赚到承销费就万事大吉。《巴伦周刊》(Barron) 曾把这种 IPO 狂热称为"美国资本主义最伟大的淘金热之一"。总有一些企业会不可避免地走向失败，因为他们的商业模式很差，只顾着扩张，而不关心到底能给股东带来多少收益。

互联网狂热愈演愈烈，到了 2000 年 3 月 10 日，纳斯达克综合指数已经攀升到了 5 048.62 点，如图 7.1 所示。仅仅 3 天之后，3 月 13 日，该指数就下降到了 4 879 点，于是很多人开始抛售股票。抛售的迹象一旦出现，个人投资者和机构投资者就会立刻闻风而动，出清手中持有的互联网企业股票，由此引发了大规模连锁反应。

到了 2001 年，由互联网企业轰轰烈烈的 IPO 引发的高科技泡沫已经开始急速消退。专家称，2000 年 3 月～2002 年 10 月，高科技公司的市值总共下跌了近 5 万亿美元。有意思的是，2001 年 6 月 27 日，网零公司收到了纳斯达克团队决议通知上写到，由于该公司未能满足最低股价的要求，因此将被摘牌。

对于高盛公司在互联网泡沫期间作为主要 IPO 承销商的表现，克里斯托弗·拜伦 (Christopher Byron) 这样评价道：

> 从 1996 年雅虎公司的 IPO 算起，如果高盛公司组织发行的每一个互联网公司 IPO 的第一个交易日，你都买了该公司的一手股票，

那么现在你手头就已经有几十支彻底失败的股票了。总体来看，你的投资组合的价值已经跌去8%。

相比较而言，把现金藏在床下的结果还要更好一些。你要知道，高盛公司可是当前最成功的公司。

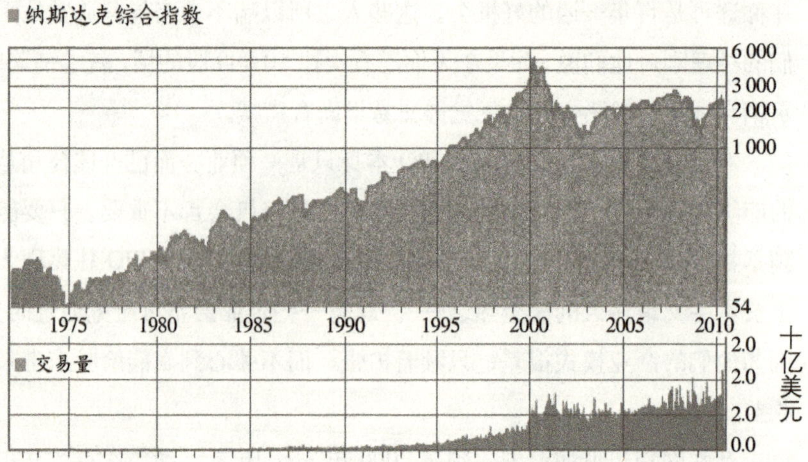

■ 纳斯达克综合指数

图 7.1　纳斯达克指数达到最高点（2000 年 3 月）

资料来源：''清理危机后的残骸''，2003 年 3 月 7 日 www.dalesdesigns.net/nasdaq.html

1999 年高盛公司上市的时候，亨利·保尔森（Henry Paulson）被任命为公司的董事会主席兼首席执行官。IPO 之后，保尔森即着手把既定方案付诸实施，以确保公司在华尔街的地位。

事实上，在 2002 年《商业周刊》刊登的一篇文章中，保尔森曾声称，高盛希望成为全球首屈一指的投资银行、证券公司和投资管理等业务相结合的综合性公司，并决心在最重要的市场争取到最大份额，掌握最重要的客户。

毫无疑问，保尔森的这个愿景已变成了现实。高盛公司如今已经在华尔街名列前茅，高盛公司的名字也已经家喻户晓。另外还有两家公司，即摩根大通和花旗集团。

164

高盛公司的名声并不是靠在道德标准和商业行为方面做出的光辉榜样建立起来的。它的名字之所以尽人皆知，完全是因为它掠夺了成千上万美国人千辛万苦赚来的退休金这种野蛮行径。高盛公司的名字将永远被人们铭记，因为就是这家公司曾把美国经济拉下水。

如今，高盛公司因为没有完全披露其持有的住房抵押贷款证券，而被证券交易委员会以欺诈投资者的罪名起诉。不过，高盛并不是华尔街上唯一的一个当代野蛮人。还有一家公司被称为高盛公司"邪恶的双胞胎兄弟"，那就是美林公司（Merrill Lynch）。

美林：邪恶的双胞胎兄弟

2010年2月，纽约州对美林公司及其前高管提起诉讼，称他们为了让股东批准美林公司与美国银行的合并而隐瞒了公司巨亏的详情。纽约州总检察长安德鲁·科莫（Andrew Cuomo）说，这次合并是一个经典案例，展示了我们国家最大的金融机构何以能够让我们的金融体系几近崩溃。

在此次合并之前，美林公司已经因为次贷危机的原因遭受了巨额损失。美林公司报告2007年第四季度财报显示，当季亏损为98.3亿美元，其主要原因在于因次级抵押贷款而造成的总共167亿美元的资产减值。然而亏损还在继续。2008年4月17日，美林公司又报告了2008年第一季度的净亏损为19.7亿美元。

2009年1月22日，公众对于美林公司的愤慨进一步被激化。事件的起因是美林公司的首席执行官约翰·塞恩（John Thain）卸任之后被主要媒体曝光，说他在美国银行对美林公司的收购案将近尘埃落定时，匆匆忙忙地向美林公司高管支付了30亿美元到40亿美元的奖励。

美国银行的管理人员称塞恩并没有向他们披露发放奖金的意愿。在经济危机于2008年达到顶峰之时，美国银行曾接受了政府250亿美元的救助款。然而，公司不得不再次请求政府提供200亿美元的紧急资金，主要用于弥补新近收购的美林公司造成的亏损。

2009年1月22日，公司股东造反，对美国银行和美林公司提起了集体诉讼。理由是美国银行首席执行官肯·刘易斯（Ken Lewis）、前美林公司首席财务官纳尔逊·沙伊（Nelson Chai）、前美林首席会计官加里·加林（Gary Garlin）和约翰·塞恩没能在收购之前就美林公司的亏损幅度向股东发出警告。

美林公司的高管因欺诈行为遭到起诉，这已经不是第一次了。投资者曾在时任纽约州总检察长的艾略特·斯皮策（Eliot Spitzer）的办公室披露了美林公司互联网股票分析师亨利·布罗杰特（Henry Blodget）的电子邮件之后，就对美林公司提起了诉讼。

在这些内部电子邮件当中，布罗杰特说自己极不看好他在公共研究中大力推荐的某些股票。这里所谓的"极不看好"其实是一种非常委婉的说法。布罗杰特在邮件中描述这些股票的词包括"垃圾"、"臭狗屎"和"灾难"。

布罗杰特私下里如此贬低他公开推荐的公司动机何在？美林公司为了拉拢这些公司，保持这些公司利润丰厚的投资银行业务，常常会发表热情赞美这些公司的报告，但私下里却对这些公司大加鄙夷。

经纪公司通过投资银行业务赚到了大笔利润。很多企业都是通过经纪公司进行投资银行业务的，而这些企业又往往喜欢与那些大力推荐他们公司股票的经纪公司打交道。Pets.com、Buy.come、ToysGoTo.com[①]和研科公司（InfoSpace）等公司与美林公司有业务关系，并且希望继续保持业务关系的互联网企业。

2000年的大多数时候，布罗杰特几乎一直都在建议投资者买入这些互联网股票。然而，同年11月，布罗杰特开始公开承认互联网企业已经陷入困境。很多投资者都已经按照布罗杰特的推荐买入了互联网股票。虽然成千上万的投资者不得不怀着忐忑的心情，看着自己投入到这些股票中的财富不断缩水，美林公司却不费吹灰之力就赚到了数百万美元。

2000年末的时候，美林公司已经成为全球最大的金融机构之一，公司总资产超过了4 000亿美元，持有的客户资产将近1.7万亿美元。美林公司报告的收入为38亿美元，与上一年的27亿美元的收入相比，增长了41%。

---

① 雅虎收购后，并将其更名为Overture公司。

尽管美林公司由于在次贷危机中遭受重创，不得已与美国银行合并，但如果我们把回顾的目光稍微放远一点的话，就能看到美林公司此前曾因在住房抵押贷款证券商投机而大亏一笔。

1987年4月，当美林公司报出3.77亿美元的巨额亏损时，整个华尔街都为之震惊。这一数目是华尔街历史上最大的单日亏损额度。在宣布了这一亏损之后，美林公司的股票从每股35.50美元应声下跌到2.5美元。

然而事情在这里发生了一个有趣的转折：住房抵押贷款证券在一日之间导致美林公司亏损了3.77亿美元，这里主要是IOPO证券[①]，这种证券并没有在市场上经受过多少考验。当时，美林公司投资组合中IOPO证券的价值约为9亿美元。美林公司销售的是仅付利息证券的，而自己持有仅付本金证券，因为它认为随着利率的下降，后者的价格将会上升。

如果一个投资者看好仅付本金证券，就说明他预期利率将会下行，购房者偿还抵押贷款就越容易。如果他持有仅付本金证券的话，如果购房者能及早清偿抵押贷款，他就会从中受益。利率上升时，就会增加购房者偿还住房抵押贷款的难度，这就意味着仅付本金证券要经过很多年才能产生投资收益。所需的时间越长，这些证券的价值就越低。

我们来看一看美林公司的情形。由于利率急速上升，购房者还贷变得越来越困难。也就是说，美林公司持有的仅付本金住房抵押贷款证券投资组合的价值开始下降。美林公司并没有立即抛出这些证券及时止损，它又购入了8亿美元的此类证券，希望在利率掉头下行后赚到足够多的利润来弥补之前的损失。

利率并没有向美林预计的方向调整，它的亏损则愈发严重。为了挽回脸面，美林公司把所有因IOPO证券造成的损失全都记到了该公司住房抵押贷款证券交易主管霍华德·鲁宾（Howard Rubin）的头上。不用说，这种做法是相当野蛮的。

---

① IOPO证券是一种与住房抵押贷款相关的债券，通常由投资银行从政府国民抵押贷款协会（Government National Mortgage Association，即吉利美）手里买入，并将其拆分成仅付利息证券（Interest-only，IO）和仅付本金证券（Principa-only，PO）两类，各类的价格随着债券再销售价值的变化而起落，无相关性。

美林公司向媒体发表一则声明，说亏损是由于重大的非授权行为造成。然后，美林在亏损发生后，立即解雇了鲁宾，证券交易委员会甚至还禁止鲁宾从事证券交易将近1年。

很难设想鲁宾会一时头脑发热犯下上述错误。不管怎么说，他都是一个受人尊敬的交易员，并曾在声望卓著的哈佛商学院拿到了商业硕士学位。此外，他还有诸多知名公司的工作经历。

鲁宾在加入美林公司之前，曾在华尔街上另一家金融业巨头所罗门兄弟公司工作。毫无疑问，鲁宾就是在所罗门兄弟公司学到了住房抵押贷款证券的专业知识，并把这些知识带到了美林公司。

虽然所罗门兄弟公司是全球规模最大的住房抵押贷款证券交易商，该公司的住房抵押贷款证券生意经则是向第一波士顿公司学来的。第一波士顿公司首创了抵押担保证券（CMO）。

对于形形色色的与住房抵押贷款相关证券，像所罗门兄弟这样的投资公司的赚钱方法也各有不同。他们可以通过促成抵押贷款交易赚钱，也可以通过把住房抵押贷款相关证券卖给客户赚取佣金，还可以自己从事证券交易。

1986年，霍华德·鲁宾通过住房抵押贷款相关证券交易为所罗门兄弟公司赚了2 500万美元。1987年，鲁宾的业绩更上一层楼，赚了3 000万美元。之后，他离开了所罗门兄弟公司，加入美林公司。美林公司想要掌握通过住房抵押贷款相关证券交易赚钱的技术。

鲁宾理所当然地成了美林公司住房抵押贷款相关证券交易的教头。毕竟他已经从所罗门兄弟公司学到了这项技术，并且已经通过实战业绩证明自己能够通过住房抵押贷款相关证券交易赚到数千万美元。

我们不禁要问，难道鲁宾真的如同美林公司声称的那样，未经授权就进行交易了吗？抑或是如同我们所预料的那样，美林公司只不过是一个无情的野蛮人，而鲁宾则是他们为自己犯下的错误找的替罪羊？

从1990年8月刊登在《纽约时报》上的一篇文章中，我们可以找到这个问题的答案。这篇文章指出，美林公司曾私下里进行过一次和解，而这次和解恰好与IOPO证券有关。

作为和解约定的一部分，美林公司同意支付逾 100 万美元的补偿金，且利息另算，而补偿的对象正是霍华德·鲁宾。美林公司还同意"全面放弃所有诉讼请求权"。

在这篇文章中，霍华德·鲁宾的律师乔治·扬奎特（George B. Yankwitt）声称，这些诉讼全都和解了，而鲁宾没有付出任何东西，反而是美林公司要向鲁宾进行支付。他认为这完全证明了鲁宾的清白。也就是说，鲁宾并没有采取任何未授权行为，也没有在交易中做错事。

瑞士信贷：温柔的绝命天使

2001 年 7 月 11 日，华尔街上的投资公司瑞士信贷第一波士顿银行的董事局主席艾伦·惠特（Allen D. Wheat）遭到解雇，麦晋桁（John J. Mack）接替了他的职位。

瑞士信贷第一波士顿银行在销售新股方面存在违法行为遭到调查。美国司法部以刑事案件调查了瑞士信贷第一波士顿银行，是否在承销 IPO 时接受过买家回扣。

我们从高盛公司的例子中已经看到，承销 IPO 是一种利润非常丰厚的业务。承销机构通常可以赚到 5% ~ 6% 的承销费。因此，卖掉的股份越多，筹到的资金也就越多，承销商拿到的承销费也就越多。对于金钱和权势的追逐足以把普通人变成贪婪的野蛮人。对于瑞士信贷第一波士顿银行而言，情形似乎就是如此。在承销新兴技术公司的 IPO 方面，该公司几乎不遗余力。

弗兰克·夸特罗内（Frank Quattrone）是瑞士信贷第一波士顿银行的罪魁祸首。他所领导的团队通常会从他们为公司创造的收益中分到一杯羹，但同时也赚取了大量的佣金。有报道称夸特罗内在风头最劲的几年里，每年大约能赚到 1.6 亿美元。

夸特罗内正是调查的关键人物。他被指控在瑞士信贷第一波士顿银行承销 IPO 时违规派送新股。

对于投资者来说，如果能够以 IPO 价格买到股票，那么随后一转手就能立刻赚到大笔利润，特别是在 IPO 价格由承销商来确定的情况下。所谓的"违规派送新股"就是指在承销IPO时优先向某些客户出售股份。这种做法违反了全美证券交易商协会（NASD）的规定。

夸特罗内曾怀疑会有针对他的调查行动，于是在12月5日向他部门的员工发了一封电子邮件，建议他们删掉与IPO程序有关的电子邮件。他先是被判犯有两项妨害司法罪名和一项妨害作证罪，后来又被全部被推翻。2002年1月，瑞士信贷第一波士顿银行与美国监管机构达成和解协议，同意支付1亿美元的罚金。

而瑞士信贷第一波士顿银行科技投资银行业务的负责人弗兰克·夸特罗内则被迫于2003年3月辞职。虽然与监管机构达成和解，但瑞士信贷第一波士顿银行并不承认自己有任何不当行为。这是企业巨头与监管机构达成和解时经常上演的戏码。

仅仅在1年之后，瑞士信贷第一波士顿银行又被指控存在欺诈行为，并再一次达成和解。2003年4月，美国证券交易委员会、纽约州总检察长以及其他监管机构与10家华尔街知名投资公司达成和解，上述华尔街公司交纳了总计近14亿美元的和解金。这次和解被普遍认为具有重大的历史意义。

各方都同意私下里悄悄达成和解。这10家公司受到多项指控，其中包括向研究分析人员施加压力，要求他们提供偏向某些公司的利好报告。在这次和解中，瑞士信贷第一波士顿银行支付了2亿美元罚金。

我们不禁要问，一家瑞士的投资公司是怎样成长为华尔街上举足轻重的大公司的呢？

1856年，苏黎世年轻的政治家阿尔弗雷德·埃舍尔（Alfred Escher）创建了瑞士信贷公司。埃舍尔成立这家公司的目的是为了融资修建铁路。他曾想要从几家外国银行获得资金，但未能如愿。埃舍尔决定自己开一家银行来筹集这笔资金。

为了筹钱，他决定面向公众发售股票。他本来预期可以售出300万的股份，但市场的反应比他希望的更好：仅仅3天时间里，他就卖出了2.18亿股份。他起初把这家银行称为瑞士信贷机构（Swiss Credit Institution），后来改名为瑞士信贷，于1856年7月16日开门营业。瑞士信贷曾帮助瑞士政府构建了货币体系,并在 1871 年普法战争结束之后,成为瑞士第一大银行。在第一次世界大战开始前,瑞士信贷的触角就已经伸到了苏黎世之外,在瑞士全境总计拥有 13 家分支机构。

1940 年,瑞士信贷在纽约开办了第一家国外分支机构。20 世纪 60 年代,外汇交易已经在金融领域占据了重要地位。瑞士信贷公司得到了在华尔街上大展拳脚的机会。

燃烧的床,隐秘的交情

华尔街上的野蛮人不仅因欺诈而声名远播,而且他们这个圈子也很小,一家公司收购另一家公司的事时有发生,而雇员们也常常从一家公司流动到另一家公司。

对于普通投资者来说,那个圈子内部的网络密不透风。也就是说,几百万、几千万甚至更多的美元只是在这个圈子里流动,从一家公司流到另一家公司。各公司创造出这些财富的策略也只有这个小圈子里的人才知道。

举例来说,我们仔细地查看一下瑞士信贷第一波士顿银行的历史就会发现,美林公司、第一波士顿公司都与瑞士信贷公司有关联。1978 年,美林公司收购了怀特-韦尔德公司(White, Weld & Company),而该公司过去曾属于第一波士顿公司。这桩收购案的结果是,怀特与韦尔德公司结束了与瑞士信贷的伙伴关系。它的位置被第一波士顿公司所取代,于是瑞士信贷第一波士顿银行成立,这是发生在欧洲的交易。

在美国,另一桩交易正在如火如荼地进行。1988 年,瑞士信贷持有的第一波士顿公司全部股份的 44%。1989 年 3 月 7 日,瑞士信贷第一波士顿银行借了 4.87 亿美元的资金给吉本斯格林公司(Gibbons and Green)。这是一家知名的私募股权公司,当时正计划出价 11 亿美元以杠杆收购的方式买下俄亥俄床垫公司(Ohio Mattress Company)。

当时,这笔交易被认为是华尔街上规模最大的一桩收购案。很多专家都认为床垫公司的要价太高了。这一数目比俄亥俄床垫公司 1989 年预期收入的 20 倍还要多。对于第一波士顿公司来说,它所借出去的钱相当于公司总股本的 40%，但这并没有妨碍它进行此项交易。第一波士顿公司一路勇往直前，然而遗憾的是，事情并没有如他们所希望的那样发展。吉本斯格林公司为了融资，售出了价值总计约 4.75 亿美元的垃圾债券，此类债券收益较高，但由于违约风险也较高，因此评级往往在投资级以下。仅仅 1 年之后，垃圾债券市场就轰然崩塌。

后来，这项交易就被称为"燃烧的床"事件。当时，瑞士信贷吞并第一波士顿公司被认定为不符合《格拉斯－斯蒂格尔法案》规定。按照该法案，商业银行（从事储蓄和贷款业务）和投资银行（从事承销和发行证券业务）必须实行严格的分业经营。瑞士信贷属于商业银行，而第一波士顿公司则属于投资银行。

按照典型的"华盛顿帮助华尔街"模式，美联储认为如果第一波士顿银行破产，则不利于维护金融市场的诚信，因此这桩交易被裁定为合法。最终，公司的名字从"第一波士顿公司"变成了"瑞士信贷第一波士顿银行"。2006 年，公司名字中的"第一波士顿"也逐渐淡出，人们再提到这家公司时就称其为瑞士信贷。

遗憾的是，作为人类，我们的记忆很短暂，在我们还没有原谅历史的时候可能就已经忘记了历史。这一趟短暂的历史旅游表明，住房抵押贷款证券并不是什么新生事物。1987 年，美林公司在一个交易日内就损失了 3.77 亿美元，罪魁祸首就是住房抵押贷款证券。21 年之后，美国银行救助了美林公司，而这次美林公司又一次深陷在住房抵押贷款证券的泥潭。

在美国公司排起长队领取总计 7 000 亿美元的政府救助款之时，普通投资者却又一次被这些现代野蛮人抛进了绝望和毁灭的深渊。仅在美国，就有超过 1.3 万亿美元的个人财富化为乌有。而在全球范围内，这次经济危机席卷了 40% 的财富。

第8章
信用衍生品：实体经济的榨汁机

> 我们所讨论的这些投资品是不受政府或证券交易委员会监管的，因为这是各方之间的私下交易，只不过把信用风险打包然后转卖给他人。

1989年3月23日21点左右，埃克森公司"瓦尔迪兹"号油轮载着125万桶石油从阿拉斯加起航驶往加利福尼亚州长滩市。威廉王子湾北段的瓦尔迪兹峡湾的水非常深，水面非常平静，峡湾的周围环绕着楚加奇山。在布莱暗礁所在的位置，瓦尔迪兹峡湾的宽度仅为152米左右，这使得在此通航变得危险重重。大多数情况下，油轮在这一区域通过都不曾发生过什么大问题。事实上，自从阿拉斯加石油输油管铺设完毕，12来年油轮在这里通行已经超过了8 700次，从未发生过重大灾难，就连严重事件发生的次数也寥寥可数。从附近的哥伦比亚冰川漂过来的小型冰山偶尔会

"瓦尔迪兹"号油轮　调查表明：造成这起恶性事故的原因是船长玩忽职守，擅离岗位。美、加当地政府、环保组织、新闻界发起了一场"反埃克森运动"。

进入峡湾的油轮航线，但船只既可以减速把冰山推开。如果附近没有其他油轮的话，该船只也可以转到其他航线。

"瓦尔迪兹"号油轮经过这里的时候并没打算减速，船员请求允许转

变航线绕开漂浮过来的冰块。当地的时间是 22 点 49 分，船员通过无线电发出信号，表明油轮有意加速行驶。但这意味着船员要驾驶船体长达 300 米的油轮通过冰块与布莱暗礁之间约 1 448 米的罅隙，而且航行的速度还要高于正常速度，船员几乎没有犯错的余地。不幸的是，这次航行难度太大，船员完全掌控不了。3 月 24 日零点 04 分，"瓦尔迪兹"号油轮撞上布莱暗礁后搁浅。

油轮上共有的 11 个货油舱，其中 8 个破裂。超过 4 万立方米的原油泄漏到了冰冷的太平洋中。这些石油足够装满 125 个奥运会比赛用的标准游泳池。仅仅几天之内，溢出的石油就已经形成了 5 公里长，3 公里宽的污染带。

这次事件产生了非常广泛的影响。泄漏的原油污染了阿拉斯加海岸沿线的 1 处国家森林保护区、4 处野生动物保护区、3 个国家公园、5 个州立公园、4 个濒危物种栖息地和 1 处狩猎动物禁猎区。

但影响还不止此。泄漏的原油覆盖了长达 1 931 公里的海岸线，渔场关门，成千上万只海洋哺乳动物和数千万只海鸟死亡。当时，这次漏油事件的规模在全世界漏洞事件排行榜上列第 34 位，也是发生在美国海域上最大规模的漏油事件。

20 年之后，这一区域的很多海滩表面下约 0.33 米的地方还会有石油冒出来，据估计，这些冒出来的石油有 55 吨左右。西部海湾的贝类和以贝类为食的水獭从此再也没有出现过。

当然，埃克森公司必须为这次巨大的灾难埋单。在民事指控方面，埃克森公司要在 10 年内向阿拉斯加州和美国政府支付 9 亿美元。这笔钱将被用于污染后治理恢复，并由 6 家政府机构负责管理。

在刑事指控方面，埃克森公司被勒令支付 2.5 亿美元的罚金。两支重建基金得以设立，一支由州立机构控制，另一支由联邦机构控制。尽管很多阿拉斯加人强烈反对，埃克森公司在清理泄漏的石油的过程中表现出了令政府满意的态度，因此其余的 1 亿美元的罚金被免除了，同时还升级了安全措施以避免再次发生此类事件。

剩下的 0.5 亿美元被分给了《犯罪受害者法案》（*Victims of Crime Act*

的账户和北美湿地保育基金会（North American Wetlands Conservation Fund）。你可能要问，美国海域发生的最大规模的漏油事件与华尔街上的野蛮人有什么关系呢？这正是我们要讲的故事发生有趣转折的地方。

在华尔街混饭吃的女人

埃克森美孚石油公司手头并没有足够的现金，来清理漏油和支付罚金。它别无选择，只能借钱。于是它找到了长期以来的银行伙伴——摩根大通公司。

摩根大通公司却被捆住了手脚，因为它必须要遵守《巴塞尔协议》(Basel Accord) 的规定，银行要持有一定数量的准备金，来对冲尚未清偿的贷款带来的风险。贷款的风险越高，银行需要持有的准备金就越多。

按照协议要求，贷款额度如在 930 万美元和 4 390 万美元之间，准备金率为 3%。如果贷款额度高于 4 390 万美元，那么银行就要持有 103.8 万美元加上超过 4 390 万美元部分的 10%。之所以有这样的要求，是为了保证银行在任何时间内只能借出一定额度的资金。

摩根大通公司的雇员布莱思·马斯特斯（Blythe Masters）毕业于剑桥大学，她想到了一个绕过这一限制的办法：如果与贷款相关风险本身能够被卖掉的话，这笔贷款就可以被划分为无风险贷款，那么不管借出多少钱，就都没有准备金的限制了。

摩根大通公司的高管自然十分赞同这一想法。不管怎么说，如果银行在借贷额度方面受到限制的话，就意味着银行赚取利润的能力也受到限制。摩根大通公司的高管们明白，这个卖出风险的想法既能保证他们自己赚钱的能力不受限制，同时还能借给埃克森公司所需的资金。据估计，这笔资金的额度在 50 亿美元左右。

当然，摩根大通公司也可以简单地对埃克森公司表示爱莫能助。摩根大通更想冒这个险，因为它不想失去埃克森公司利润丰厚的业务。不管你信不信，当时商业银行业务的基石就是关系。因此，找到一个办法把埃克森公司需要的钱贷给它是重中之重。对摩根大通公司而言，与埃克森公司保持良好的关系才能有钱赚。现在，摩根大通公司所需要的，就是有一家公司承担如此一笔巨额借款给埃克森公司带来的巨大风险。于是，欧洲复兴开发银行（European Bank of Reconstruction and Development）出场了。

欧洲复兴开发银行拥有足够的信用，可以向信贷评级较好的公司提供贷款。当然，借给任何公司50亿美元都存在着巨大风险。如果该公司无法偿还这笔贷款，那么提供这笔贷款的机构就脱不了身。但对于借给埃克森美孚公司这笔钱，欧洲复兴开发银行却并不怎么担心风险问题。因为埃克森公司当时的年收入约为996亿美元。

从那之后，埃克森美孚公司不断发展，并成为全球最赚钱的公司之一。2008年，埃克森公司的利润达到了452亿美元，这在美国历史上是绝无仅有的。2009年，埃克森公司击败沃尔玛，登上了《财富》500强企业冠军的位置。

除此之外，埃克森公司还获得了AAA的信贷评级，而且该公司也没有大规模发行公司债。对于欧洲复兴开发银行来说，所有的迹象都表明这项业务值得一试。我们不能忘记，欧洲复兴开发银行承担与此项贷款相关的风险并非分文不取。

在马斯特斯的安排下，欧洲复兴开发银行承担了摩根大通公司向埃克森公司提供贷款相关的风险，并因此每年都会得到一笔费用。欧洲复兴开发银行拿到的费用比该银行此前发放的任何贷款所带来的利润都要高。各方都得到了他们想要的东西，于是信用衍生品互换诞生了。

信用衍生品的边界在哪里？

1992年以前，信用衍生品市场几乎并不存在。2008年，国际互换与衍生品委员会（International Swaps and Derivatives Association）称，信用衍生品市场的总市值已达到93.1万亿美元，与2007年的峰值107.5万亿美元相比略有下降。

国际互换与衍生品委员会的数据表明，直到2001年，信用衍生品市场才算真正形成，规模仅为6 310亿美元，见图8.1。

也就是说，仅仅 1 年之内，这个市场的规模就扩大到原来的 6.7 倍。尽管可以说马斯特斯是创造信用衍生品的第一人，但衍生品市场实际上已经存在很长一段时间了。世界上已知的第一宗衍生品交易大概可以追溯到公元前 2000 年。当时，阿拉伯湾地区的商人为了在印度销售商品，创造了寄售交易。

我们可以看出，衍生品的价值来自于另外一种资产，比如股票、债券或是黄金等商品。形式最简单的衍生品就是规定了某种基础资产未来市场价格的金融合约。

衍生品交易的目的就是从基础资产的价格变化中获利，或是规避基础资产的价格变化带来的风险。

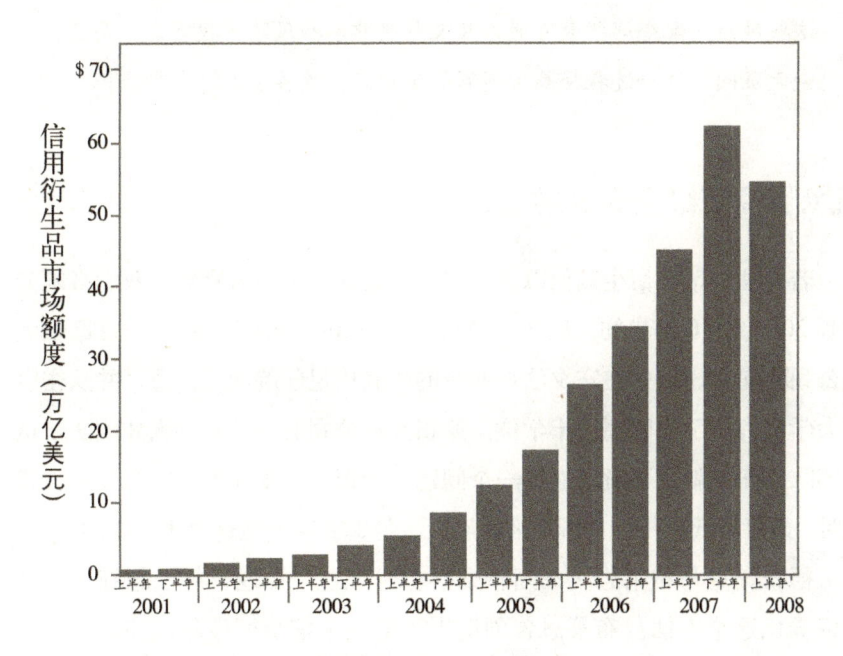

图 8.1　信用违约互换市场的增长情况（2001～2008 年）

资料来源：2008 年 10 月，艾略特波浪国际公司（Elliott Wave International，公司网站 www.elliottwave.com）；彭博社，国际互换与衍生品委员会

衍生品交易双方都是针对基础资产的未来价格下赌注。衍生品可以帮助金融公司进行风险管理。衍生品包括期货、远期合约、互换和期权。衍

生品都在交易所内进行交易，比如芝加哥商品交易所（Chicago Mercantile Exchange）。如今，银行家们利用衍生品来降低短期利率上升的风险，也就是银行向储户支付的利率。

银行从固定利率贷款和证券中得到的收益也会降低。发电商也利用衍生品来对冲天气的不正常变化带来的风险。随着衍生品市场的发展，大多数分析师、经纪商和经济学家都把衍生品看作可靠的金融工具。美联储前主席格林斯潘曾这样说过：

> 可以说，过去10年间金融领域最重大的事件就是金融衍生品市场的发展和扩张。这些工具能够增强化解各种风险的能力，并将这些风险分配给那些最有能力且又最愿意承担风险的投资者。而且毫无疑问，这一过程提高了国家的生产力，改善了生活水平。

把风险转嫁给空壳公司

若要理解信贷衍生品何以会崩溃并令全球经济陷入衰退，我们必须先回到20世纪90年代初。比尔·德姆查克（Bill Demchak）是一位摩根大通公司的雇员。他曾在宾夕法尼亚州的阿勒格尼学院学习商业，并从密歇根大学拿到了工商管理硕士学位。摩根大通公司有一个数学天才团队，这个团队的任务就是要解决这样一个问题：当银行向陷入困境的公司发放贷款时，如何降低银行自身所面临的风险。德姆查克就是这个团队中的一员。

德姆查克与布莱思·马斯特斯搭档研究这一课题，终于想到了将贷款证券化这个方法。布莱思曾创造出了第一个信贷衍生品，并以此成功地解决了借款给埃克森公司的风险问题。现在，摩根大通公司正急于把它从与埃克森公司这次交易中学到的这个方法应用到它发放的其他几笔贷款之上。

证券化并不是一个新概念，20世纪70年代开始出现这种想法了。证券化的原理是这样的：首先，银行先找到一些贷款，可以是信用卡贷款也可以是企业贷款，然后把这些贷款打包在一起。之后，把打包在一起的贷款切成不同的几片，每一片叫做一个档。每一档都会按照违约风险的大小独立进行评级。最后，每一档都会被当做投资品出售给投资者。相对来说，风险较低的档支付的利息也较低，而风险较高的档支付的利息相对也较高。这样一来，投资者就可以选择购买最适合自己的风险容忍度的那一档产品。

购买此类投资品的投资者就理所当然地可以拿到它所产生的收入流。要知道，每一档里都包含有贷款和其他资产，而借了这些贷款的公司会逐步偿还贷款。出售这些投资品的机构，比如摩根大通公司，则通过收取交易费用获利。在收取费用之外，如果贷款发生违约，摩根大通公司也能得到保护。我们所讨论的这些投资品是不受政府或证券交易委员会监管的，因为这是各方之间的私下交易，只不过把信用风险打包然后转卖给他人。德姆查克和马斯特斯发现，他们可以把与摩根大通公司有业务关系的约300家企业的信用风险分成不同的档，并将其作为独一无二的投资工具在华尔街出售。

这里还有一个障碍。如果德姆查克和马斯特斯想要成功地把这些信用衍生品卖给其他人，还需要有另外一家公司出面承担风险，这与欧洲复兴开发银行在埃克森公司交易中所扮演的角色是一样的。如果他们要把约300家企业的各自贷款风险单独出售的话，理论上他们就需要找到愿意承担该风险的同样数量的机构。

这样一来，时间跨度就会很长，而且完成这样浩大的工程涉及的书面工作简直无法想象。这两个精明的金融家想到了一个非常精妙的解决方案：创建一家离岸的空壳公司来做这件事。他们把这种离岸公司称作"特殊目的实体"（SPV），所有未清偿贷款的风险全部由这家空壳公司来承担。这里需要指出的是，此类衍生品将贷款的风险与贷款本身分开，成立离岸公司的初衷也就在此。

此外，成立"特殊目的实体"还有另外一个好处。按照前面我们提到过《巴塞尔协议》，银行需要在手头保留一部分准备金用以应对与贷款有关的风险。那么，摩根大通公司只要把风险从自己的资产负债表中剥离，并转嫁给"特殊目的实体"，那么原本要留作准备金的这部分资金就被释放出来，既可以用于借贷，也可以用于投资。

如今，一切已经万事俱备。推出新产品的障碍都已经被清除。摩根大通公司现在已经能够向投资者出售新的信用互换产品了，而且它也确实这样做了。1994年，摩根大通公司持有的衍生品合约总价值约为1.7万亿美元。不止如此，该银行一半左右的交易收入都来自衍生品。德姆查克和马斯特斯取得了巨大的成功。

巴菲特所谓的大规模杀伤性金融武器

信用互换这个理念如野火燎原般迅速流行起来。投资者疯狂购买此类投资品。其他的公司也开始研发自己的信用衍生品。摩根大通甚至还编制了业务指导书，帮助其他公司理解信用衍生品市场。

对于信用衍生品市场，布莱思·马斯特斯这样说道：

> 信用衍生品能够绕过类别、到期期限、评级级别和债务优先结构等方面的障碍，从而创造出巨大的从信用风险定价不一致中获利的机会。

直到今天，摩根大通公司仍然持有着大量的衍生品合约。根据最新一次披露的数据，它持有的信用衍生品的总值约为10.2万亿美元。各种花样翻新的衍生品就被创造了出来。随着美联储降低利率以及美国各阶层人士纷纷开始购房，住房抵押贷款证券化产品成了各种类型及各种规模的机构最看好的投资品。

在后面的章节中我们会了解到，正是高盛公司把住房抵押贷款证券化产品发展到了极致。它甚至用衍生品来为希腊等新兴国家的债务做担保。如今，这种做法已经受到广泛的质疑。

2010年2月，一篇题为《希腊以及欧洲的金融危机是否也是高盛造成的？》的文章被广为转载。文章借用了德国《明镜周刊》的一句评价，高盛公司创造的令人眼花缭乱的衍生品交易长时间掩盖了希腊的债务问题，这使得我们再一次陷入困境。

事实上，创造信用衍生品的初衷是为了保护银行，帮助银行规避贷款公司违约的风险。这样我们普通人以买房屋保险的方式来规避火灾、水灾或盗窃造成损失的风险本来也没有什么不同。

一经华尔街上那些贪婪肥猫的脏手触碰，信用衍生品就成了危险的定时炸弹。华尔街上的野蛮人已经把银行和其他机构洗了脑，让他们相信信用衍生品是投资的金蛋。遗憾的是，这些机构大举买进这些投资品之后却发现其中的风险完全不是自己所能应付得来的。新的合约能够在投资者之间互相交易，但却没有人来对这些交易进行监督，以确保在证券发生违约时买家有足够的能力承担损失。

华尔街上的银行家们关心的是他们能够拿到多少奖金，而不是他们大量倾泻出来的衍生品是否存在失败的风险。参见图8.2。

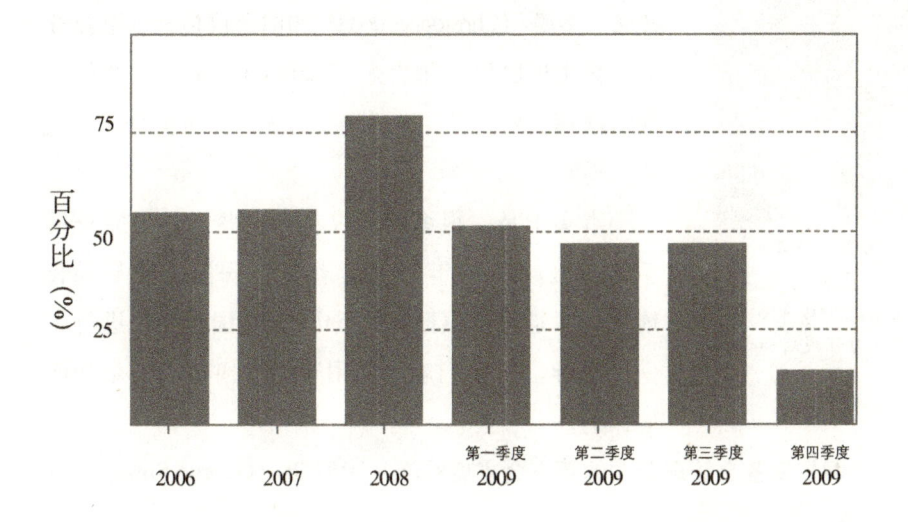

图 8.2　摩根大通公司的薪酬成本占收入的比重

资料来源：艾略特波浪国际公司；摩根大通银行

太平洋投资管理公司（Pacific Investment Management Company）的掌门人比尔·格罗斯（Bill Gross）曾这样写道：

> 信用违约互换也许是今天的银行体系中最令人头疼的产品。我

们现代这个影子银行体系不但精明地避开了对于传统机构准备金的要求,还以连锁信①、金字塔骗局的方式推销杠杆,但背后却完全没有任何准备金作为支撑。

信用违约互换的世界不但非常广阔,而且异常复杂。它并不受监管。沃伦·巴菲特把这些机构叫做"大规模杀伤性金融武器"。政府监管是否能够把我们从即将到来的劫难中拯救出来呢?这些"大规模杀伤性金融武器"是数学天才、定量分析专家和工商管理硕士们创造出来的,他们花了几个星期、几个月甚至几年的时间进行研发和改进。

康涅狄格州参议员、参议院银行委员会主席克里斯托弗·多德(Christopher dodd)和国会议员、金融服务委员会主席巴尼·弗兰克(Barney Frank)之类的人能够理解这种武器并进行有效监管从而避免全球金融崩溃吗?

事实上是,很多国会议员对这些工具也完全摸不着头脑。2008年10月,纽约州保险监管局局长埃里克·迪纳罗(Eric Dinallo)对国会议员进行了一次辅导,向他们解释信用违约互换市场的是如何运作的。

索罗斯基金管理公司的董事会主席乔治·索罗斯(George Soros)说:

由于新创造出来的产品非常复杂,监管当局已经无法计算其风险,于是开始依赖银行自身的风险管理手段,这样一来,此轮超级繁荣周期就失去了控制。类似地,信贷评级机构在作出评级决策时,也只能依赖合成产品发明者提供的信息。这种放弃自身责任的行径令人震惊。

克里斯托弗·多德(1944~)
美国参议员,民主党全国委员会前总主席。2001年6月6日~2003年1月任规则和行政委员会主席。

---

① 连锁信是指收信人收到信后,把带有同样要求的复印信件寄给一定数目的其他人的信。只要所有的收信人都按要求去做,连锁信的流通量就以几何速度增长。

那么证交会和美联储那边的情形又是如何呢？由于经济衰退，很多人都丢掉了工作，失业率已经达到了10%，而且数万亿美元的退休金被洗掠一空，有没有人能够把美国人救出这个苦海呢？

按照《愚人的黄金》(Fool's Gold)一书作者吉莲·邰蒂（Gillian Tett）的说法，马斯特斯和德姆查克把他们有关信用互换的想法告知了美联储和货币监理署。

尽管以前从未见过任何类似的东西，美联储还是非常欣赏这个想法。1996年8月，美联储发表书面声明，称银行可以利用信用衍生品来降低资本准备金方面的要求。

这个想法就算是得到了美国政府的支持。既然摩根大通可以利用信用互换来降低准备金要求，那么任何其他银行机构也就都能如此了。事实上，货币监理署报告说，2009年第三季度美国银行业通过信用衍生品交易总共创造了12亿美元的收入。

巴尼·弗兰克（1940～）
2012年，72岁的他与交往多年的42岁男友詹姆斯·瑞迪完婚。弗兰克成为首位步入同性婚姻的美国国会议员。

布鲁金斯学会（Brookings Institution）的客座学者马丁·迈耶（Martin Mayer）写道：

> 那些场外衍生品，即由一群从不对任何人讲他们在做什么的成年人在紧闭着的门后面创造并卖出去的一种东西，也是这种几乎毫不受限的杠杆的一个重要来源，去年秋天，正是这种衍生品差点让全球金融体系毁于一旦。

华尔街肥猫们的轮盘赌

2008年9月，联邦政府在别无选择之下接管了美国国际集团（AIG）。这家保险业巨头一直在为风险很大的信用违约互换产品提供风险担保，它之所以陷入这种境地是因为它所承担的风险远远超过了它自身的承受能力。美国国际集团曾一度是最重要的信贷违约互换交易商。

该公司知道，它手头绝没有足够的钱来为数额如此巨大的互换提供保险。美国国际集团在玩俄罗斯轮盘赌。它赌的是在任何一个给定的时点，只有一小部分的信用违约互换会到期。华尔街上的公司都在和美国国际集团一起玩这个游戏。他们也像美国国际集团一样，从未预料到会有一大部分的互换发生违约。

不仅如此，他们有足够的动力来把这个游戏玩下去。这是因为，美联储已经发表了一个声明，称银行可以利用信用衍生品来降低资本准备金方面的要求。因此，他们资产负债表中的风险降低得越多，就能释放出更多的资金。

信用违约互换市场涨势迅猛，其市值大概是次级住房抵押贷款衍生品市场的 50 倍。相对来说，这一市场比次级住房抵押贷款衍生品市场更加危险，因为对于次级住房抵押贷款来说，保险商总能弄清楚房产的价值，而对于信用衍生品来说，保险商必须要做出很多的假设，因为他们基本上都是在猜测拿到贷款的公司是否会把这些钱还回来。

乔治·索罗斯 1969 年建立"量子基金"，平均每年 35% 的综合成长率，他具有"超能力量"左右世界金融市场。

为了提出这些假设，保险商就必须去分析有关公司本身健康状况、公司的治理情况、公司所在行业的整体状况等各种信息，如该行业是在增长还是在收缩、来自国外的竞争以及其他因素。

假设你就是保险业巨头美国国际集团，因为你知道这里利润非常丰厚，所以你也想在信用违约互换市场上大赚一笔，那么最简单的办法就是放松可能发生的信用违约的假设。你认为发生违约的可能性越低，你在交易中赚到的利润就越高。

这样做还有另外一个好处：你假设其他公司违约的可能性越低，你就越有可能打败那些同样从事这项利润丰厚的业务的竞争对手。我们再把美国国际集团有着 AAA 的信贷评级这一因素考虑进来。

这就意味着，对于可能发生的损失，美国国际集团只需提供少量的抵押。不管怎么说，对美国国际集团来讲这都是一个双赢的局面，再也没有比这更好的局面了。美国国际集团的信用违约互换业务增长得非常快,曾一度接近5 270亿美元。

是定心丸？还是定时炸弹？

一家保险公司是如何成为信用风险业务领域一个举足轻重的参与者的呢？我们只需了解一下该公司的金融产品部就足以知道答案了,在美国国际集团内部被称为资本市场部。

1987年,德崇证券（Drexel Burnham Lambert）的3名交易员在金融学者霍华德·索辛（Howard Sosin）的带领下,劝说当时美国国际集团的首席执行官汉克·格林伯格（Hank Greenberg）成立一个金融产品部,以便在公司的核心业务之外拓展其他业务。

格林伯格同意了。按照约定,该部门年收入的38%由该部门自己保留,而另外的62%则上交给美国国际集团的核心业务部门。另外,该部门的利润要提前计入,尽管所有人都知道这个部门所进行的大部分交易可能要在几年后才能真正拿到钱。

AIG大楼　1921年,施德在上海成立友邦人寿保险。日本侵华战争爆发,施德把公司总部从上海迁往美国。

新成立的金融产品部的团队还是开始了行动。他们的第一笔交易是与意大利政府进行的价值10亿美元的利率互换[①]。1993年,索辛离开了美国国际集团的金融产品部,汤姆·萨维奇（Tom Savage）接替了他的位置,并在1998年成为金融产品部的主管。萨维奇对金融衍生品并不陌生。他在第一波士顿公司开始职业生涯之初,干的就是对债务抵押债券进行电脑建模的活。事实上,住房抵押贷款证券之所以会被创造出来,第一波士顿公司是不可抹杀的元凶之一。

在萨维奇的支持下,金融产品部1998年的收入达到了5亿美元。但

---

① 所谓的利率互换也是一种信用衍生品,交易的一方用利息支付流来交换另一方的现金流。

这笔收入并非来自信用衍生品。当时，衍生品业务所占份额并不大。1998年下半年的时候，摩根大通公司与金融产品部取得联络，问它是否愿意为摩根大通公司的一部分企业债务提供保险。摩根大通公司会非常乐意为美国国际集团提供的服务支付费用。我们要记住的是，信用互换若要成功，一个必要条件就是有一家信贷评级非常高的公司。美国国际集团此时的评级是 AAA 级。

这两家公司充分利用了美国国际集团高评级的优势。美国国际集团的金融产品部开出了价值近 800 亿美元的信用违约互换合约。其中一部分信用互换是住房抵押贷款证券，还有一些是次级贷款。由于住房市场的崩溃，信用衍生品的价值也随之降低。而随着信用衍生品价值的降低，曾经评级为 AAA 的美国国际集团也遭到了信用评级机构的降级。

美国国际集团的降级使得信用违约互换合约中的相应条款发生效力，于是交易对手有权要求以现金方式进行支付。

高盛公司就是交易对手之一。2007 年 8 月，高盛公司要求美国国际集团拿出价值 15 亿美元的抵押品，为在该公司投保的住房抵押贷款证券提供担保。其他的交易对手也纷纷要求现金支付。但美国国际集团并没有足够的现金，无力为所有在该集团投保的信用违约互换提供支持。这一年，美国国际集团的市值从 1 800 亿美元暴跌到 50 亿美元，而且它的形势还在进一步恶化。

2008 年 2 月，美国国际集团宣布亏损 15 亿美元，而该集团所能拿出的信用违约互换抵押品的价值最多只有 53 亿美元。然而它所承保的信用违约互换数额相当大，这些抵押品不敷使用。根据信用违约互换合约规定，如果美国国际集团的信用评级降到某一水平，该集团必须向互换的买家提供价值 120 亿美元的抵押品。

2008 年 9 月，美国国际集团得知它的信用评级将再一次被调低。毫无疑问，这将引发更大规模的现金需求。然而此时降级已经太晚了。美国国际集团在信用违约互换产品上的风险暴露水平出乎所有人的想象。

为了挽救该集团，美国政府无奈之下只好介入。2008 年 9 月，美联储向美国国际集团提供了 850 亿美元的救助款。然而一切为时已晚。11 月，联邦政府又拿出了 1 500 亿美元，其中有 600 亿美元是贷款，还有 400 亿美元用于购买美国国际集团公司的优先股。这样一来，美国财政部手里持有的美国国际集团的股份已经达到了 70.9%；而且两家政府扶持的融资机构还帮助美国国际集团处理了约 500 亿美元的问题资产。

金融癌细胞急剧扩散

那么，为什么美国国际集团得到了救助，而雷曼兄弟就被扔在一边任其自生自灭了呢？不管怎么说，雷曼兄弟做的也是信用衍生品生意，与该公司的信用违约互换生意有关的银行和投资机构至少有 350 个。

在美国国际集团获救前一周，信贷市场已经冻结。雷曼兄弟公司是最早受到市场冻结影响的公司之一。该公司持有约 90 万份信用衍生品合约，而且任何一份合约都不能赊欠。由于没有融资渠道，雷曼兄弟在别无选择之下只好申请破产保护。

对于美国国际集团申请破产保护一事，全球私募巨头黑石集团的共同创始人彼得·彼得森（Peter G.Peterson）这样说道，我的天。我干这行已经 35 年了，这是我见过的最异乎寻常的事了。他曾在 20 世纪 80 年代担任过雷曼兄弟公司的董事长。当政府意识到信用违约互换相关问题的严重程度之时，才对美国国际集团敞开了救助之门。

不过这扇门之所以打开也许只是迫于这一事实：被美国国际集团的信用衍生品之网罩住的公司中有一家正是亨利·保尔森曾执掌过的高盛。不管怎么解释，联邦政府这种厚此薄彼的做法都非常让人费解。

政府坚称自己救不了雷曼兄弟，因为与美林、贝尔斯登或是华互银行的情形不同，没有人愿意买雷曼兄弟公司。亨利·保尔森在他的新书《峭壁边缘》（*On the Brink*）中称，英国财政大臣阿利斯泰尔·达林（Alistair Darling）要为巴克莱银行（Barclays Bank）收购雷曼兄弟失败负责。保尔森认为，英国人耍了他们。

雷曼兄弟申请破产保护的当天，保尔森说，我从不认为把纳税人的钱用在这种地方是正当的。到了救助美国国际集团的时候，纳税人的钱正是派到了这样的用场。财政部长盖特纳对于政府没有出手救助雷曼兄弟公司的解释是，政府没有这样做的权力。他说，政府要在责任与财政权力和货币权力之间保持平衡。机构风险分析（Institutional Risk Analytics）金融研究集团的董事总经理兼共同创始人克里斯托弗·惠伦（Christopher Whalen）称，美国国际集团是救助款的首要受益者，因为盖特纳和斯蒂芬·弗里德曼（Stephen Friedman）之间关系非常密切。斯蒂芬·弗里德曼现在纽约联邦储备银行任董事，他曾是高盛公司的高管，而盖特纳在成为财政部长之前曾任纽约联邦储备银行行长。

政府作出不救助雷曼兄弟公司这一决策还有一个奇怪的地方：雷曼公司也曾像高盛和摩根大通公司一样，申请成为银行控股公司，然而高盛和摩根大通公司获得了批准，而雷曼兄弟公司的请求则遭到了拒绝。如果政府没有权力救助雷曼兄弟公司的话，为何仅在一天之后，就去救助美国国际集团呢？

黑石资本纽约大厦 全世界最大的独立另类资产管理机构之一，1985年由彼得·彼得森和斯蒂芬·施瓦茨曼共同创建。

除了高盛公司和保尔森有着密切关系之外，美国国际集团的交易对手也非常广泛，涉及了美国和至少其他7个国家的25个金融机构。

从美国国际集团的年度报告中可以看出，在该集团总值约5 270亿美元的违约互换投资组合中，约有3 790亿美元是与国际金融机构之间签订的衍生品合约，目的是为了降低监管资本的要求，而不是为了降低风险。参见表8.1。

LTCM，一群投机天才的沉浮录

美联储称，全球金融市场的损失总计将达到1 000亿美元左右。但随着报告逐步出炉，我们发现，全球金融机构减记的坏账和投资损失总计已经超过了5 000亿美元。国际货币基金组织称，危机最终造成的损失将超过1.3万亿美元。

表 8.1　从美国国际集团拿到救助款的公司（亿美元）

美国国际集团的交易对手	通过 Maiden Lane III 专项救助基金进行的支付	通过抵押进行的支付(截至 11 月 7 日)	总计
法国兴业银行	6.9	9.6	16.5
高盛公司	5.6	8.4	14.0
美林公司	3.1	3.1	6.2
德意志银行	2.8	5.7	8.5
瑞银集团（UBS）	2.5	1.3	3.8
法国东方汇理银行	1.2	3.1	4.3
德国中央合作银行	1.0	0.8	1.8
蒙特利尔银行	0.9	0.5	1.4
华互银行	0.8	0.2	1.0
巴克莱银行	0.6	0.9	1.5
美国银行	0.5	0.3	0.8
苏格兰皇家银行	0.5	0.6	1.1
德累斯顿银行股份公司	0.4	0.0	0.4
荷兰合作银行	0.3	0.3	0.6
德国巴登－符腾堡州银行公司	0.1	0.0	0.1
美国汇丰银行	0.0*	0.2	0.2
总计	27.1**	35.0	62.1

* 所有金额向下舍入至小数点后一位。
** 除了支付给交易对手的 271 亿美元之外，美国国际集团金融产品公司（美国国际集团 FP）还拿到了 25 亿美元，作为超额提供抵押的调整款。
资料来源：不良资产救助计划特别督察长办公室（SIGTARP）对美国国际集团和纽约联邦储备银行数据的分析，www.sigtarp.com/reports/audit/2009/Factors_Affecting_Efforts_to_Limit-Payments_to_ 美国国际集团 _Counterparties.pdf

　　美联储和摩根大通公司联手救助了美国第五大投资银行贝尔斯登。第四大投资银行雷曼兄弟公司申请了破产保护。第三大投资银行美林公司被美国银行收购。

189

这次危机造成了非常广泛而深远的影响。一旦出现风险/回报比率较高的情形,人们就会重新评估各种假设,试图以此降低风险,这样才能拿到承销费,华尔街上的公司也才能够发得出奖金。华盛顿由于被经济将会向好的美好愿景所蒙蔽而作壁上观,结果却眼看着事态一步一步变得不可收拾。

这与1998年的长期资本管理公司(LTCM)事件如出一辙。长期资本管理公司相信,利用电脑、巨量的数据和资深理论家的真知灼见,它能够在市场与正常状态出现偏离后,并很可能在重新调整回正常状态时发现盈利机会。

长期资本管理公司的领导团队是诺贝尔经济学奖获得者迈伦·斯科尔斯(Myron Scholes)和罗伯特·默顿(Robert Merton)。

长期资本管理公司 创立于1994年,活跃于国际债券和外汇市场,从事金融市场炒作。曾与量子基金、老虎基金、欧米伽基金被称为国际四大对冲基金。

此外,约翰·梅里韦瑟(John Meriwether,所罗门兄弟公司前董事会副主席)和戴维·马林斯(David Mullins,美联储理事会前副主席)也在这个团队之中。事实上,外界普遍认为是梅里韦瑟创建了长期资本管理公司。在此之前他曾在所罗门兄弟公司任职,但由于国债拍卖中操纵投标丑闻而被迫辞职。

在最高峰时期,长期资本管理公司拥有50亿美元的资产,手中控制的资产超过1 000亿美元,而且还有拥有总值超过1万亿美元的各种头寸。这个团队相信,通过构造出套利投资组合,任何与市场事件相关的风险都会被降低到零。

1998年8月,俄罗斯发生债务违约,金融市场开始动荡。长期资本管理公司下了巨大赌注,下注由违约造成的市场动荡最终将回复到正常状态。然而,它的如意算盘最终竟落空了。长期资本管理公司眼看就要破产的时候,美联储出手挽救了它。

从很多方面来说,衍生品之所以被创造的目的就是为了避免在未来发生类似长期资本管理公司一样的事件。但华尔街并没有真正地把衍生品用于保护的目的,而是用它来逃避监管,大牟其利。长期资本管理公司的失败以及该事件造成的损害都已经成了遥远的记忆，华尔街上又一次掀起了衍生品狂潮。

这次狂潮的代价非常高昂。据国际货币基金组织预计，世界经济增长率将从 5% 大大回落，这可是 30 年来的最高水平。在 2009 年 1 月发布的《全球金融稳定报告》（*Global Financial Stability Report*）中，国际货币基金组织称，尽管全球的各国政府和央行都采取了广泛的政策措施，但金融紧缩的状况依然严峻，使得实体经济受到拖累。

最后，掠夺财富的野蛮人胜利了。就如同欧洲无数的村镇在阿提拉的铁蹄下成了废墟一样，美国公众也成了现代金融野蛮人无情掠夺的受害者。我们再也无法期待安逸的退休生活了，相反，我们不得不为将来会发生什么事情而忧心忡忡。就目前而言，未来会怎样仍然是一个巨大的未知。

第 9 章
金融界的兄弟会

> 《格拉斯—斯蒂格尔法案》挡住花旗集团野蛮扩张时,其创始人桑迪·韦尔如何花费 1 亿美元废止此法案?

1791 年,一个英国移民罗伯特·莫里斯(Robert Morris)突然冒出来一个足以改变美国银行体系的念头。他把自己的想法报告给了美国大陆会议。莫里斯是一个非常有钱的商人,他的生财之道就是劫掠英国商船,然后把赃物销往新世界的新兴殖民地。

如今的莫里斯已经不仅仅是一个海盗了,他还是新政府总理财务的行政长官。15 年前,莫里斯曾借给大陆会议 1 万美元,用于给新成立的美军购买食物、衣服和给养。事实上,莫里斯被认为是当时美国最富有的人之一。而他也要尽可能地利用他的财富以及财富带给他的权力。

莫里斯出生于英国,并在 1744 年移民到了美国。起初,他跟着当地的一个商人做学徒。等到这个做出口贸易的商人去世之后,莫里斯就和商人的儿子合伙做起了生意。他们的生意顺风顺水地做了很多年,他也因此过上了富足的生活。

1765 年,英国议会通过了《印花税法案》,这让他的安逸生活受到了威胁。简单说来,该法案强制要求殖民地所有的印刷品都要交税。不管是报纸、杂志、书籍还是任何其他印在纸上的东西都要买一张英国的印花。

在英国本土，印花税已经成功推行了多年，为政府带来了大量税收。事实上，仅印花税一项每年就能产生逾 10 万英镑的收入，而收税成本则微乎其微。但是在殖民地，缴纳这项税收要使用通行的英国货币，而不能使用殖民地的纸币。这就引起了殖民地人民的不满。本来殖民地就长期缺少法定铸币，日常的商业活动因此大受限制。更糟糕的是，当时流通的货币种类繁多。有专家称，当时仅在北卡罗来纳州使用的货币就多达 17 种。

此时，美国已经有了一家银行，即宾夕法尼亚银行。但这只是一家州立银行，而且并不按普通意义上的银行运营。相对而言，这家银行更像是一个专为军队融资而设立的机构。莫里斯是一个精明的商人，对宾夕法尼亚银行的不足之处心知肚明。1781 年，他把成立北美银行的想法告知了大陆会议的其他成员。会议通过了莫里斯的议案，并任命他为财政总长。

该银行以发行 1 000 股股份，每股价格 400 美元的形式筹到了 40 万美元的资金。投资者可以用金币或银币来购买股份。银行的股份在 1791 年的夏秋两季发售。1792 年 1 月，美国的第一家真正意义上的银行终于宣告成立，并开张迎客。

在议案中，莫里斯建议北美银行不仅要为政府服务，还要起到商业银行的作用。北美银行被授予了发行纸币的特权，而且它发行的纸币可以用于缴税。此外，大陆会议所有的资金都要存在这家银行里面。大陆会议的章程还规定，任何其他银行不得发行纸币。也就是说，这家银行拥有发行纸币的垄断特权。

对莫里斯而言不幸的是，宾夕法尼亚州之外的其他州对新发行的纸币并没有什么信心。1783 年，这家银行的角色转变成为州立商业银行。

商业银行 VS 野猫银行

1811～1815 年，美国商业银行的数量从 117 家激增到 212 家，数量近乎翻了一番。此外，私人银行的数量也从 208 家增长到了 246 家。然而，到了 1825 年，创立于 1810～1820 年间的银行，已经有一半倒闭。不过，持续了多年的银行业爆炸式发展并没有由此止步。

根据货币监理署的报告，1912年银行的总数为25 176家。这几乎是1900年银行数量的2.5倍。货币监理署的报告还指出，银行数量的增长率差不多是同期人口数量增长率的2倍。也就是说，每3 788个美国人就拥有一家银行。所有的银行都面临着这样一个挑战：维持他们所发行纸币的币值。1863年的时候，任何一家银行都可以发行纸币。曾有一段时间，全美国有多达7 000种纸币在流通。之所以会产生纸币种类过多的问题，是因为当时美国基础设施建设不够完善，居民流动性较差，大部分人都在他们的居住地工作和购物。这样一来，各个银行发行的纸币在当地的使用价值就较高，而在异地使用时就会迅速贬值。

这种情形就使得货币掮客有了获利的机会。他们奔波于各地，收集已经贬值的纸币，然后再把这些纸币带回到最初发行这些纸币的州，并把纸币兑换成硬币。掮客在兑换时都会做记录，这样公众就能比较容易地得知兑换比率。

创造性是无处不在的。一种新型银行"野猫银行"开始大规模出现。顾名思义，"野猫银行"往往地处偏远的蛮荒之地，自顾自地发行自家的纸币。在当时流通的7 000种纸币之中，约有1 700种是由"野猫银行"发行的。这些银行不但难以找到，而且他们所处的地方交通也不便利，这样货币掮客想要找到这些银行就非常困难。

实际情况是，17世纪早期创设的银行常给人一种"狂野西部"的感觉，非常混乱不堪。体系和流程都没有完全确立，银行可以随意终止用纸币兑换硬币的交易。银行关门的速度和创设的速度一样快。不过后来国会通过《国民银行法》（National Bank Act），一切开始逐渐步入有序。

对于那些手头有充足的资金并且愿意接受政府管制的银行，政府给它们颁发了联邦特许状。按照《国民银行法》的规定，银行在开设之前要购买政府债券，这是一个基本前提。这就相当于银行在联邦政府留下了一笔存款，而银行就可以发行纸币，但总额不得超过它所购买的债券的市值的90%。

州立银行在发行纸币的时候，还要向国会上缴10%的税，这样州立银行的数量就越来越少了。国会还规定，如果某州不允许设立在该州的国民银行设立分支机构，则该国民银行不得在该州其他地区设立分支机构。同样，国民银行也不得在其他州设立分支机构。

投行高管的老鼠仓现金交易

大体而言，投资银行是通过从欧洲进口国内制造商需要的商品，并把制成品再次出口到欧洲而发展起来的。大多数投资银行都会私下里与商人签订合约，投资银行的主管通常会自掏腰包完成交易。由于进行此类交易需要大量的资金，因此投资银行的所有者往往是富有的商人，并且由这些商人主管运营。

举例来说，美国第一银行的投资者之一的斯蒂芬·吉拉德（Stephen Girard）就在费城开设了吉拉德银行（Girard Bank）。当时，斯蒂芬·吉拉德是美国的首富。亚历山大·布朗(Alexander Brown)则是一位爱尔兰移民，也是一个非常有钱的商人，他在巴尔的摩、费城和纽约都设立了投资银行。

银行业最声名显赫的人就是约翰·皮尔庞特·摩根，即 J.P. 摩根。这位摩根先生是商人银行家、巨富朱尼厄斯·斯潘塞·摩根（Junius Spencer Morgan）的儿子。他的父亲为年轻的摩根在纽约谋了一份工作。J.P. 摩根在 24 岁时，自己成立了一家银行，为各种企业提供融资。后来，他父亲生意上的合伙人退休，他便加入了父亲的银行，成了一名合伙人。

接下来，父子二人把这家公司与安东尼·德雷克塞尔（Anthony Drexel）和他的兄弟弗兰克（Frank）名下的一家公司合并。这家新成立的公司就是德雷克塞尔摩根公司（Drexel, Morgan & Company）。J.P. 摩根是一个善于发现机会并抓住机会的人。美国铁路和航运大王、海军准将科尼利厄斯·范德比尔特（Cornelius Vanderbilt）死后，他的儿子威廉请德雷克塞尔摩根公司代为出售他所继承的遗产，J.P. 摩根在这次交易中大赚了数百万美元。当时，不仅针对商业银行的监管规则和法律少之又少，针对投资银行的监管规则和法律也几近空白。因此，与商人建立起强有力的联系对于投资银行的长期发展就显得非常重要。二者之间的关系越好，投资银行所能获得的有关其他商人以及其他商人银行家的信息就越多。

而德雷克塞尔和摩根对此类信息知之甚详，他们因此也就拥有了巨大的竞争优势。通过把钱直接借给企业主的方式，他们的生意扩张很快。对于谁有能力偿还，谁没有能力偿还，他们知道得一清二楚。

19世纪末，大多数投资银行的大部分利润都来自向其他商业企业借出的贷款利息。也正是在这一段时期内，美国的经济结构逐步实现了由农业主导型经济向工业驱动型经济的转变。这样一来，对于资本的需求开始大规模增加。投资银行家也都成了融资专家。

州立银行也想从中分一杯羹。尽管《国民银行法》明令禁止州立银行正式参与投资银行业务，但这并不能阻止它们想出了绕过这一法律的办法。州立银行纷纷设立持有州特许状的公司，这些公司不仅能够从事投资银行业务，还可以为客户设立支票账户和存款账户，接受客户存款。

在此期间，银行的数量如野草般疯长。由于《1900年货币法案》的通过，筹资成立银行就变得更为容易。初创成本从5万美元降到了2.5万美元。同时这也表明，双轨银行制（dual banking system）已经开始形成。

折中的监管陷阱

银行的客户也许并不了解和他们打交道的银行到底是州立银行还是国民银行。美国实行的是双轨银行制，即银行既可以在联邦的相应金融管理机构注册，也可以在各州的金融管理机构注册，并领取相应的特许状。

实行双轨银行制的国家在世界上仅有美国一国。在大多数国家中，比如加拿大、德国、法国、日本和英国，四五个大型银行共同占据着银行业的主导地位，并且在全国各地都有分支机构。

所谓的国民银行就是持有联邦政府颁发的特许状，遵守联邦法律并且按照联邦的法规运营的银行。州立银行则持有各州颁发的银行特许状，遵守各州的法律，并且按照各州的法规运营。联邦特许的银行受货币监理署的管辖，而州特许银行则受各州特许机构的管辖，比如州银行专署、州政府银行厅，或者是联邦存款保险公司甚至是美联储。

银行可以选择特许状的种类，而特许状的选择也决定了银行的权力、资本要求和借贷限额。总体来说，州立银行的规模要小于国民银行，州立银行缴纳的管理费也相对较低。有些银行选择持有州特许状是因为他们认为州监管机构对当地的情形了解更为透彻。

为什么只有美国实行双轨银行制而其他国家没有呢？大多数分析人士和专家都说，州监管机构和联邦监管机构这种区分能够为整个银行体系提供更好的制衡机制。

前美联储主席格林斯潘曾这样说道：

> 在这样的体系中，银行可以自主做出选择，而监管也是两家甚至多家机构之间彼此协商妥协的结果，这种安排能够更好地避免监管陷入极端……肩负着银行业安全及稳健性职责的单一监管机构，很可能发展出抑制风险承担的倾向。多重监督和多重管辖的制度能够对这种倾向形成制约。

分析人士还表示，双轨银行制还创造出了一个更加具有竞争性的环境，在这个环境下，银行会尽力为客户提供更多的产品和服务。但在20世纪之初，情形并非总是如此。

为何禁止国民银行开设分支机构？

1924年，至少有18个州允许银行在所在州的其他地区设立分支机构。根据《1863年国民银行法》规定，国民银行不得设立分支机构。事实上，立法中并未提及不得设立分支机构一事，但最高法院、货币监理署和财政部对该项立法做出了此种解释。

这种规定让州立银行比国民银行获得了更大的竞争优势，国会议员路易斯·T.麦克法登（Louis T.McFadden）认为这种规定不仅有失公平，而且并不足够。麦克法登曾担任过10年的银行和货币委员会主席。1922年，麦克法登提出一个议案，要求赋予国民银行与州立银行同样的权利。但该议案遭到了强烈反对，最终未能获得通过。

货币监理官克里辛格（D.R.Crissinger）对国民银行竞争劣势的担忧，做出了一项裁定，允许国民银行在其母行所在城市设立仅具有接受存款，兑现支票功能的代理机构或是出纳窗口。只有在州立银行也获准以相同方式在该州设立分支机构的前提下，此项规定才能生效。

由于出纳窗口并不具备分支机构的功能，无法发放贷款，在克里辛格看来，出纳窗口无非是方便客户的联络点而已。美联储的成员持反对意见。他们认为，消除国民银行的竞争劣势的最佳途径就是对州立银行设限，规定它们也不得开设分支机构。美联储的成员亨利·道斯（Henry Daws）称，开设分支机构的行为必须得到遏制，否则国民银行就会受损，因而联邦储备体系也会随之受损。这一举措通过投票表决获得通过。

随着银行纷纷倒闭，客户挤在银行外面要求取款。

1927年国会召开会议，麦克法登把他支持所有银行拥有平等开设分支机构权利的提案进行了修改并提交审议。此时，由于大萧条的影响，银行倒闭的数量激增。该提案获得了通过，这样一来国民银行也可以在本州其他地区设立分支机构，与州立银行享有同样的权利。但该法案并未允许国民银行跨州开设分支机构。

银行家蜕变成赌徒

根据联邦存款保险公司的数据，美国总共约有 8 000 家商业银行。在这一统计数字背后还隐藏着这样一个问题：自从信贷危机爆发以来，关门歇业的银行数量正不断上升。

大致浏览一下联邦存款保险公司开列的倒闭银行清单，我们就会发现，从 2000～2007 年，总共有 27 家银行倒闭。平均而言，每年大约有 4 家银行倒闭。图 9.1 显示了自 2000 年以来美国倒闭的银行数量。

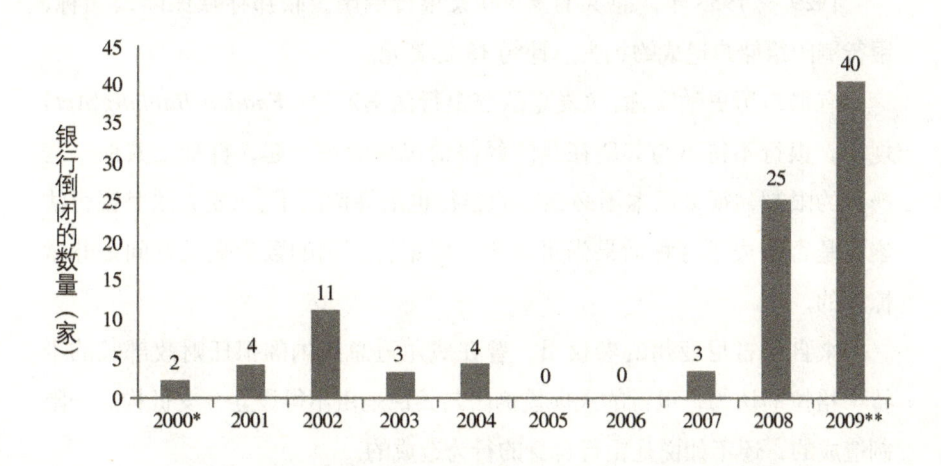

图 9.1　银行倒闭数量急剧增长（2000～2009 年）

* 该年度仅统计了 2000 年 10 月 1 日～2000 年 12 月 31 日的数据。
** 该年度统计数字截至 2009 年 6 月 19 日。
资料来源：CNBC.com，联邦存款保险公司

2008 年，情况开始急转直下。事实上，仅在 2008 年一年就有 25 家银行关门大吉。这一年中倒闭的银行数量比过去 7 年间倒闭的总和还多。

2009 年，倒闭银行的数量一下子暴涨到 140 家，是 2008 年倒闭数量的 5 倍还多。仅在 2010 年前两个月，就已经有 22 家银行倒闭。因信贷危机而关门的银行的总数也由此增加到了 187 家。

一些分析人士怀疑，之所以会有这么多的银行倒闭，是因为自 2003

199

年以来银行业利润持续低迷，各银行被迫纷纷从事投机性较强的借贷活动。这里最为关键的问题是：银行倒闭的风潮是否已经平息？联邦存款保险公司给出的答案是：没有。联邦存款保险公司的问题银行清单上有超过700家的美国银行存在着违约风险。

这并不是美国第一次经历如此大规模的银行倒闭风潮。在大萧条期间，由于发生挤兑事件，银行倒闭的事件层出不穷。1921年，倒闭的银行有505家之多。而在随后的几年间，银行倒闭的数量从每年500多家激增到了每年1 000多家。

1929～1933年，总共有9 400家银行倒闭。联邦存款保险公司称，银行倒闭给储户造成的损失总计约13亿美元。

有很多历史学家称，《麦克法登银行法案》(McFadden Banking Act)规定，银行不得不与其所在州的经济情况捆绑在一起，再加上其他一些严苛的限制，很多原本不必倒闭的银行也最终倒闭了。《麦克法登银行法案》是否造成了这种后果尚可争论，但银行倒闭的数量毫无疑问是非常惊人的。

来自弗吉尼亚州的参议员、曾在威尔逊总统内阁担任财政部长的卡特·格拉斯认为，银行的大规模倒闭与其说是由不得设立分支机构这一限制造成的，还不如说是银行自身的行为造成的。

非理性繁荣时代的喧嚣

不管是州立银行还是国民银行，都可以进行证券投资。我们知道，尽管《1913年联邦储备法案》赋予了美联储对国民银行进行监督的权力，但却并未赋予美联储对股票交易进行监管的权利。

20世纪初期，很多商业银行都纷纷开设附属机构从事股票承销等证券交易。格拉斯认为，银行以某种方式操纵了货币，它们的现金准备实际上不足法定要求的7%，并且这些银行还把手里的资金投入到了他所谓的"股票投机的漩涡"之中。

此时的格拉斯并非对所有投资活动都深恶痛绝，他本人就拥有报纸、银行、旅馆和其他类型企业的股份。但格拉斯认为投机性股票投资会给国家经济带来毁灭性打击。对他而言，投机性股票投资无非就是被美化了的赌博行为。他曾亲眼目睹此种行径葬送了美国的繁荣之梦。他曾亲眼看着银行由于鲁莽的投资行为而亏掉大笔金钱。

举例来说，高盛公司通过三家互相关联的投资托拉斯，即高盛交易公司（Goldman Sachs Trading Company）、西纳德阿公司（Shenandoah Corporation）和蓝山公司（Blue Ridge Corporation）卖掉了总值近10亿美元的证券。随着市场的崩溃，这三家公司的市值也几乎全部化为乌有。

值得注意的一点是，格拉斯曾全力支持《1913年联邦储备法案》。然而，等到1929年10月市场开始崩溃时，格拉斯已经在考虑起草一个银行改革法案，以便修正《1913年联邦储备法案》中的一个错误。

《1913年联邦储备法案》授权美联储对成员银行的票据进行贴现，根据该法，这些票据不包括为了进行股票、债券或是其他投资证券（但美国政府发行的债券或票据除外）交易之目的发行的本票、汇票等票据。

换句话说，如果银行不把自己的钱直接用于投资，他们就能以较低的利息从美联储拿到更多的钱。而这些钱又能够转移给银行仅为投机而设立的进行证券交易的附属机构。这是《1913年联邦储备法案》的一个漏洞，银行有可能利用这个漏洞大占便宜。

格拉斯的想法是要完全禁止银行进行公司型证券的交易。因此，他开始起草法案，将商业银行业务与投资银行业务完全分离。在格拉斯看来，证券投资不应该成为商业银行的主要关注点，证券投资已经被证明会对经济造成毁灭性的打击。

1932年，这一法案被提交到参议院，立刻引起了争论。6月份，这项法案已经被从参议院的议事日程上移除。然而一年之后，该法案又重新引起关注。这一次，来自阿拉巴马州的代表、众议院银行和货币委员会主席亨利·斯蒂格尔（Henry B.Steagall）同时提议建立存款保险制度。

他的提议也遭到了强烈反对。持反对意见的人认为，对存款进行保险代价太过高昂了。美国银行家协会会长宣称，对存款进行保险不仅不科学也经不起推敲，而且还很危险。格拉斯对存款保险也持批评态度。

201

他认为，存款保险制度根本毫无用处。在对建立存款保险制度进行抨击之时，格拉斯援引了美国保险业弊病百出的情形作为论据。为了让自己的提案获得通过，斯蒂格尔同意支持格拉斯参议员的银行改革法案，前提是格拉斯要对自己的法案进行修改，同意建立存款保险制度。格拉斯应允了，把这一条款加入到了法案当中。1933年，《格拉斯－斯蒂格尔法案》获得通过。

对格拉斯来说，法案的通过提供了一个能够防止出现像大萧条一样影响深远的经济灾难的机制。然而，当今的政客对这一法案视而不见。对生活在21世纪的美国人来说，这真是太不幸了。他们都成了"非理性繁荣"的心甘情愿的参与者。

马其诺金融防线

1986年，美联储发生了一件影响颇为深远的事：该委员会做出了一个裁定，同意放松《格拉斯－斯蒂格尔法案》的限制。这是一个让人惊讶的逆转。美联储认为，法案中将商业银行业务与投资银行业务分离的解释应该按照"在有限的范围内"来理解。

因此，委员会做出裁定，允许银行进行证券投资，但通过证券投资获得的收入不得超过该银行总收入的5%。美联储为商业银行打开了重返证券交易市场的大门，前提是商业银行不得以投资业务作为主营业务。

在格林斯潘担任美联储主席之后，《格拉斯－斯蒂格尔法案》更是形同一纸空文。格林斯潘曾经在JP摩根公司任职，而该公司当时就已经是美国最大的投资银行之一。

格林斯潘急不可耐地拿起了手中的长剑。1989年1月，在格林斯潘的操作下，美联储裁定，将证券投资获得的收入占银行总收入的限额从5%提高到10%。同年，美联储批准了JP摩根公司、大通曼哈顿、信孚银行和花旗集团提出的申请，扩展了《格拉斯－斯蒂格尔法案》中的相关规定，把债券和其他形式的证券也纳入银行的业务范围。

在美联储主席格林斯潘的安排下，JP摩根公司成了第一家能够包销证券的商业银行，这样确保了格林斯潘的老东家在《格拉斯－斯蒂格尔法案》扩展之后能够日益兴旺发达。

然而，格林斯潘对《格拉斯－斯蒂格尔法案》的砍削还远未结束。1996年12月，美联储再一次对《格拉斯－斯蒂格尔法案》的文本进行审核，并修改了1989年的裁定，将证券投资获得的收入占银行总收入的限额提高到了25%。这样一来，银行参与证券市场的力度就比以往更大了。现在，《格拉斯－斯蒂格尔法案》对商业银行的限制就只剩下了"商业银行的名下不得拥有承销保险业务的公司"这一条。

1997年，美联储颁布新规定，称银行有无条件地收购证券公司的权利。到了这一步，《格拉斯－斯蒂格尔法案》的限制已经变得毫无意义。

美联储对这一存在了54年的法律的态度的转变，常令人们大惑不解。如果我们考虑到美联储背后来自JP摩根公司、花旗集团和信孚银行之类机构的力量的时候，也就能够见怪不怪了。当时，这些机构都急于进入到市政债券、商业票据和住房抵押贷款证券市场。为了实现这一目的，他们需要美联储的合作。终于，他们如愿以偿了。

事实上，据曼哈顿大学金融学教授查尔斯·盖斯特（Charles Geisst）博士讲，花旗集团曾在政治游说和公关上投入了1亿美元。再加上其他金融公司的政治游说支出，为废止《格拉斯－斯蒂格尔法案》而花费的金钱总计已经达到了2亿美元。美联储向华尔街强大的游说机器屈服了。

我们讲这个故事不能不提到桑迪·韦尔（Sandy Weill），这位花旗集团的缔造者兼前任首席执行官。有关桑迪·韦尔的文章和书籍真可谓汗牛充栋，全部浏览一遍之后我们就会发现，所有的文章和书籍都得出了一个相同的结论：在促使国会完全废止《格拉斯－斯蒂格尔法案》方面，桑迪·韦尔起到了非常关键的作用。

一个人何以会拥有如此巨大的影响力呢？答案是他不但有钱，而且有权势。我们都喜欢读商业大亨白手起家的故事，桑迪·韦尔的故事正是这类故事的典型代表。在他爬到了金钱和权势巅峰的同时，他还亲手毁掉了很多美国人实现富庶之梦的保障。

桑迪·韦尔既热爱金钱，又喜爱奢华的生活方式，受这种力量的驱使，他洗劫了华尔街，并缔造了美国最大的投资银行之一——花旗集团。这个花旗集团就是总共拿走了纳税人450亿美元救助款的那个花旗集团。

用空气就能赚钱的首席执行官

桑迪·韦尔的投资事业开始于贝尔斯登公司，当时，他在贝尔斯登传奇人物赛·刘易斯（Cy Lewis）的手下做送信人，每月的薪水是150美元。送信是华尔街早年典型的起步工作，经纪人接受买卖股票的订单后，送信人跑着将订单送到交易人手中，由他来执行交易。从最基础的工作开始，韦尔一步一步做到了书记员，负责跟踪记录公司发放给客户用来购买股票的贷款。后来，韦尔成了一名股票经纪人，并且培养了自己的一批客户。

1956年，韦尔离开贝尔斯登公司，带着他的客户投到了伯纳姆公司（Burnham & Company）。久而久之，韦尔靠佣金赚了不少的钱。他有一个很明确的目标，那就是成立自己的公司。在亚瑟·卡特（Arthur Carter）、罗杰·伯林德（Roger Berlind）和彼得·波托马（Peter Potoma）等3位华尔街知名经纪人朋友的帮助下，韦尔辞掉了在伯纳姆公司的工作，和这3位朋友合伙开办了自己的经纪公司——CBPW公司（Carter, Berlind, Potoma & Weill）。

CBPW公司成功地帮助利斯柯数据处理设备公司（Leasco Data Processing Equipment Corporation）旗下的一家电脑租赁企业的首席执行官索尔·斯坦伯格（Saul Steinberg）收购了费城的诚信保险公司（Reliance Insurance Company）。这笔交易为韦尔和他的公司赚到了75万美元的中介费和4.7万美元的佣金。凭借这次成功，该公司在华尔街闯出了名气。到1969年的时候，公司的年收入已经达到了260万美元。

在此期间，公司的合伙人不断发生变化。卡特出走之后，亚瑟·莱维特（Arthur Levitt）加入了进来，于是公司的名字成了CBWL公司（Cogan, Berlind, Weill & Levitt）。韦尔担任新公司的主席。这一事件也标志着经纪公司并购狂潮的开端，而韦尔正是其中的领军人物。

1970年，在全美拥有26家分支机构的证券公司迈克唐奈公司

(McDonnell & Company)宣布倒闭。CBWL 公司看准机会以极低的价格买下了这家公司。此次收购使得公司业务出现了快速的增长，并把生意拓展到了零售经纪业务领域。

不过，急需找到买家的并非只有迈克唐奈这一家公司。时隔不久，拥有 5.7 万个账户、年收入达 1.13 亿美元的海登·斯通证券公司（Hayden Stone & Company）也陷入了资不抵债的境地。

由于担心坐观海登·斯通证券公司这样大规模的公司倒闭会产生巨大的不利影响，纽约证券交易所开始积极谋划为该公司找一个买主。CBWL 公司发现并抓住了这一机会。这在当时是一桩规模空前的收购案，韦尔的公司规模再一次扩大了。

1971 年，CBWL 公司在业内已经声名鼎盛，于是 4 人决定向公众发售 100 万股公司股票。首次公开募股时，公司的股价达到了 12.5 美元。这样一来，公司就有钱继续收购其他公司了。韦尔一刻也没耽搁，在华尔街上大展拳脚，放手收购。此后几年里，公司经历了飞跃式发展，几个合伙人也都赚得盆满钵满。韦尔从未想过要停下收购的脚步。他似乎要把整条华尔街都收入囊中，而且似乎已经没有什么能够阻止他了。

桑迪·韦尔（1933～）
他将花旗集团打造为市值万亿美元级金融帝国。被美国《首席执行官》杂志评为"年度最佳 CEO"。

1974 年，韦尔收购了希尔森哈米尔公司（Shearson Hammill & Company），于是 CBWL 公司又一次换了新名字，叫做希尔森海登斯通公司（Shearson Hayden Stone）。希尔森这个名字之所以得以保留，是因为在华尔街的眼中，希尔森在证券承销方面有着举足轻重的地位。

1977 年，韦尔已经把希尔森海登斯通公司打造成美国第七大投资银行公司，公司的年收入已经超过了 1.34 亿美元。然而韦尔并未就此满足，他还有更大的野心。

1979 年，韦尔一伙人又收购了洛布罗兹霍恩布劳尔公司（Loeb, Rhoades, Hornblower & Company），这是华尔街上历史最悠久也最成功的公司之一。此次收购完成之后，希尔森海登斯通公司已经一跃成为全球第二大投资银行公司。然而出人意料的是，韦尔竟然要将规模已经如此之大的公司卖掉。1981年，他找到了买主——美国运通公司，该公司开出了9亿美元的价格。但韦尔可是个聪明而又狡猾的人。把希尔森海登斯通公司卖给美国运通并不意味着韦尔会就此罢手。对他而言，这不过是一个新的起点。谁都知道，韦尔是想要利用美国运通公司雄厚的资本和巨大的影响力来进行更多的交易。在这次交易中，韦尔成了美国运通公司中继首席执行官和总裁之后第三位有实权的人物。他对公司业务没有兴趣，他头脑里想着的，是怎样利用公司的资金。

很快，他就让美国运通的钱在他的手里流动起来。1984年，韦尔花了3.6亿美元收购了雷曼兄弟库恩洛布公司（Lehman Brothers Kuhn Loeb）。不过，韦尔并没有随心所欲地收购任何他所看中的公司的自由。在他成为美国运通公司的最高领导者之前，他的收购冲动不得不暂时地加以抑制。

没有什么能够阻止韦尔的步伐。1993年，韦尔坐上了美国运通公司总裁的宝座。然而没过多久，他的收购激情让他吃了大亏。1995年，他黯然离开了美国运通。

韦尔毕竟是一个闯劲十足的生意人，没过多久，他就发现了另外一个交易机会。1986年，他曾试图说服当时举步维艰的控制数据公司（Control Data Corporation）借IPO契机卖掉旗下的商业信贷公司（Commercial Credit Company）。控制数据公司很喜欢韦尔的想法，于是让他牵头组织进行IPO。韦尔自己买下了商业信贷公司的股份，成了该公司的首席执行官。

韦尔又一次发动了收购攻势，把一个又一个公司收归旗下。到1992年，他已经收购了旅行者公司（Travelers Corporation）27%的股份。

很多专家和分析人士都认为韦尔是一个极其聪明又极有手腕的人。通过买入美国运通的零售经纪和资产管理业务，他重新获得了几年前由他卖给美国运通的希尔森海登斯通公司控制权。此次收购之后，韦尔随即买下了旅行者公司余下的73%的股份，并把公司更名为旅行者集团（Travelers Group）。韦尔以极大的热情继续他的收购事业，他的下一个目标是投资银行所罗门兄弟公司。和过去一样，他如愿以偿了。这笔交易的金额达到了91亿美元。同时，韦尔已经准备好进行更大的交易了。1986年，韦尔提出了并购史上最大胆、最令人瞠目结舌的一次交易，这次交易涉及了三家公司。韦尔先是将旅行者集团与华尔街上第二大投资银行所罗门美邦公司（Salomon Smith Barney）合并，然而这只是个开始，他接下来想把这两家公司并入花旗银行（CitiBank），当时美国规模最大的商业银行。

然而这里存在一个问题。这次并购是违背《格拉斯－斯蒂格尔法案》的相关规定的。然而我们也已经知道，格林斯潘一伙人已经大刀阔斧地对该法案的语句进行过修剪，做出了很多修正并规定了很多例外，允许银行从事证券业务。现在，还需要国会再行动一次才能完全移除该法案的最后限制。韦尔毫不担心，因为他在成为华尔街首富的整个过程中，曾结交了很多朋友。请记住，华尔街与华盛顿之间有着千丝万缕的联系。亨利·保尔森是前财政部长，曾任高盛公司董事长兼首席执行官；艾伦·格林斯潘，1987年被任命为美联储主席，曾任职于JP摩根公司；罗伯特·鲁宾（Robert Rubin），曾在克林顿执政时期任财政部长，并且曾是前高盛公司合伙人，后受邀加入花旗集团。

艾伦·格林斯潘（1926～）
美联储的"四朝元老"，执掌18年。他被媒体界看做"经济学家中的经济学家"和"大师"。图为布什总统给艾伦颁自由勋章。

华尔街上这些前高管们在被政府任命为财政部长或美联储主席之后，是否就会突然之间忘掉他们曾经供职的那些公司呢？他们是否会摇身一变成为阻挡华尔街上那些公司财路的拦路虎呢？

从他们作出的决策来看，他们是与华尔街站在一起的。事实上，在1995年对国会发表的演说中，当时的财政部长罗伯特·鲁宾就曾表示，是时候该废止《格拉斯－斯蒂格尔法案》了。鲁宾对国会说：

> 当今的银行业与20年前相比已大相径庭，更别提1933年了。美国的银行已经在海外参与了国内不允许的许多种类的证券业务。即便在国内，《格拉斯－斯蒂格尔法案》认定的投资银行业务与商业银行业务分业经营的基础也已经大大地被削弱了。

一份新的法案正在紧锣密鼓地起草当中，《格拉斯－斯蒂格尔法案》的最后一道防线即将被摧毁。1999 年，该法案被呈交给参议院和众议院。这就是大名鼎鼎的《1999 年金融服务现代化法案》(Financial Services Modernization Act of 1999)。这一法案也被称为《格雷姆－里奇－比利雷法案》(Gramm-Leach-Bliley Act)，发起者包括共和党人参议院银行委员会主席菲尔·格雷姆 (Phil Gramm)、众议院银行委员会主席詹姆斯·里奇 (James Leach) 和弗吉尼亚州代表托马斯·比利雷 (Thomas Bliley)。1999 年 11 月 12 日，克林顿总统签署了该法案。

而财政部长罗伯特·鲁宾，这位前高盛公司合伙人，接受了桑迪·韦尔的邀请，到花旗集团任职。这几乎就是在美国公众脸上的扇了一记响亮的耳光。

繁荣之梦的破灭

《格雷姆－里奇－比利雷法案》对《格拉斯－斯蒂格尔法案》的重大修改包括拆除了银行、证券机构和保险机构在业务范围上的藩篱。该法案从根本上废除了《格拉斯－斯蒂格尔法案》第 20 条和第 32 条有关银行不得从事证券业务的规定。此外，该法案还允许银行成立金融控股公司。而且金融控股公司既可以从事证券承销业务、投资银行业务和保险公司投资组合投资业务，也可以从事其他任何与金融业务互为补充的业务。

《格雷姆－里奇－比利雷法案》通过之后，次级贷款市场开始蓬勃发展，这一结果虽然令人称奇，但绝非偶然。我们不应该忘记，商业信贷公司（自 1986 年开始由桑迪·韦尔执掌）曾大举从事次级贷款借贷业务，次级贷款借贷业务如今已经遍地开花了。

次级贷款市场如雨后春笋般迅速发展起来，1995 年的市值为 650 亿美元，到 2003 年已经增长到了 3 320 亿美元。排名前 25 位从事次级贷款业务的公司市场份额也有所增长，1995 年时这些公司所占份额为 39.3%，到了 2003 年已经超过了 90%。通过新成立的花旗财务公司 (CitiFinancial)，花旗集团成了美国最大的次级贷款发行商。

一些分析人士称2007年的经济衰退与《格拉斯-斯蒂格尔法案》的废止没有什么关系。但是，我们是否要相信，次级贷款证券市场在法案废止后开始蓬勃发展只是一个巧合呢？

《美国展望》（The American Prospect）杂志的共同创始人、联合主编，《大国的陷落》（The Squandering of America）一书的作者罗伯特·库特纳（Robert Kuttner）在参议院银行和金融服务委员会作证时这样说道：

> 自1999年《格拉斯-斯蒂格尔法案》被废止后，十多年来，各个超级银行事实上一直在侵害着美国公众的利益，20世纪20年代流行过的结构性利益冲突死灰复燃。超级银行一边向投机者借款，一边又将各种贷款重新打包、证券化然后以批发及零售的方式大肆兜售，并在这一过程的每一步中都榨取利润。

与中国长城的作用相类似，《格拉斯-斯蒂格尔法案》只是一种被动防御的手段，目的是为了保护美国不被华尔街上那些贪婪无度的野蛮人拖入到万劫不复的境地。

而如今，这道防线已经不复存在。如果华尔街再次陷入癫狂，我们别无他法，只能指望政府的救拨。愿上帝保佑我们。

第 10 章
华尔街的血脉

> 不相信华尔街和政府之间存在苟且勾当，
> 且利用政策和法律互肥的人们，都去看一
> 看罗伯特·鲁宾的职业经历吧……

2010 年 1 月 27 日，星期三，财政部长蒂莫西·盖特纳端坐在众议院监管与政府改革委员会调查人员面前，回答他们提出的问题。蒂莫西是一个十分精明的人，回答几名政客提出的几个问题应该不是什么难事。

然而，这些问题都与他在提供给保险业巨头美国国际集团的 1 800 亿美元救助款中所扮演的角色有关。和大多数美国人一样，委员会成员想要了解的是为什么美国国际集团，会被允许将他们拿到的救助款转给华尔街上的那些大银行，而这些银行又都是该集团的商业伙伴。

面对众议院监管与政府改革委员会的质询，盖特纳坚称，美国国际集团作出偿还从商业伙伴银行借来款项的决策跟他毫无瓜葛。盖特纳坚持说，他并没有向公众隐瞒有关该公司所进行的这些交易的信息。

盖特纳坐在这个烫屁股的椅子上，看起来并不慌乱。毕竟，他此前就有过这样的经历。在确定出任财政部长一职之前，盖特纳就曾受到过猛烈的抨击，称他没有及时足额支付社会保障和医疗税，以及在保姆的打工许可过期之后，仍然短暂地雇用她一段时间。

奥巴马认为这次事件是"无心之失"。遗憾的是，我们无从知道他到

底有多无辜，因为整件事都是盖特纳与参议员金融委员会的人关起门来秘密讨论的。

2009年1月26日，盖特纳的提名获得通过，成了美国历史上第75任财政部长。然而，在此次任命之前，盖特纳曾担任纽约联邦储备银行行长，并积极为政府应对此次金融危机出谋划策。

当然，这些策略之一就是把一大笔纳税人的钱交给美国国际集团。在把这笔钱提供给美国国际集团之后，国会和公众想要知道，这笔钱到底用在了什么地方。美联储拒绝透露美国国际集团在信用衍生品和住房抵押贷款证券交易中都有哪些交易对手。

美国国际集团宣布计划向集团高管支付1.65亿美元的年终奖金之后，美国公众当即怒不可遏。盖特纳坚称，美国国际集团并未向他披露将如何使用救助款的详情。

他想要我们相信，作为一个联储银行的行长，对于这些具体细节他并不知情。这当然是信口开河。联储银行的人必然是了解内情的。

于是，人们把关注的焦点转移到了美联储主席本·伯南克的身上。希望他能够给出答案。然而在被问到同样的问题时，伯南克对调查人员说，他并没有直接牵涉到美国国际集团、高盛公司和华尔街上其他大型银行之间的谈判中去。伯南克声称，这些谈判主要是由纽约联储的职员处理的。

这就是说，一位是纽约联邦储备银行行长，另一位是美联储主席这两位身居高位、大权在握的人物对于经他们授权用于救助美国国际集团的资金的使用情况一无所知。

对于华尔街上那些贪婪的银行家把钱转手给生意伙伴的行径没有人会感到讶异。后来我们得知，大多数资金确实都进了美国国际集团的交易对手的口袋，包括高盛公司、美林公司、美国银行、华互银行和其他一些银行。事实上，一共有25家公司和银行从美国国际集团拿到了钱。

面对这种情形，盖特纳和伯南克依然三缄其口。然而真相是，自从1913年美联储成立以来，一直都在私下里进行秘密交易，而且很少受到政府的监管。

提到美联储，亚利桑那州参议员巴里·戈德华特（Barry Goldwater）

曾评价道，大多数美国人并没有真正理解那些国际化的借贷机构是如何运作的。美联储的账户从未有人审计过。美联储的运营丝毫不受国会控制，而整个美国的信贷都掌握在美联储的手中。

就连是传奇人物、汽车制造商亨利·福特也承认，很少有人了解中央银行是如何运营的。美国人不了解银行和货币体系的运营状况是件好事，因为一旦他们了解了，我相信明天早上就会爆发革命。参议员查尔斯·林德伯格（Charles Lindbergh）这样说道，美联储是美国最大的货币托拉斯。

想要了解这个货币托拉斯的内部运行机制殊非易事。2009年2月，众议院议员罗恩·保罗提出了《H.R.1207法案》，要求扩大政府问责局（Government Accountability Office）的权限，由该局对美联储实施审计。此外，该法案还意图授予政府问责局对美联储旗下的几种融资工具进行审计的权限，包括一级交易商信贷便利（Primary Dealer Credit Facility）、定期证券融资便利（Term Securities Lending Facility）和定期资产支持证券融资便利（Term Asset-Backed Securities Lending Facility）。

金融市场半月刊《格兰特利率观察家》（Grant's Interest Rate Observer）的主编詹姆斯·格兰特（James Grant）全力支持保罗提出的法案。格兰特认为，如果美联储也能像其他银行一样接受审计，那它恐怕会陷入资不抵债的境地。截至7月份，已经有超过50名民主党人和150名共和党人表示支持《H.R.1207法案》。在当时看来，这项法案应该会得以通过，美国的民众将彻底了解这一小撮人到底在干什么。这项法案最终却流产了。

《赫芬顿邮报》（Huffington Post）上发表的一篇文章称，参议员克里斯托弗·多德和参议员贾德·格雷格（Judd Gregg）是这一法案的主要反对者。巴尼·弗兰克在众议院金融服务委员会声称，参议员银行委员会主席克里斯托弗·多德曾告诉他，他已经向参议员贾德·格雷格保证，这份审计美联储的法案不会获得通过。格雷格曾声称，众议院金融服务委员会通过保罗的修正案将是一个危险的举动。

国会议员竟然不希望对美联储进行常规性审计，这听起来有些诡异。科幻小说大师罗伯特·海因莱因（Robert Heinlein）同时也是一个积极参与政治的人，他曾竞选过加利福尼亚州议员，他说，每一名众议员、每一名参议员都确切地知道通货膨胀是由什么引起的……但却不能支持能够遏制通货膨胀的彻底改革，即废除《1913年联邦储备法案》，因为这会让他们丢掉自己的工作。

美国公众并没有意识到，美联储其实与"联邦"并无瓜葛。大多数人都以为这个创造并监督着全美金融活动的庞然大物是一个政府机构。但实际上，美联储是一个私营组织。总共约有300个成员银行和个人以每股100美元的价格购买了美联储的股份。这些股份并没有公开发售。美联储的股东每年按股票本金的6%领取定额分红，而且这些分红无需交税。

因为所有的州联邦储备银行都没有上市，因此证券交易委员会无权要求这些银行披露主要股东清单。按照《1913年联邦储备法案》的要求，国民银行和州立银行在加入联邦储备体系之时要购买当地联邦储备银行的股份，这样就可以成为成员银行。该法还规定，成员银行购买的股份数量也必须与该银行的规模成比例。

美国银行　可以追溯到1784年的马萨诸塞州银行，是美国第二个历史最悠久的银行。

我们在 Usabanks.org 网站查询一下美国的顶级银行就会发现，资产总量排第一位的是美国银行，约为22亿美元，排在第二位的是摩根大通银行，约为20亿美元，花旗集团18亿美元排在第三位，富国银行则以12亿美元排在第四位，高盛公司以8.8亿美元排在第五位。把这个清单与美联储的统计数据进行交叉比对我们发现，摩根大通银行、美国银行、花旗集团、富国银行和华互银行都是美联储的成员银行，我们就可以认定，这些银行必定拥有美联储大量的股份。

如果我们把这个清单与接受政府救助资金的银行清单进行交叉比对，我们就会发现富国银行拿到了250亿美元，美国银行拿到了20亿美元，摩根大通拿到了25亿美元，花旗集团拿到了25亿美元，摩根士丹利拿到了100亿美元，高盛公司拿到了100亿美元。因此可以说，美联储这些最具规模的成员银行拿到了数量最多的救助款。这些银行都拥有大量的有毒资产，摩根大通的有毒资产数量排名第一，约为810亿美元。

真正让人感兴趣的还是华尔街与华盛顿之间的盘根错节的关系。这两者之间的界限实在是模糊不清。

前脚商界高管，后脚政界高官

事实证明，总有一些时候，总有那么几个华尔街的高管曾在华盛顿身居高位，或是与身居高位的某人有着千丝万缕的联系。拿蒂莫西·盖特纳来说，当罗伯特·鲁宾任财政部长时，他曾为鲁宾工作。

有人说正是因为鲁宾从中安排，盖特纳才能坐到纽约联邦储备银行行长的椅子上。同样，当奥巴马当选之后着手组阁时，也是鲁宾把他引荐给了奥巴马。我们很自然地得出结论，正是由于鲁宾的引荐，奥巴马才把财政部长这个职位给了盖特纳。

盖特纳并不是唯一一个受到罗伯特·鲁宾提携的人。还有一个迈克尔·弗罗曼（Michael Froman），他作为奥巴马入主白宫前过渡团队的一员，后来，弗罗曼接受总统的任命，担任国家经济委员会（NEC）和国家安全委员会（NSC）的国际金融顾问。

而弗罗曼和奥巴马之间也并非素不相识。他们在《哈佛法律评论》（*Harvard Law Review*）工作时就互相认识。当然，这没有什么值得大惊小怪的。不过还有这样一个事实不能忽略，在接受奥巴马团队的任职邀请之前，弗罗曼曾是花旗集团的一位高管，就是桑迪·韦尔一手打造出来的那个花旗集团。弗罗曼曾任花旗集团另类投资部门主管，也正是这个部门由于次级住房抵押贷款证券投资给集团带来了110亿美元的损失。在他帮助奥巴马任命了那些将会对花旗集团的未来产生重大影响的人之后，弗罗曼仍在花旗集团工作了2个月之久才正式离开。

花旗集团不仅从他在美联储的朋友那里拿到了救助款，而且政府还同意免征花旗集团数十亿美元的赋税，作为允许该银行偿还救助资金的部分协议。2009年12月16日，《华盛顿邮报》报道，美国国税局发表了有利于花旗集团等几家公司的税务规则。其结果就是，花旗集团将可以保留数十亿元的税收优惠。

华尔街和华盛顿之间有着很深的渊源。1993~1995年，弗罗曼在国家安全委员会和国家经济委员会任职，之后于1995年进入财政部，担任财务部部长助理，负责欧亚大陆和中东方面事务。1997年，弗罗曼成为财政部长鲁宾的幕僚长。

无独有偶，弗罗曼离开财政部之后，就在花旗集团谋了一份差事。这份差事来得较为容易，因为他的前老板罗伯特·鲁宾在离开财政部之后也加入了花旗集团，担任行政职务。有身居高位的朋友照应当然是一件好事。

弗罗曼或许未曾直接参与花旗集团的住房抵押贷款证券的交易，但鲁宾则不然。鲁宾在花旗任职期间曾担任过前首席执行官桑迪·韦尔的高级顾问，而住房抵押贷款证券业务正是从桑迪·韦尔开始的。

我们不要忘记，韦尔曾极力主张废除《格拉斯-斯蒂格尔法案》。鲁宾正担任财政部长。起初，鲁宾还曾为该法案辩护，但突然之间他就改变了立场。他为什么如此轻易就改弦更张呢？其中原因颇值得玩味，大概是因为他意识到卸任财政部长一职后可能会在花旗集团谋得一官半职吧。

2007年11月，花旗集团前董事会主席兼首席执行官查尔斯·普林斯（Charles Prince）辞职，一个月后，鲁宾接任董事会主席。在新的首席执行官上任之后，鲁宾又开始担任花旗集团的高级顾问。

对于花旗集团来说，一切并非顺风顺水，因为它手里握着逾550亿美元的次级贷款。花旗集团是从事次级抵押贷款证券业务最活跃的投资银行之一，它们买入价值数十亿美元的抵押贷款，然后再转手卖给国际投资者。

2009年1月，鲁宾因次级贷款损失饱受责难，并因此辞去了他在花旗集团的职务。但我们无需为鲁宾感到惋惜。他在花旗集团任职期间赚到了将近1.1亿美元，而花旗的股票则从50美元跌到了5美元。股东数十亿美元的财富打了水漂，而他却赚得盆满钵满。

查尔斯·加斯帕里诺（Charles Gasparino）在为《赫芬顿邮报》撰写的一篇文章中称，那些不相信华尔街和政府之间存在苟且勾当，且利用政策和法律互肥的人们，都去看一看罗伯特·鲁宾的职业经历吧。

鲁宾在华尔街的资历可以追溯到高盛公司，他曾在该公司担任联合董事会主席。鲁宾于1966年加入高盛公司，当时他只是一个初级套利交易员，

5年之后，他就成了公司的合伙人。20世纪80年代，鲁宾是该公司风险套利团队的主管。1995年，他离开高盛公司，成了美国第70任财政部长。

媒体戏称他的金融政策为"鲁宾经济学"。不仅如此，鲁宾还曾大力提倡去监管化，特别是要逐步放宽对金融业的监管。

然而现在，鲁宾因为花旗集团的惨败而受到严厉的斥责，可以说是咎由自取。尽管为花旗集团打开通往住房抵押贷款证券市场大门的是桑迪·韦尔，但鲁宾作为花旗集团的首席顾问一直都曾参与其中。

为什么获救的是美林，不是雷曼？

同样，高盛公司的高管们也绝非华府的陌生人。前财政部长亨利·保尔森曾在高盛公司担任过7年的首席执行官。尽管保尔森可能会被当作美国历史上最睿智、最伟大的财政部长而载入史册，但他也会因为曾向华尔街的大牌公司施以大规模救助而为人所铭记。

2006年，布什总统任命保尔森担任财政部长。美国有线电视新闻财经网说，保尔森在白宫的影响力或许与乔舒亚·博尔腾（Josh Bolten）不无关系。博尔腾是白宫的幕僚长，他在1999年加入布什总统竞选团队之前曾在英国伦敦高盛国际公司担任过为期5年的法律与政府事务部门总裁。

保尔森执掌高盛期间，公司发展得相当顺利。从1999年8月保尔森履新到2006年5月卸任，公司股票的价格增长了175%。在他离开高盛担任财政部长的前一年，公司报告的收入为56亿美元。保尔森当年的个人收入为3 800万美元。2005年，他在高盛公司的股权价值已经接近7亿美元。

在信贷危机发生之前，保尔森在财政部长任上的经历可谓波澜不惊。正是由于这次危机，他的名字才变得家喻户晓。2008年7月，保尔森请求国会授权用政府的钱来救助那些在住房抵押贷款证券交易中大幅亏损的公司。

保尔森本人对于住房抵押贷款证券也并不陌生。2006年4月，在他仍担任高盛公司的董事会主席的时候，该公司就以高于国库券的利率向机构投资者出售了价值49 400万美元的住房抵押贷款证券。

起初，高盛公司的住房抵押贷款证券交易做得非常成功，公司的收入有大约75%都来自交易，而非银行业务。但随着信贷危机的爆发，高盛公司不得不向山姆大叔伸出求援之手。而此时的财政部长正是公司的前董事会主席亨利·保尔森，真可以说是天赐良机。

当然，保尔森首先得从国会那里要出钱来。于是他对国会讲，他要利用这笔钱来购买银行资产负债表上的问题资产。但在国会通过立法启动了问题资产救助计划之后仅几天，保尔森就改变了方向，把大部分资金作为资本注入各大银行和金融机构，他这一行动被批评为"挂羊头，卖狗肉"。

保尔森还因为向摩根大通和高盛提供救助款而受到指责。美国银行主管全球信贷策略分析师杰弗里·罗森博格（Jeffrey Rosenberg）写过的一篇文章表明，救助款的最大受益者就是那些大型投资公司。他在这篇文章中特别指出，救助款的救助对象基本上仅限于那些大幅减记所持资产并发生资本减损的投资公司和银行。

对于保尔森的批评还不止于此。雷曼兄弟倒闭时，美国政府见死不救，而贝尔斯登濒于破产时，美国政府却选择施以援手；政府这种区别对待的做法令保尔森饱受非议。保尔森说，雷曼兄弟之所以倒掉是因为找不到买家。这听起来似乎是一个合理的解释，但为什么保尔森选择了挽救贝尔斯登并为它找到了摩根大通这个买主呢？

2008年3月，投资银行贝尔斯登正走在破产的边缘，美联储及时介入，并提供了一笔紧急贷款。仅仅两天之后，在保尔森的祝福声中，政府又为贝尔斯登提供了300亿美元的注资，紧接着贝尔斯登被摩根大通收购。从本质上而言，是保尔森把这两家公司撮合到了一起。

保尔森促成的交易不止这一笔。在美林公司和美国银行合并的交易中，保尔森也起着举足轻重的作用。由此我们提出一个问题：为什么他不能给雷曼兄弟公司也找一个像摩根大通或是美国银行一样的买主？

美林公司和美国银行之间的交易本身就已经让分析人士大跌眼镜。"商业内幕"网站称，这次交易之所以引人注目，是因为美国银行曾经是政府主导的拯救雷曼兄弟公司的行动的主要竞争者。另外一个原因是，当时美林公司的处境并没有像雷曼兄弟公司那样艰难。

秃子头上演双簧剧

华尔街和华盛顿之间的这种合谋带着某种古怪的意味。2008年9月，雷曼兄弟求告无门最终不得不申请破产保护。这是美国历史上最大的一宗破产保护案。与其他身陷困境的投资公司不同的是，雷曼兄弟一分钱救助款也没有拿到。我们不禁要问：为什么雷曼兄弟没有像贝尔斯登一样得到政府的救助呢？

不管怎么说，雷曼兄弟也是华尔街兄弟会的一分子，该公司的首席执行官还是纽约联邦储备银行的董事会成员。雷曼兄弟在华尔街上也曾有过风光无限的日子。早年间，雷曼兄弟曾为美国铁路建设提供融资。该公司还曾为许多老牌美国企业提供过融资服务。

1984年，在花旗集团的缔造者桑迪·韦尔的运作下，美国运通收购了雷曼兄弟公司。1994年，雷曼兄弟脱离了美国运通，又成了一家独立的公司。1994～2007年，雷曼兄弟公司的市值从20亿美元增长到了4 450亿美元。在此期间，公司股票的价格也从5美元涨到了86美元。

对于雷曼兄弟公司的倒掉，政府为什么会选择作壁上观？在"60分"节目一次访谈中，美联储主席本·伯南克被问到了这个问题。伯南克解释，美国国际集团和雷曼兄弟不同，它拥有价值很高的保险业务作为担保，有资格申请联邦紧急贷款。就是因为有"价值很高的担保"，美联储向这家非银行公司提供了850亿美元的贷款。

与雷曼兄弟公司以及华尔街上的许许多多的大牌公司一样，美国国际集团也持有高风险的住房抵押贷款投资。然而，伯南克依然坚称美联储不能冒险贷款给雷曼兄弟公司。尽管雷曼兄弟没有拿到救助款，但它的确拿到了另外一种东只有华盛顿的老油条们才能拿得出手的东西。雷曼兄弟公司隐藏了价值500亿美元的问题资产，而华盛顿对此睁一只眼闭一只眼。

我们知道，作为破产程序的一部分，破产法庭会指派一位审查员对雷曼兄弟破产案的某些情形进行调查。当时，破产法庭指派的审查员是前联邦检察官安东·沃鲁卡斯（Anton R. Valukas），他是白领犯罪的专家，也是芝加哥简博法律事务所的主席。

沃鲁卡斯完成审查之后，提交了一份长达 2 200 页的调查报告，这份报告揭露了雷曼兄弟公司在会计操作方面的一些"特殊做法"。报告对雷曼兄弟进行的"回购105"（Repo 105）交易提出了质疑。2000 年初，针对证券化产品和其他金融资产交易的会计规定，雷曼兄弟公司采取了一种新的会计手法。

《美国财务报告会计准则第 140 号——金融资产转让和服务及负债清偿》（*SFAS 140*）第 9 条规定："在资产转移过程中，如果出让方还收到了除受益权以外的对价，并且出让方放弃了对金融资产的控制权时，该交易可作为出售处理。"

利用会计准则的这一修改，雷曼兄弟决定把回购协议当做"出售"而非"暂时性交易"来处理。雷曼兄弟的理由是，"回购105"的高折扣率足以使其满足 SFAS 140 的要求。

若要让这种会计魔术起作用，就必须找一个律师来帮忙。但由于美国法律不允许律师就此事项发表意见，雷曼兄弟只能求助于伦敦年利达律师事务所（Linklaters）。年利达律师事务所为这次会计欺诈进行了背书。从本质上来说，将回购协议当做"销售"处理让雷曼兄弟有效缩减了资产负债表的规模并降低了杠杆率。

沃鲁卡斯在他的报告中写道，雷曼兄弟不断通过短期回购市场为自己融资，这样就不得不每天都从交易对手那里借成百上千亿美元，才能保证自己不至于关门大吉。雷曼兄弟的这次会计花招与华盛顿有什么牵连呢？在接受众议院监督和政府改革委员会的质询时，雷曼兄弟公司总裁理查德·富尔德（Richard Fuld）说，在 2008 年全年，证交会和美联储对我们的业务和资产负债表进行了定期的核查，有时候甚至是每天都在查。

富尔德还说，证交会和美联储的代表常常到雷曼兄弟公司里来，监督公司的活动。他还对调查委员会说，雷曼兄弟专门成立了一个团队来应付证券交易委员会和美联储的调查人员，陪他们核对公司的财务报表，回答他们提出的任何问题。

在此次作证的过程中，富尔德称，每一个季度，每一个月，监管机构都能看到他们在努力减持商业房地产头寸，改善流动性，降低杠杆率以及提高资金水平。监管机构知道他们的估值是怎么得出来的，包括他们持有的住房抵押贷款证券和商业房地产的估值。

有没有可能是证交会和美联储指派的特别调查团队完全没有注意到雷曼兄弟公司的会计魔术呢？不大可能。盖特纳和他的金融专家团队搞出了一系列的压力测试来判定一家银行的健康状况。这些测试应该会发现有关"回购105"交易的一些问题，但他们却没有找到任何破绽。

《经济骗徒》（*ECONned*）一书的作者伊夫·史密斯（Yves Smith）在她的博客中写道，就算雷曼兄弟公司使了一些会计花招骗过了那些被蒙在鼓里的公众，它却不会试图去欺骗上头那些人。上头的那些人对它玩的什么把戏一清二楚。

《纽约时报》首席记者及专栏作家安德鲁·索尔金（Andrew Sorkin）撰文指出："政府怎么会发现不了这些会计花招呢，这里面肯定有内情。如果雷曼兄弟公司的高管受到民事或刑事指控，他们就可以这样为自己辩护，那么多来自证交会和美联储的官员已经把他们所做的一切审查了一遍了。"

这些聪明的会计操纵把戏向我们展示了如今这些野蛮的银行家在骗术方面已经达到了怎样的水准，虽然他们总是在说自己的意图是好的，是为了保护公众的利益。政府似乎真的就相信了，或至少乐于原谅他们的这些做法。

伯南克和他的心腹盖特纳说，他们已经在竭尽全力地挽救美国经济了。但他们在2008年3月派到雷曼兄弟公司的审计员团队，怎么可能会对此类持续几年的会计"错误"一无所知呢？

据《金融时报》的一篇文章透露，伯南克、盖特纳和其他美联储成员事先曾得到过警告，称雷曼兄弟公司存在会计欺诈行为。这篇文章称，前美林公司的管理人员说他们曾因为竞争的关系，就雷曼兄弟评估流动性头寸的方法存在的问题联络过监管机构。美林的管理人员说，他们受到了来自交易伙伴和投资者的压力，因为他们担心美林公司的流动性状况不及雷曼兄弟公司。

是否我们的政府已经无能到发现不了会计错误的地步了呢？还是说政

府故意对这些做法视而不见，让华尔街为所欲为呢？后面这个问题的答案毫无疑问应该是一声非常响亮的：是。

不仅是雷曼兄弟公司的会计操作问题，关于伯纳德·麦道夫（Bernard Madoff）的庞氏骗局，证交会也曾收到过大量的警告。

独立金融欺诈调查员哈里·马科波洛斯（Harry Markopolos）说他曾几次向证交会提出警告，指出麦道夫犯下投资欺诈的大罪。马科波洛斯说，证交会被它所监管的这一行业束缚住了手脚，不太敢和那些规模和影响力都非常大的公司对簿公堂。

马科波洛斯从2000年开始就向证交会反映麦道夫金融欺诈的情况。他给证交会寄去了内容详尽的备忘录，列出了很多值得注意的事项，还勾勒出了一份路线图，指导证交会如何进行调查。他甚至还列出了华尔街上那些能够确证他的发现的专家的名字和电话号码。

事实上，ProPublica网站曾发表过一篇文章，称麦道夫甚至曾在证交会要求填写的表格中说明了他管理的资金数量以及他公司雇佣的人数。从各种报道来看，证交会并没有费心去核查他所填写的文件，甚至也没有对麦道夫的公司进行过调查。这家公司在2006年9月注册的时候本来是一家投资咨询公司。证交会称他们没有那么多的资源去进行调查，他们的目标是那些运用高风险投资策略的公司。

以那些运用高风险投资策略的公司为目标，基本就等于包括了华尔街上每一家公司，尤其是那些曾被政府救助过的公司。实际上，的确是高风险的信用衍生品和住房抵押贷款证券把华尔街上那些大公司拖下了水，并让全球经济遭受了重创。

里根的金融"中情局"

事实上，把华盛顿和华尔街连接在一起的不仅仅是谁什么时间在哪里任职，这其中也有政府的授意。1988年3月18日，里根总统签署了一个行政命令，要求成立"总统金融市场工作小组"。

就如《救助美国》（*Bailout Nation*）一书中所阐述的那样，总统辖下的工作小组的目标就是在维持投资者信心，并推进美国金融市场的诚信、效率、秩序和竞争力。工作小组的成员包括了财政部长、美联储主席、证交会主席和商品期货交易委员会主席。

该工作小组有权敦促政府采取适当的措施应对金融市场出现的状况。必要的时候，小组成员可以与各交易所、清算所、自律监管机构和市场的主要参与者进行磋商，以确定私营行业解决方案。行政命令的第三部分要求财政部为该工作小组提供行使其职能所需的资金和行政支持。

《救助美国》一书的作者并不认为这个秘密工作小组对市场有任何影响力。但布赖恩·伯塔雷利（Bryan Bottarelli）则持完全相反的观点。2009年7月初，布赖恩发现了工作小组介入市场的迹象。图10.1显示的是工作小组采取行动之前标准普尔500指数的表现。

布赖恩是绘制蜡烛图的专家，他擅长用蜡烛图来分析市场变动的情况。"头肩型"是最古老也是最可靠的一种图形。这种图形通常会在某一趋势已经发生，并且持续一段时间之后才会出现。这种图形的准确度很高，通常可以表明市场正在向某一方向发生重大变化。

从布赖恩的蜡烛图中可以看出，以2009年7月9日的头肩型图形为基础，标准普尔500指数很可能会发生重大变化。头肩顶出现在956点的地方，颈线在875点左右形成，这两者之间存在着81点的差距。将突破颈线的点位（标准普尔500指数，875点）减去头肩顶与颈线之间的差值（81点）就得到了下行目标价格。通过上述情形判断，不出几天，标准普尔500指数就会降到794点，降幅约11%。

当时的背景是这样的：2008年9月29日，在众议院驳回政府的7 000亿美元银行救助方案之后，道琼斯工业指数重跌777.68点，跌幅超过了2001年7月19日的684.81点。标准普尔500指数下跌了8.8%，以跌幅百分比来看，这是标准普尔500指数历史上第七大跌幅，也是自1987年股市大崩溃以来最大的单日跌幅，大崩溃时最大单日跌幅为20.5%。

这一次，市场并没有如预期的那样走低。正因如此，布赖恩才怀疑是因为工作小组的介入才使得市场没有再度崩溃。布赖恩指出，2009年7月

13日，著名分析师梅雷迪斯·惠特尼（Meredith Whitney）将高盛公司的评级调升至"买进"，正是这一举动使得市场出现反弹。

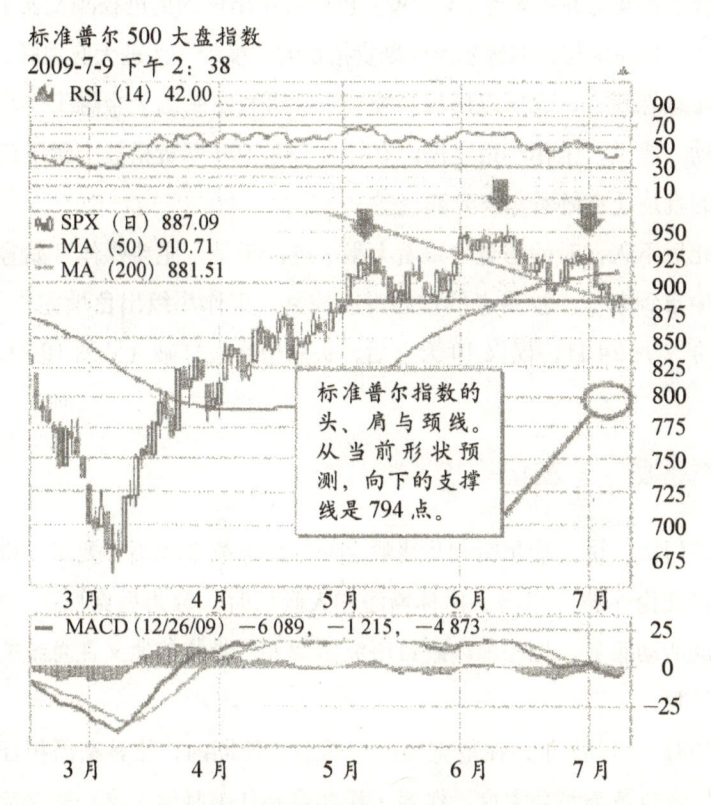

图 10.1　工作小组采取行动之前标准普尔 500 指数的表现

资料来源：伯塔雷利研究所（Bottarelli Research）

对于惠特尼的评论，布赖恩解释道：

> 这次调升评级与美国所有的重大金融计划一样，让人觉得非常非常奇怪。因此，一个分析师这个时候跳出来公开调升公司的评级，而且是在收入报告发布之前一天，这非常令人起疑。在通常状况下，我们绝对不会看到在报告发布前一天调升评级的情况。一般来说，即便调升评级也要在报告发布之后。

223

布赖恩认为，惠特尼此举纯属故意，旨在打破标准普尔 500 指数的头肩型。然而，这还不是全部。他还说，与此同时，阿特·卡欣（Art Cashin）在消费者新闻与商业频道（CNBC）就股市中出现的买进狂潮发表了现场评论，而这些评论与标准普尔 500 期货指数的"境外"买进大有关联。

布赖恩断言，之所以出现"境外"买进肯定是因为金融工作小组在背后推动。他说，工作小组之所以在标准普尔 500 期货指数上砸下巨资的唯一目的就是让市场看起来光鲜一些。

此后不久，对冲基金也跟着大举买进。于是，主要媒体开始宣称华尔街的牛市到来了。投资者的信心得以恢复。工作小组出色地完成了任务。2009 年 7 月 24 日，仅仅 10 天之后，头肩型终被打破（见图 10.2）。

华尔街版"老友记"

不用说，讲述华尔街和华盛顿之间的血缘故事少不了要讲一讲美联储前主席艾伦·格林斯潘。格林斯潘初入政坛时，曾为尼克松在 1968 年总统竞选活动服务，担任国内政策研究协调人。紧接着他又在总统的过渡团队中任职。

1981 ~ 1983 年，在尼克松第一届总统任期内，格林斯潘担任了国家社会保障改革委员会主席。保罗·沃尔克卸任美联储主席一职之后，里根提名格林斯潘作为继任者。1987 年 8 月 11 日，格林斯潘就任美联储主席。

格林斯潘并非从一开始就是中央计划的制定者。在来到华盛顿之前，他曾于 1954 ~ 1987 年担任陶森－格林斯潘公司（Townsend-Greenspan）的总裁，这是他与威廉·陶森（William Townsend）共同创办的一家经济顾问公司。美国钢铁和 JP 摩根公司都曾是这家公司的客户。

但根据《纽约时报》上一篇文章的说法，该公司和它的一些客户之间存在着潜在的利益冲突。其中之一正是 JP 摩根公司。

在获任美联储主席之前，格林斯潘向白宫和国会提交了一份文件，该文件表明，他曾在摩根保证信托公司（Morgan Guaranty Trust Company）担任过 10 年的决策委员会成员。

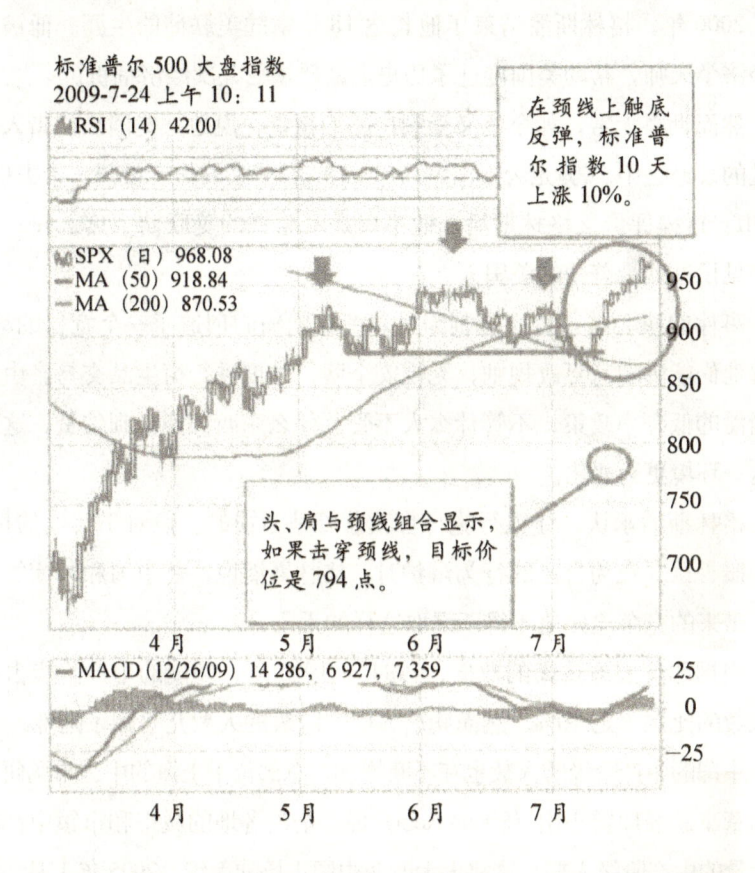

图 10.2　工作小组突破头肩线之后标准普尔 500 指数的表现

资料来源：伯塔雷利研究所（Bottarelli Research）

格林斯潘拒绝对这份文件进行讨论。当然，为了保证提名获得通过，格林斯潘称他将回避涉及 JP 摩根公司的讨论，以避免利益冲突。格林斯潘在商界的朋友可不仅仅只有他在 JP 摩根公司认识的那些人。由于自己曾经营着一家经济顾问公司，这使得他能够很方便地与华尔街上的大鳄之间建立起联系。举例来说，在他创办经济顾问公司之初就曾与花旗集团的创始人桑迪·韦尔过从甚密。也正是在桑迪·韦尔的推动下，《格拉斯－斯蒂格尔法案》最终被废止。而格林斯潘在担任美联储主席期间，曾不断对该法案进行剪伐，并不断赋予大型投资银行例外和豁免的权利。

2006年,格林斯潘结束了他长达18年掌舵美联储的生涯。他被认为是经济学大师,帮助美国度过了历史上最严重的几次经济危机。

然而世事无常,如今他又受到广泛的指责,说他把美国经济带入了最严重的衰退之中。《美元大崩溃》(Crash Proof)一书的作者彼得·希夫(Peter Schiff)这样评价艾格林斯潘,他不仅是最糟糕的美联储主席,同时也是我们见识过的最差劲的美国人。

事件的核心是:放松管制为华尔街的肥猫们创造了一个宽松的环境,使得他们能够随意更改规则,无视安全网,过度进行衍生品交易。由于格林斯潘的低利率政策,不管什么人不管买什么东西都能拿到信贷,这就使得这一环境更为恶化。

格林斯潘承认,让银行施行自我监管是错误的。但对于其他的指责,他一概否认。在为自己的行为辩护时,格林斯潘说,是中国和印度等新兴国家带来的竞争迫使他不得不采取这样的手段。

根据印度官方披露的数据,1984~1985年,印度的中产阶级占全国总人数的比例不足10%。然而此后,中产阶级的人数几乎翻了两番。

中国的中产阶级的人数也在不断增加。总部位于上海的中国市场研究集团的董事总经理雷小山(Shaun Rein)说,全国各地的城市和市镇中都出现了大量的中产阶级人群,这将大大改变中国市场的面貌。2005年1月,中国的中产阶级的人数为6 550万,而到2007年1月,就已经增长到了8 000万。2020年,中国的中产阶级人数预计将达到7亿。

格林斯潘辩称,压低利率也是不得已而为之,目的是为了防止激烈的竞争压力抬高美国的通货膨胀水平。1989年6月~1992年9月,美国连续23次降息,将联邦基金利率[①]也从9.75%降到了3%。最后一轮降息周期从2001年1月3日开始,在2003年6月结束。这一次联邦基金利率从6%降到了1%。格林斯潘称,降低利率并没有造成房地产市场泡沫。但实际上,联邦基金利率影响着国民经济的很多领域。

我们知道,每天都有很多人往银行存款,也有很多人从银行取款,这

[①] 指美国同业拆借市场的利率,主要指隔夜拆借利率。

样就会导致某些银行持有的现金数量超出实际需要，而另外一些银行持有的现金数量则不敷使用。于是，现金富裕的银行就会向现金不足的提供短期贷款，这种贷款期限很短，通常只是隔夜。这种隔夜贷款就以联邦基金利率为目标利率。银行借来的款越便宜，那它贷出去的款也就越便宜。

如果美联储提供联邦基金利率，银行会提高互相之间隔夜贷款的利率。如果你在某家银行申请了住房抵押贷款，该银行收取的利率也会更高，因为银行自己借款的利率也提高了。当格林斯潘把联邦基金利率降到1%的时候，也就意味着住房抵押贷款的利率比以前更低了。尽管格林斯潘假装自己并没有引发房地产市场繁荣，但我们都知道这是一个谎言。他作出的货币政策决策（降息）给房地产市场带来了巨大的影响。

人们之所以指责格林斯潘还有一个更重要的原因。1994年，国会颁布了《住房所有权及权益保护法案》(Home Ownership and Equity Protection Act)，赋予了美联储对住房抵押贷款进行监督的权力。

这项法案本来能够在联邦层面对住房抵押贷款的提供机构、承销机构、经纪机构、在二级市场买卖住房抵押贷款的第三方以及估价机构施加一些限制。同时，该法案还规定，如果放贷机构没有遵循新规，将因此承担相应的责任。

但是格林斯潘认为银行能够自己监管自己，也就没有给银行业设定需要遵循的规则和条例。格林斯潘本来是有机会的，但一切都被他自己搞砸了。

格林斯潘看着乱成一团的市场，不得不承认自己并不理解这个经济体中发生的所有这些转变。在博客中，格林斯潘这样写道：

> 在美联储，起初我把主要精力集中在货币政策上，主要关注利率和其他影响利率水平的因素。但随着时间的推移，我逐渐明白，若要有效地推行政策，就必须对一系列其他因素有所了解……我每天在会场之间奔波，完全没有时间坐下来对这些进行通盘的考虑。

格林斯潘竟然连把自己的工作做好的时间都没有，这对广大的美国公众来讲真是一个坏消息。

2006年1月31日,艾伦·格林斯潘卸任,结束了他在美联储长达18年的统治。但是由他开创的低利率的传统将通过他的得意门生本·伯南克一直持续下去。通过图10.3我们可以看到,除1982年外,联邦基金利率一直在低水平徘徊。

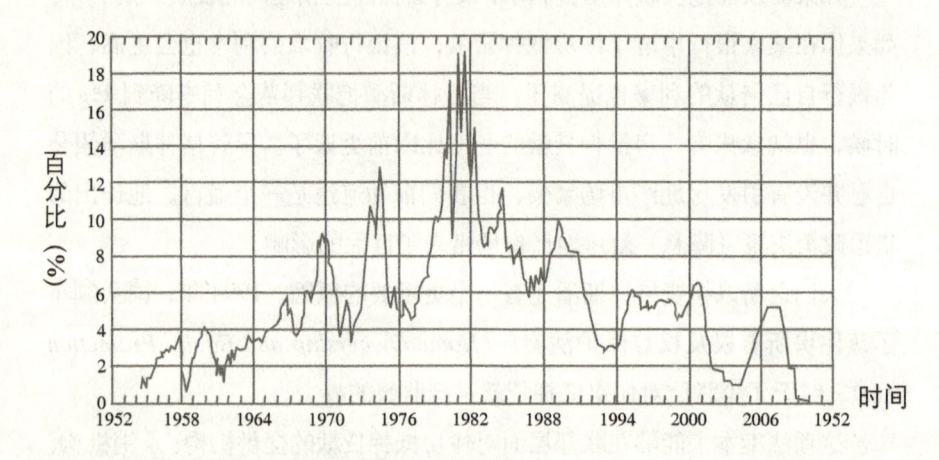

图10.3 联邦基金利率的波动情况(1954年7月~2009年12月)

资料来源:www.answers.com

"大而不能倒"的银行与"低得不能低"的利率

2009年,伯南克被《时代》杂志评选为年度人物。关于这一提名,《时代》杂志写道:"56岁的伯南克是美联储的主席。美联储正式塑造了美国以及全球经济的最重要的,同时也是最少为人所理解的力量。"

《时代》杂志这段话说得再准确不过了:美联储是最少为人所理解的塑造美国经济的力量。而伯南克正是这艘船的掌舵者。1975年,伯南克以最优等成绩获得哈佛大学经济学士学位,之后进入麻省理工学院,并于1979年获经济学博士学位。在进入美联储之前,伯南克曾在几所大学教授经济学,其中包括普林斯顿大学和斯坦福大学。

在2006年和2010年两次被任命为美联储主席之前,伯南克曾于2002年至2005年间担任美联储委员。在利率问题上,他与格林斯潘拥有着同样的信念。2003年,当伯南克还是美联储委员的时候,美联储将短期利率降到了1%。结果引发了廉价资金借贷狂潮,并导致次级住房抵押贷款业务的过度增长。

美联储对低利率政策青睐有加,伯南克也是低利率政策的拥护者。《华盛顿邮报》称伯南克甚至公开表示,如果把利率降到零意味着美联储会找到新的刺激经济增长的工具的话,他不介意这样做。

降低联邦基金利率将引发房地产市场泡沫,但不论是对伯南克来说还是对格林斯潘来说,这并不重要。正如格林斯潘否认低利率引发了美国历史上最大规模的房地产市场繁荣一样,伯南克也否认美联储的政策会对此有任何影响。在美国经济学会的年会上的一次演讲中,伯南克辩称,房地产市场的泡沫在美联储压低利率之前就已经出现了。

令人丧气的事实是:格林斯潘和伯南克这两位经济大师都说房地产市场的泡沫和住房抵押贷款证券的泛滥都不是低利率政策带来的结果。他们都说,2007年间出现的那些问题是无法预见的。

在演讲中,伯南克告诉公众,美国经济已经走出了困境。然而美国的金融体系并没有发生重大改变,与住房抵押贷款证券相关的系统性风险依然存在。这些证券的泛滥最初只局限在华尔街范围内,如今在任何一个你能叫得出来名字的养老金项目中都能找到它们的身影,这种情形没有丝毫得到遏制。

那些被人们认为"规模太大不能倒掉"的银行(比如高盛和摩根大通)如今能够以低得离谱的利率拿到政府资金。在美联储的帮助下,摩根大通不仅收购了贝尔斯登,而且还购入了价值300亿美元的有毒资产,这种东西它自己以前根本都不会碰。出手挽救了房地美和房利美之后,美联储手中持有的住房抵押贷款证券的数量已经达到了345亿美元,而这些证券并没有任何担保。

如今,政府已经陷入了与它先前救助的银行一样的境地,不得不想办法处理手里已经贬值的大量的包括贷款和房产在内的投资组合。对伯南克来说,这是最艰难的挑战;而对美国公众来说,这是最可怕的梦魇。

历史上的野蛮人

上帝之鞭阿提拉

阿提拉（Attila）！黑暗时代最臭名昭著的野蛮人，一个令西方世界闻风丧胆的名字。罗马的一位历史学家称他为"生来就要让世人惊惧、令天下震恐的魔王"，罗马大学者圣·哲罗姆（Saint Jerome）则把匈奴人称为"来自北方的恶狼"。

阿提拉的敌人称他为"上帝之鞭"。

甚至有谣言称，阿提拉在一次打猎的过程中杀死了自己的哥哥，并把谋杀伪装成意外事件。匈奴王残暴的攻击和不断的侵扰动摇了罗马帝国的根基，并让伟大的都城君士坦丁堡两次臣服于他的膝下。

而每一次，阿提拉都满载而归，因为罗马人为了赎买和平，不得不支付无数的金币，进贡大量的黄金。阿提拉穷兵黩武，残暴不仁。他曾大言不惭地声称，罗马地虽广袤，但试问哪一个要塞能够幸存，哪一座城池能够安然无恙？只要我们愿意，随时可以把它夷为平地。

当阿提拉率领着他的匈奴大军朝君士坦丁堡挺进的时候，历史学家加利尼科（Callinicus）这样写道：

> 匈奴人攻入色雷斯，其势甚大，连下百余城，君士坦丁堡岌岌可危，城里的人纷纷逃离……谋杀和流血事件层出不穷，死者枕藉，不可胜数。野蛮人占领了教堂和修道院，无数僧侣和修女死在他们的屠刀之下。

对阿提拉称赞有加的历史学家则会告诉你，阿提拉虽然掠夺了大量财宝，但却从未对这些财宝动心。罗马历史学家弗里格里德斯（Frigeridus）称阿提拉"热爱和平，毫无贪婪之心，不为欲望所动摇"。

然而这种说法似乎不大经得起推敲。在阿提拉的统治下，东罗马帝国的岁贡于公元 435 年翻了一番，之后在 443 年又增加了 3 倍。

阿提拉尤其擅长以铁腕控制谈判。在摧毁被征服者的心智方面，他是当之无愧的大师。与阿提拉谈判，最好的办法就是满足他的赎金要求，否则他会让你陷入更大的灾难和绝望之中。举例来说，东罗马帝国本来每年向匈奴进贡 350 磅（约合 114.5 千克）黄金，但在公元 435 年，阿提拉和他的哥哥带兵进入罗马领地，要求增加岁贡，并声称如果得不到满足，他们将占领更多的土地。

兄弟二人来到马古斯（Margus）城外，为了让自己矮小的身材显得高大一些，阿提拉兄弟坚持要坐在马背上同罗马人谈判。迫于武力威胁，罗马人不得不签订了不平等条约：每年进贡黄金 700 磅，并为每一个被俘的罗马人支付 8 个索里第[①]的赎金。同时，匈奴人还攫取了在多瑙河沿岸进行贸易的权力。

二次强掠东罗马

《罗马帝国衰亡史》（The Decline and Fall of the Roman Empire）的作者爱德华·吉本（Edward Gibbons）曾写道，匈奴王在协商过程中，不仅要得到可供炫耀的荣誉，同时还要得到非常实际的利益。在他们指定的和平条件里，任何一条都在侮辱帝国的尊严。

然而东罗马帝国并没有信守自己的诺言，他们公然违背了自己亲手签订的条约。东罗马帝国的胆大妄为还不止于此。公元 440 年，就在阿提拉威胁入侵的当口，有传言称马古斯城的主教出城劫掠了匈奴王族的坟墓，并把大批的财宝带回城内。阿提拉以此为借口横渡多瑙河，袭击了对岸的一个商人市场，将君士坦提娅的一个要塞夷为平地，并强烈要求罗马交出亵渎了匈奴王族坟墓的主教。

罗马既没有交出这位主教，也没有归还从坟墓中劫掠的财宝。如果此事属实，吉本断言此事纯属子虚乌有，匈奴不过是籍此挑起

---

① Solidi，古罗马拜占庭帝国发行的金币，72 个索里第等于 1 英磅。

争端罢了，那么东罗马帝国的这个决定简直是糟得不能再糟了。匈奴举兵进犯，阿提拉的大军一举将罗马人赶出了巴尔干半岛。

《沙隆会战：阿提拉与弗拉维乌斯·埃提乌斯之战》(Battle of Châlons: Attila the Hun Versus Flavius Aëtius) 一书的作者理查德·戈登 (Richard Gordon) 在《军事史》(Military History) 杂志上发表的一篇文章中写道，阿提拉的大军洗劫了贝尔格莱德，无数城市惨遭涂炭……三战连捷，击溃了罗马军队，兵锋直指君士坦丁堡。

在匈奴大军疯狂的报复之下，东罗马帝国的防御形同虚设。横渡多瑙河之后，几千匈奴士兵如入无人之境，轻骑突进800公里，将罗马人赶到了君士坦丁堡。

此时，匈奴王已经抓获了上万个俘虏，以每个俘虏8个索里第计算，这可是一大笔钱。色雷斯和马其顿被掠夺一空，全部财宝都进了匈奴人的口袋。东罗马皇帝提奥多西 (Theodosius) 不得已停战求和。

然而经历了此次大败之后，罗马人仍然没有遵守和平条约。双方在战俘处置的问题上发生了争议。罗马不愿赎回所有被俘的罗马人，也不愿归还从阿提拉军中逃亡过来的匈奴臣民。

阿提拉绝非心慈手软之辈，不达目的誓不罢休。公元442年，他又一次发动进攻，摧毁了罗马军事重镇拉蒂亚里亚 (Ratiaria)，并围住纳伊苏斯 (Naissus) 城，将攻城槌、攻城塔在城下一字排开，并发起了猛烈攻击。

普里斯库斯 (Priscus) 是与阿提拉同一时代的历史学家，生长于潘尼乌姆 (Panium)，是《希腊史残卷》(Fragmenta Historicorum Graecorum) 一书的作者，他曾这样描述这场围城之战，随后敌人开始架设云梯。城墙有几处已被攻城槌攻破，面对大量的攻城器械，城垛上的士兵毫无还手之力。最终，纳伊苏斯城陷落，东罗马帝国君臣俯首听命，答应了阿提拉的所有条件。

阿提拉的摇钱树

和平成了阿提拉的摇钱树。罗马每年要向他进贡 2 100 磅黄金，同时还要支付 6 000 磅的罚金；罗马战俘的价格也从 8 个索里第上升到了 12 个索里第。此次君士坦丁堡遇袭，罗马不仅在经济上遭受了重大损失（约合 10 760 万美元），还丢掉了色雷斯的大片土地。

对于已经举步维艰的帝国来说，如此大规模的洗劫无疑是致命的。经过迦太基之战（对非洲人）、高卢之战（对西哥特人）和君士坦丁堡之战（对匈奴人）的罗马帝国很快就陷入了无钱可用的境地，而每年向匈奴进贡的黄金如今又翻了两倍，罗马帝国不得不征收战争税。

普里斯库斯写道，在籍的元老们要按照级别上缴黄金，用以支付战争税。对很多人来说，财宝给他们带来了厄运。严刑拷打之下，他们不得不向那些皇帝委派的税吏交纳指定数量的黄金。

罗马的元老们甚至拍卖掉了妻子的首饰和庭院中昂贵的饰物，包括沉重的银质餐桌和黄金花瓶。帝国尊严荡然无存。黄金到手之后，匈奴人离开了君士坦丁堡，志得意满地向西挺进富得流油的巴尔干半岛。他们故技重施，先是袭击、洗掠，然后要求进贡。阿提拉和他的匈奴大军相信，从对方榨取贡金是表达自己优势的最佳途径。

据估计，从公元 443～450 年间，罗马总共向阿提拉支付了 22 000 磅黄金，相当于今天的 3.87 亿美元，也就是每年支付 5 530 万美元，即每天支付 15.15 万美元。匈奴人真称得上大赚一笔了。残暴的军事打击加上强硬的谈判策略，野蛮的匈奴人差点让老弱的东罗马帝国破产。

然而，除开他对被占领的城市采取的残忍而恐怖的毁坏行动之外，最野蛮的行径还得算是阿提拉将一次又一次地抢掠所得到的战利品，让他亲手选拔的几个首领和将军瓜分，匈奴人凭借野蛮获得的利益，其他人无权染指。

这些首领们喜欢把财富穿戴在身上。吉本写道，蛮族武士身上穿着修饰美丽的服装，匈奴人很骄傲地展示这些财富，这是他们获得胜利的成果和证据。各式各样的马具、刀剑，甚至连鞋子都装饰着黄金和贵重的宝石。他们的餐桌上摆满了各种餐具和高脚杯，金银制作的瓶器和酒具，很多是希腊工匠或艺术家所制造的精品。

不仅如此，当匈奴人在高卢定居下来开始以贸易和劳作为基础建立起一个多样化的经济体制之后，阿提拉开始从自己的子民身上勒索食物和贡品。税收和贡品……听起来很熟悉是不是？今天的野蛮人亦是如此。甚至他们手里还提着利剑。

前高盛公司首席执行官、美国政府第74任财政部长亨利·保尔森就是一例。他是《时代》杂志评出的2008年年度人物，而理由便是他不假思索地向金融系统注入了7 000亿美元的流动性。

那么保尔森和美国政府得到了什么回报呢？2009年金融机构收益披露之后我们发现，他们得到公司的股票和巨额的救助贷款利息。花旗集团提前偿还了从不良资产救助计划中获得的救助贷款，因此需要从税前收入中支付80亿美元，这直接导致该公司在该年度最后一个季度亏损71.4亿美元。

本书后面的章节中我们还会谈到"野蛮人"保尔森，不过由于受到这种野蛮战术的逼迫，企业所有者们不得不把企业切割成块，以便向政府进贡。这跟阿提拉用剑指着君士坦丁堡王公大臣们的咽喉逼他们岁岁进贡的做法没什么两样，不是吗？

一枚双侧正面的硬币

当今的野蛮人会利用朋友和合伙人结成一个小圈子，并在小圈子内部共享战术和财富。与此类似，阿提拉认为与一位颇具实力的罗马战士结交能够帮助他拓展帝国疆域。

他与埃提乌斯（Aëtius）结成了伙伴。而埃提乌斯既是哥特人和匈奴人的政治人质。政治人质是双方用以确保相互遵守共同约定的一种手段。人质的生命时刻都处在危险之中。任何一方走错一步，人质都可能一命呜呼。

埃提乌斯是一位罗马战士与一个富有的罗马女人的儿子，在阿拉里克一世为首的哥特人中做了3年的人质。然后他被送到了匈奴人那里，由匈奴王卢阿（Rua）照管。这位卢阿正是阿提拉的叔父。据说埃提乌斯不仅从匈奴人那里学到了残忍无情，还与阿提拉建立了伟大的友谊和信任。

埃提乌斯甚至把自己的儿子卡皮利奥（Carpilio）送到阿提拉的营地接受教育。公元433年，埃提乌斯在罗马与博尼法休斯（Bonifacius）发生激烈内斗后，向匈奴人请求庇护。尽管博尼法休斯赢得了这场内斗，但因其他原因被杀了，这样一来，埃提乌斯成了帝国里最有权势的罗马将军。罗马人认为这一现实对国家的统治不利，于是在博尼法休斯死后，埃提乌斯开始了短暂的流亡生涯。

匈奴人对他则大加欢迎，因为他们仍记得埃提乌斯作为人质时和他们共同度过的那些日子，阿提拉仍记得他把儿子送到自己营地来学习这一举动中传达出的信任。

凭借着6万名匈奴兵的支持，埃提乌斯从流亡中返回罗马，迫使摄政公主普拉奇迪亚（Placidia）赦免了自己的罪过，并且恢复了自己的原职。普拉奇迪亚是西罗马帝国皇帝霍诺留（Honorius）同父异母的姐姐。霍诺留于公元423年去世。由于霍诺留没有继承人，于是一群人围绕着王位继承权展开了一系列的争夺。

埃提乌斯与匈奴人彼此交好，匈奴出动6万名士兵以示支持，但这并不是二者团结一致的唯一例证。公元437年，这位罗马将军甚至帮助匈奴人在高卢打败了勃艮第人。匈奴人的手沾满了2万多人的鲜血，而埃提乌斯在罗马也备受推崇。公元449年，埃提乌斯与匈奴人签订协议，允许一部分匈奴人在潘诺尼亚定居。

我们可以把阿提拉与埃提乌斯之间的关系跟"匈奴人"亨利·保尔森与中国之间的关系作一番有意思的比较。保尔森在担任高盛公司首席执行官期间，曾到中国访问过70余次，二者之间关系极为密切。在他担任财政部长期间，有些人甚至怀疑这是否构成利益冲突。

保尔森是推进中美关系的急先锋,并且主导了中美战略与经济对话。在上海期货交易所,他向世人宣称,一个开放、具有竞争性和自由化的金融市场能有效地配置稀少的资源,促进稳定与繁荣,比起政府干预的方式更为优越。

这就好比是一枚双侧正面的硬币,与"正面,我赢;背面,你输"的情景何其相似。也就是说,这一切都无需干预。而阿提拉和保尔森最终麻烦缠身,原因也就在此。这是阿提拉做匈奴王时最大的一个失策,这直接导致了他那令人恐怖的野蛮人大军灰飞烟灭,只留下了匈牙利人传奇般的历史。

用财宝箱搭建起城墙

匈奴人与西罗马帝国开战,并不仅仅是为了阿提拉的荣耀,罗马的财富对他们来说也是极大的诱惑。发生在法兰克王国的王位继承战争使得罗马与阿提拉之间的裂痕进一步扩大。法兰克国王克洛迪翁(Clodion)死后,在他统治下的20年的和平时期也随之结束。他的两个儿子为了攫取王国的权力兵戎相见。出于命运的安排,小儿子墨洛维斯(Meroveus)从埃提乌斯和罗马那里寻求帮助,而大儿子则向阿提拉求援。

这次联盟对匈奴王而言十分关键,因为这样一来,匈奴人不仅有了一条安全渡过莱茵河的通道,而且还能够堂而皇之地入侵高卢。

阿提拉发起战争动员,数万甚至数十万的部落积极响应,迫不及待地期待着向老旧帝国发起进攻,他们认为击溃罗马易如反掌,更何况还有大量的财宝在等着他们。他们攻克了莱茵河畔的科隆(Cologne)、美因茨(Mainz)和沃尔姆斯(Worms)。理查德·戈登在为《军事史》杂志撰写的文章中写道:

> 匈奴军队越过今天的比利时,成3路纵队向前挺进。军队行进到哪里,恐惧和毁灭就跟随到哪里。城池一座接着一座遭到毁坏,梅斯(Metz)、康布雷(Cambrai)、斯特拉斯堡(Strasbourg)、兰

斯（Rheims）、亚眠（Amiens）、沃尔姆斯接连遭难。而巴黎因为城池太小，匈奴人认为不值一围，因而得以幸免。

这次军事行动不愧是妙至毫巅的杰作，劫掠而来的大量财宝几乎让阿提拉和他的匈奴大军不堪重负。然而就在此时，形势开始对这位蛮族国王变的不利。

入侵初期，匈奴人势如破竹，所到之处就如吉本所描述的那样"不加分辨，一律屠杀"。埃提乌斯恳求西哥特王提奥多里克（Theodoric）出兵与他共同抗击阿提拉。提奥多里克起初拒绝了，但等到上帝之鞭挥军攻至距离西哥特与法兰西西部接壤国土仅160公里的奥尔良（Orléans）之时，他才接受了埃提乌斯结盟的请求。

提奥多里克认为，当下最好忘记自己的人民与罗马之间过去的龃龉，以求自保。因为一旦抵挡不住阿提拉的大军，西哥特也必将惨遭杀戮。匈奴大军向奥尔良挺进时，埃提乌斯与提奥多里克也正在火速赶往这座城池的路上。奥尔良城的守卫者是阿兰人国王桑吉班（Sangiban），而埃提乌斯对此人的忠诚并不放心。罗马人让阿兰人驻守在奥尔良，而阿兰人的故乡则远在里海和黑海之间，当时正处于阿提拉的统治之下。

埃提乌斯的忧虑是正确的。他和西哥特人赶到奥尔良城的时候，桑吉班王正打算敞开城门迎接阿提拉和他的匈奴大军。经过一阵猛攻之后，埃提乌斯与提奥多里克冲散了匈奴人的军队，匈奴人随后小心翼翼地撤到了沙隆（Châlons），这是位于巴黎正东方向的一片开阔地域。当时，阿提拉本可以放弃这一阵地，带着他缴获的巨量财宝撤军，夹着尾巴迅速渡过莱茵河。阿提拉没有这样做。他的命运就此注定。

失利不等于失败

双方在平原上摆开阵势，准备决斗。阿提拉大军驻扎之地的左翼有一个小山，这是匈奴人一方唯一的一个优势。而在罗马与盟友们一边，左翼是埃提乌斯亲自指挥的罗马步兵和法兰克人，右翼则是提奥多里克率领的西哥特人，中间是桑吉班指挥的阿兰人，这种安排方便对阿兰人进行监视。

在阿提拉一边，中军是最精锐的令人闻风丧胆的匈奴人，右翼是戈比德人（Gepids），左翼是东哥特人，面朝小山列阵。这次会战的第一次战役就是以这个小山为目标。提奥多里克的儿子托里斯蒙德（Thorismund）避开了东哥特人和匈奴人，首先率一支重装骑兵从右侧迂回到匈奴军侧后方，占领了小山。尽管如此，这一仗双方死伤依然惨重。

接下来，阿提拉向埃提乌斯和提奥多里克的军队展开了声势浩大的进攻，他们冲向位于联军中部的阿兰人，并随后转攻西哥特人，切断了提奥多里克与埃提乌斯之间的联系。托里斯蒙德凭借小山的优势，冲向阿提拉军左翼的东哥特人，此时东哥特人已经部分地包围了提奥多里克的军队。托里斯蒙德的冲锋打乱了东哥特人的阵型，东哥特人开始迂回撤退，而匈奴人则侥幸逃回了车城，才算进入了安全地带。匈奴军的营地是一个庞大的车城，即由许多辆大车围成一个巨大的圆圈，弓弩手及步骑兵部署在车城内外，形成一个易守难攻的防御体系。

从这一刻起，战斗变成了一场大混战。有关接下来战斗的记载，史书记载多有矛盾之处。有的说阿提拉成功地把提奥多里克的军队与罗马人的军队断开，西哥特王战死沙场，而据说是东哥特贵族的安达吉斯（Andages）用矛刺死了提奥多里克，并用自己的马在他的尸身上反复践踏。

也有的记载说，提奥多里克和托里斯蒙德阻住了阿提拉的进攻，迫使他在夜幕降临的时候撤回到车城营地。西哥特王意外地从马上摔了下来，而直到当天晚上人们才发现到他已经死了。

尽管阿提拉被迫退回到了车城之中，他仍然不肯就此放弃。就连东哥特的历史学家都把阿提拉比喻成了"一头在巢穴中负隅顽抗的狮子"。托里斯蒙德为报父仇，几次发起进攻，但都被对方的箭雨挡了回来。后来，经埃提乌斯劝说，托里斯蒙德退出了战斗，率军回国。当知道阿提拉绝不会轻易放弃之后，埃提乌斯也率军退去，让阿提拉有机会从容撤退。埃提乌斯并没有冒险追击，而是让阿提拉撤回到了匈奴国境之内。

这样一来，埃提乌斯，这位匈奴将军，就把所有的战利品都收入囊中，并且连哥特人战胜的荣誉也被他夺取过来，加诸已身。埃提乌斯知道，只要阿提拉这个威胁仍然存在，西哥特人就不足为患。整个沙隆会战完全就是一次大屠杀。吉本写道：

被杀人数总计 16 200 人，根据另一份资料是 30 万人。难以置信的数字虽有夸大之嫌，至少可以表明真实的损失，也足够让一个历史学家振振有词地指责，疯狂的君王仅仅在一个小时内，就消灭整整一个世代的人类。

数字对阿提拉这种野蛮人来说并不重要。对他而言，真正重要的是金币和财宝的数字，或是他营帐内姬妾的数字。然而在匈奴文化中，谨慎敌不过残暴，这样就是为什么仅仅在沙隆会战一年之后，阿提拉再次入侵罗马。而这次，西哥特的野蛮人并没有前来帮助埃提乌斯。

罗马手中唯一的一张牌就是求和。很快，罗马就向阿提拉派出了使节团，而当时的主教、未来的教皇利奥一世（Leo I）就在使节团当中。他用大量黄金成功地贿赂了阿提拉，并答应把霍诺里娅（Honoria）公主送给他做新娘，好让他心满意足地离开。

累垮在婚床上

公元 453 年初，阿提拉把一位年轻的新娘伊尔狄科摁倒在自己的婚床上。但由于鼻腔大出血，他在自己的鲜血中窒息而亡，年仅 49 岁。普里斯库斯这样写道：

婚礼上过度的欢愉令他筋疲力尽，由于饮酒过度，加上困倦不堪，他仰面躺下睡着了。本来如果鼻腔出血的话，血应该从鼻腔中流出来，但由于这种睡姿令血液倒流，致使他窒息而亡。就这样，酗酒令这个在战场上令对手闻风丧胆的头领可耻地死去了。

历史上如此臭名昭著的野蛮人的残暴人生就此戛然落幕。当然，有关他的死亡一直存在着争议：他是不是被毒死的？是不是新娘刺杀了他？

在阿提拉死亡整整80个年头之后，罗马编年史家马塞里努斯伯爵（Marcellinus）这样写道："阿提拉，匈奴人的国王，欧洲君主们的劫掠者，被他的妻子手执利刃刺杀了。"迈克尔·巴布科克（Michael Babcock）在他2005年出版的《阿提拉死亡之夜：解开匈奴王阿提拉被杀之谜》（*The Night Attila Died: Solving the Murder of Attila the Hun*）一书中断言，东罗马皇帝马西安（Marcian）在幕后策划了阿提拉之死。

阿提拉死后，他的几个儿子为了争夺父亲累积下来的财宝而争执不休，匈奴政权因而陷入分裂混战之中。不到一年，凶猛的匈奴人便溃散在潘诺尼亚平原各处，再也无力骚扰罗马了。

不管是由于自然原因、过度纵欲、年轻新娘的恐惧还是政治原因，阿提拉之死表明这个野蛮人攫取的财富和权力都不过是过眼云烟而已。他那种"先砸后抢"的战术只能获得暂时的利益，由于没有真正的繁荣为后盾，这些利益很快就消逝无踪了。确定无疑的是，在阿提拉率领下的野蛮人大军铁蹄到处，繁荣盛况全变成废墟。

今天，那些掠夺财富的野蛮人从阿提拉那里学到了不少的教训。我们不是看见了吗，"匈奴人"亨利·保尔森砸开橱窗抢夺了7 000亿美元，号称去救助濒临倒闭的金融系统？我们不是看见了吗，民族主义者乌戈·查韦斯（Hugo Chavez）总统向跨国公司施压，要求他们放弃在委内瑞拉海边利润丰厚的油田？

我们看到，美国国际集团（AIG）在身边的金融巨头轰然崩塌之后，仍然带着它的员工出去度假，大肆挥霍。我们看到，那些如阿提拉一般的投资银行家在大量聚敛纳税人救助资金的同时，还给他们的首席执行官发放高达几百万美元的奖金。

不错，阿提拉之后，野蛮主义变得与以往不同了，而世界很快就会见识到另一种类的野蛮人，他们巧舌如簧，以正义的事业自命，身后甚至有庞大帝国的支持。比如查理曼（Charlemagne）——人称"欧洲之父"的查理大帝（Charles the Great）。

POLITICAL BARBARIANS

第三部分
活跃在政界的野蛮人

他是西伯利亚雪原的狼王,拥有绝对权力,曲线统治大国14年。他站在权力巅峰,为何仍旧难以摆脱财富的"吸引力法则"?于是,他强捕首富,私吞尤科斯石油公司……

早在美国修建铁路运动中,格兰特如何上演财富大挪移?铁路运营正式进行公司制时代,在高铁快速扩张的过程中,投资者能否分得一杯羹?

第 11 章
半人半神的政界大佬

> 由政治生成的金融体系不可避免地充斥着欺诈和过剩的情形,而作壁上观的抵制银行的方式既能让自由市场催生经济繁荣,也能让自由市场毁灭整个经济。

　　1775 年 5 月 10 日,第二届大陆会议在宾夕法尼亚州的费城召开,13 个殖民地中有 12 个派代表出席了会议。代表人数总共有 56 人,其中包括了约翰·汉考克和乔治·华盛顿等大名鼎鼎的人物。这次会议将要讨论的是向英国宣战等议题,而出席这次会议的成员将成为日后美利坚合众国政府的中坚力量。这真是一个令人振奋的故事,不禁让人心潮澎湃,自豪之情油然而生……

　　正如 13 年后颁布的宪法所宣称的那样,独立政府的国会可不是随便谁都能够加入的。这是一个组织严密的精英团体,能否入选其中并不看你的品德,而是要看你的出身,同时这也是一个精英主义者的团体。

　　《费城决议:1787 年制宪会议》(Decision in Philadelphia: The Constitutional Convention of 1787) 的两位作者克里斯托弗·科利尔 (Christopher Collier) 和詹姆斯·林肯·科利尔 (James Lincoln Collier) 这样写道:

> 这里也为聪明的年轻人留出了一席之地,因此担任公职的人中总是有那么几个出身卑微的人。在大多数情况下,那些控制着这个

国家的人是凭着出身得到他们的权力与地位的。他们还会去上大学，以便让自己为日后担当这些角色做好准备。

参加此次大陆会议的代表大多是新教徒、地主和富商，大多数人都曾担任过公职，还有些人是律师和政治家。他们是有产阶级。我是否还要补充一句，他们都是男性。科利尔兄弟说，他们中只有两个人是农民，尽管农民的数量占全国白人总数的85%。

这些人全都是把追逐权力当作游戏的人。国会议员领导了这场战争，发表了《独立宣言》，确立了《邦联条例》（*Articles of Confederation*），这也是日后宪法的雏形。他们这样做，首先是为了自己的利益。下面我来解释。

国会权力的演进是一种必然。他们原本没有对民众征税的权力，而且各州也都非常享受刚刚得到的摆脱了中央政府的自由。国会要为战争筹款，来自税收的收入只占总收入的6%左右，各州在提供款项时则有很强的随意性。

战争所需要的大部分资金都是从有钱的美国人以及法国和荷兰等国借来的或是偷来的。《财富的帝国》（*An Empire of Wealth*）一书作者约翰·斯蒂尔·戈登（John Steele Gordon）写道，在战争期间，美国的私人武装船截获了约2 000艘英国货船，这些船与船上的货物加起来总值约1 800万英镑。

当然了，印刷业也操控在大陆会议的手中。

当时通行的做法是，所有的财富都要上缴给宗主国，包括黄金和铸币。这就意味着，美国殖民地的民众缺少现金，因为所有的铸币几乎都被英国政府把持着。

17世纪后期，由于铸币数量太少，各殖民地纷纷开始印刷信用券，大陆会议也在1775年开始发行信用券，这些信用券被称为大陆币。仅仅4年之后，大陆会议发行的信用券的总值就达到了2.25亿美元。

结合当时美国的经济状况来看，这是一个惊人的数目。1700年的时候，卡罗莱纳州生产的大米，每年能够为大英帝国增加约100万英镑的GDP。

如果换算成美元，大约是 150 万美元。因此，大陆会议发行的信用券的总值约为卡罗莱纳州 170 年的大米产量。

这当然会引发通货膨胀。1779～1781 年，物价上涨了 10 倍。为了制止这种状况，大陆会议将信用券的价值调整为面值的 2.5%。如果把信用券看作一种投资品的话，其收益率可谓惨不忍睹。

这种举债方式不可避免地招致麻烦。美国那些最精明的政治家最初并不看好这种做法。杰斐逊认为，债务和借贷会把美国公民分成两种人：纳税者和收息者。从货币和权力的集中程度来看，早期的美国政府与匈奴人社会或是查理曼大帝并没有太大不同。

根据《自由的代价》（The Price of Liberty）一书的作者罗伯特·霍马茨（Robert Hormats）的说法，杰斐逊认为战争不可避免地会导致有产阶级攫取权力。原因就是，战争就要筹款，政府就要大量举债。从哪里借呢？肯定是从那些有钱有势的人手中借。在这些人当中，很多人已经在政府中占有了一席之地，他们会利用手中的权力把还债成本转嫁到工人阶级头上。换句话说，就是课以重税。

从美国当时的情形来看，有产阶级和大陆会议其实是一回事。有人也许会说，今天的情形亦是如此。自成立之日起，以及在整个独立战争期间，直到宪法以成文的方式确定下来，大陆会议并没有征税的权力。随着国会的不断演进，才最终获得了征税权。

1781 年 3 月 1 日，第二届大陆会议上通过《邦联条例》获各州批准，开始生效。据此成立的邦联国会代替大陆会议，成为直到 1789 年 3 月为止的美国立法机构。但权力依然集中在这个精英团体手中，这个团体的代表则由政府负责任命。

《邦联条例》是一个不够完美的协议，有几个州自始至终都采取了置身事外的态度。当国会准备征税时，一些州则拒绝缴纳。这一行为引发了多米诺效应，最终，国会在债务的泥潭中越陷越深。

1786 年，邦联召开会议，讨论如何更好地对商业进行监管。然而，只有 5 个州的代表出席了会议。由于代表人数太少，会议不得不改于 1787 年 5 月在费城举行。这一次，一些在美国最为有权有势的人出现了。

伟大的人达成"伟大的妥协案"

1787年5月25日,来自12个州(罗得岛州除外)的55名代表出席了在费城举行的制宪会议。出席会议的包括乔治·华盛顿、罗伯特·莫里斯、詹姆斯·麦迪逊、乔治·梅森、本杰明·富兰克林和亚历山大·汉密尔顿等人。科利尔兄弟在《费城决议:1787年制宪会议》一书中这样写道:

> 超过半数的人是律师。另外1/4则是商业农场的农场主或是庄园主。所有人都有公职在身。其中3人是州长,还有4人曾经担任过州长。至少8人是法官,42个人担任过国会议员,大多数人都曾在州政府中任职,而且其中相当大一部分人曾经在州立法机构中拥有很大影响力。
>
> 其中8人曾在《独立宣言》上签名,30个人曾于解放战争期间在军队服役,其中约有15人参与过重大战役,而且有几个还是名副其实的战斗英雄。

时任驻法大使的托马斯·杰斐逊称参加会议的这些代表为"半神"。而美国的宪法正是由这些"半神"所制定的。

最富争议的一个话题就是如何选举国会议员。一些代表支持"新泽西方案",希望每一个州都有一个代表,并且赋予比较小的州与比较大的州(如纽约州)同等的权力。这种想法与《邦联条例》中已有的规定并没有太大的不同,但邦联中那些人口较多的州的代表却并不怎么喜欢这一方案。

其他的代表支持"弗吉尼亚方案",这一方案认为应该以人口数量为基础上分配代表权。双方达成了妥协。新的方案被称作"康涅狄格妥协案",也叫"伟大的妥协案",因为该方案在"新泽西方案"和"弗吉尼亚方案"之间进行了平衡。国会被分为参众两院,其中众议院采用"弗吉尼亚方案",以人口数量为基础分配代表权,在参议院中每个州的代表数目都是相同的。另外一个有意思的妥协是,各州的参议员都经由州议会选举产生。

这是因为,参议员们担心会有普通美国人也混到他们的圈子中来。

他们宁可趾高气扬地游走于普通选民中间，获取他们的支持，也不愿意让他们在智识上以及财务上达到与自己平等的高度。

这种手段明显是为了确保权力掌握在精英群体手中，并让普通人安分守己。戈登称，政府里的人总是会尽力帮助那些有势力的人，而不惜损害那些可能成为有势力的人的利益。那些"已经有势力"的人的影响力绝非那些"有可能成为有势力的人"所能比拟的，这与竞选财政法的规定没有关系。这是确保"对的人"得以进入国会的一种途径。科利尔兄弟写道，参加会议的这些人全都是当权派，他们来到费城可不是为了推翻这一体制。

最后的维京海盗

罗伯特·莫里斯正是那些"对的人"里的一位。他是美国历史上第二位当选的参议员。他来自宾夕法尼亚州，属于亲政权派，他支持大政府，只限于推行某种特定制度的政府。

参议院对他的评价，莫里斯是一个富有的费城商人，他并不信任民选政府。他是一个富商，曾经在大陆会议任职，并且把名字签在了《独立宣言》之上。1781~1784年，他曾担任财政总长一职，并且帮助创办了北美银行。他是美国历史上排名第二的最有权势的人物，仅次于乔治·华盛顿。他是一个手段高超的生意人，主张自由贸易，其中一部分原因在于关税会影响他在宾夕法尼亚州的进出口生意。当时他的生意正开展得十分红火。

他被人们称为"美国独立战争的融资家"，他曾借给政府1万美元，他的朋友华盛顿才有钱供养军队。虽然这只是美国政府为军队筹款的诸多案例中的一例，正因为有了莫里斯，华盛顿的战争才能够打得下去。

根据《罗伯特·莫里斯：独立战争时期的融资家》(Robert Morris: Revolutionary Financier)一书作者克拉伦斯·维尔·斯蒂格(Clarence L. Ver Steeg)的记述，莫里斯自己就借出了140万美元，华盛顿的军队才得以从纽约开到弗吉尼亚。一年之后，也就是1783年，新罕布什尔州仅为独立战争战争筹到了3 000美元，莫里斯则筹到了1 490万美元。对于莫里斯来说，这场战争给他带来了巨大的利益。

由于他拥有很多私人武装船,并且经常截获英国商船,他很快就积累了大量财富。当然,不管私人武装船的用意有多么崇高,当时私人武装船其实就是海盗船。

有报告称,莫里斯共截获了1 500艘英国船只,并且在船入港之后销赃获利。当然,这种手法对莫里斯而言并不新鲜。远在战争开始之前,他就已经开始干海盗的营生,并且以此为基础组建起了独立战争时期规模最大的私人海军武装。

同时,这也让他成了美国当时最为富有的人之一。乔治·华盛顿甚至提名他担任财政部长,被他回绝了。因为他当时正在想着别的什么事。根据史料记录,莫里斯是当时美国最富有的人之一。在他看来,利用政府的专有信息为个人投资策略提供辅助并无不妥。

即便是在今天,这种说法依然在耳边回响。关于这一点,想想如今美国最有势力的公司花了多少钱来游说国会成员,以便争取对自己有利的立法就不难明白了。

伊丽莎·克里格曼(Eliza Krigman)在"公开的秘密"(Open Secrets)网站撰写的一篇博客文章里称,在我看来,实现某种转变对那些能够通过财政渠道对立法者施加影响的人来说最为容易。在国会成立之初,立法者们并不需要游说团。早期的国会成员都是有钱人,其中最有钱的人当然非莫里斯莫属。

事实上,我们应该给莫里斯冠以"早期国会第一政治野蛮人"的荣誉头衔。18世纪70年代末期,托马斯·潘恩(Thomas Paine)以及其他人就曾指控莫里斯犯了借战争牟利和不当金融交易罪。1779年,国会委员会宣布莫里斯无罪开释,但围绕着这个人的谜团仍然没有消散。同样地,莫里斯的行为也并没有收敛。

戈登对此评论道,拥有经济优势的人,不管这种优势多么"不公平",他们都会在政治上进行不屈不挠的斗争,以求维系这种优势。

莫里斯的一些较为经济和财政上的积极观点也保留了下来。1781年,在担任财政总长期间,莫里斯提出了设立一家国民银行的想法,这比亚历山大·汉密尔顿建立美国第一银行整整早了10年。

1782年，部分地借助于法国贷款，北美银行得以成立。最初成立这家银行的目的就是为独立战争筹款。该银行是美国第一家私营银行，并且在实质上成为了美国的中央银行。

国会不再发行大陆币，深深地陷入了债务泥潭。1781年8月，亚历山大·汉密尔顿用笔名撰写了一篇名为《大陆主义者》(The Continentalist)的文章，在文章中，他这样描述了莫里斯，他非常有远见地提出了设立一家国民银行的建议，通过把那些掌握着政府资源的有钱人的影响力和利益结合起来，该银行就可以获得所需的持久且足敷使用的信用。

1776年，国会的开销是1 400万美元。1781年，财政部的负债已经达到了2 500万美元。汉密尔顿写道："政府在用公款时缺乏约束和节俭方面的考量，这一点无可否认。"这就是汉密尔顿支持建立国民银行并对国会手中的钱进行控制的依据。

国会虽然批准了莫里斯设立北美银行的方案，但他筹建这一银行的资金则是黄金、白银以及来自法国和荷兰的贷款。法国与荷兰在独立战争期间就曾与美国人结盟，共同抵抗英国殖民者。托马斯·戈达德（Thomas Goddard）称莫里斯是"美国信用体系和纸币流通之父"。

1785年9月13日，仅仅在该银行成立3年之后，银行的经营许可被吊销，理由是"存在巨大的外来影响和虚构信用"。宾夕法尼亚州立银行声称北美银行给予外国人特别优惠，而且存在不公平竞争行为。

罗伯特·莫里斯不仅是早期国会的第一个政治野蛮人，也是最早掌控了货币的野蛮人之一。考虑到战争期间莫里斯曾用私人武装船劫持英国货船，我们就不难看出，美国早期经济的操控者不折不扣地是一个18世纪的维京人。莫里斯在生意上的老搭档托马斯·威灵是北美银行第一任总裁，而且在银行的许可被吊销之后，威灵被提名担任亚历山大·汉密尔顿于1792年创立的美国第一银行的总裁。

这就是裙带关系。早期国会中任人唯亲的现象非常盛行，今天的政治体系也是有过之而无不及。国会甚至允许莫里斯在担任财政总长期间继续从事个人商业活动，并且对海洋政策拥有执行权，也就是对贸易路线的控制权。

莫里斯用他个人的钱和友好国家的贷款创建了第一家国民银行，并以此提振了美国的信用，货币重新开始流通。虽然对政府来说这是一个巨大的转变，但并非所有人都对此感到满意。

霍马茨在他的著作《自由的代价》中称，托马斯·杰斐逊曾写过，如果他能够对宪法做出唯一的一处修改，那就是要剥夺联邦政府举债的权力。

莫里斯在担任财政总长期间提议的其他改革还包括另外两项，其一是要求各州提供财政支持，还有一项是成立一个国家铸币厂。尽管国家铸币厂直到1792年才在亚历山大·汉密尔顿的敦促下建成，但各州的财政支持对联邦政府而言可以说是一个全新的、重大的变革。

杜尔的新税制阴谋

美国财政部编制的《税制发展史》(History of the Tax System) 是一份很好的自白书，宪法赋予国会赋课并征收直接税、间接税、关税与国产税，以偿付国债和规划并提供共同防务与公共福利的权力。

在独立战争之后，政府利用税收和关税来清偿债务。政府对诸如酒精、烟草、糖和某些房地产等征税，国会于1789年颁布了《关税和吨位法令》(Tariff and Tonnage Acts)，对进入美国港口的货船征收每吨6美分的关税，而对外国货船则征收每吨50美分的关税。18世纪90年代，政府开始对房产、土地、奴隶和遗产征收直接税。1802年，托马斯·杰斐逊当选总统之后废除了这些税制，但我们知道，它们不会就此永远消失的。

仅仅10年之后，美国又卷入了另外一场战争，即"1812年战争"，联邦政府又要筹集更多的资金。政府的办法一是开征附加税，二是发行国债。美国的国民银行（即亚历山大·汉密尔顿于1792年创建的美国第一银行）并不是总能受到总统的青睐，众议院也有一半左右的人跟总统是一样的想法。该银行的经营许可到1811年1月24日到期。1809年当选的总统詹姆斯·麦迪逊的看法与托马斯·杰斐逊的看法差不多，我们来对这两种看法做一番比较。

亚历山大·汉密尔顿想要利用美国的国债来获得规模更大、更具弹性的货币供应。操作手法如下：汉密尔顿提议向投资者购买的债务支付利息。这就意味着那些持有政府债券的银行可以凭借债券的支持发行纸币，债券也可以用作抵押来申请贷款。

按照约翰·斯蒂尔·戈登的说法，汉密尔顿还想让联邦政府承担各州因独立战争而欠下的债务。这种做法听起来非常公平，因为首届中央政府（即第二届大陆会议）掌握着战争的控制权。

但汉密尔顿这样做也许还有另外一个原因：他的父亲就持有价值6万美元的政府证券。不仅如此，他还是纽约银行的创始人，而纽约是第一个听到汉密尔顿的《公共信用报告》(*The Report on Public Credit*)的州。1790年，他向国会提议发行新债券来赎回旧的政府债券。结果，纽约凭借廉价的、旧的政府债券获得了先机。

北方诸州因为独立战争的关系还欠着一大笔债，南方诸州大都已经还清了债务。

正因如此，来自弗吉尼亚州的托马斯·杰斐逊和詹姆斯·麦迪逊二人对汉密尔顿的方案持反对意见。从实质上来说，如果这个方案获得通过，北方诸州就能将战争债务转嫁给联邦政府。因为杰斐逊和麦迪逊有足够的影响力抵制这个方案，汉密尔顿作为让步，建议将美国的新首都建在费城。后来，各方同意了这笔交易，政府债券在几周之内即告售罄。

事实上，在欧洲，美国的债务从几乎一文不值摇身一变成为信用等级最高的投资品。有一些债券的售价甚至已经比面值高出了10%。汉密尔顿还想着要创建一家国民银行，即美国第一银行。创建该银行的初衷是为了满足政府在财政方面的需求。国民银行能够解决一系列的重大问题，其中最重要的就是货币供应。州立银行可以印发纸币，但这些银行都各行其是，缺乏统一的规范。

在18世纪的最后一个10年里，美国流通的货币最少有50种。这样一来，投机者就会利用这一体系的不稳定性从中牟利。比如，有一次汉密尔顿的债务方案被泄露出来，投机者于是纷纷以15美分的价格购入面值1美元的债券，等到汉密尔顿的方案出台之后，这些债券全部得以足额偿付。

有了国民银行，就能创造出一种稳定的货币，并且起到抑制投机的作用。同时，这还能为政府提供一条建立信用的途径。然而，其中的难题在于，该银行需由私人控股，政府持有 20% 的股份，但政府却拿不出买股票所需的 200 万美元的资金。汉密尔顿建议银行贷款给政府，政府拿这笔贷款来购买股票，然后政府在 10 年内分 10 次把贷款还清。

然而，杰斐逊认为设立国民银行的想法不符合宪法精神。在《杰斐逊文集》(The Writings of Thomas Jefferson) 一篇文章中，时任国务卿的杰斐逊这样写道：

> 我认为，宪法是建立在这样一个基础之上：即所有未由宪法赋予合众国，也未禁止由各州行使的权力，都保留给各州或其人民。向明确划出的国会权力范围区域之外迈出哪怕一步，都意味着对无限权力的占有，这是从任何角度都说不通的。在我看来，设立银行的权力以及该法案所赋予银行的权力并没有经由宪法赋予合众国。

对于银行，杰斐逊是带有一些个人情绪的。在给约翰·亚当斯 (John Adams) 的一封信中，他这样写道，我从来都不是银行的敌人……我反对设立银行的热情既是真挚的也是公开的，那些银行的人称我是个疯子。其实他们不过是想从公众那里骗钱罢了。也许在他看来，汉密尔顿设立国民银行的计划是新的合众国在财政的意识形态上一次野蛮的转变。

詹姆斯·麦迪逊是杰斐逊的坚定盟友，完全同意他对设立国民银行违宪的判断。在麦迪逊担任美国总统时，他放手任由该银行的经营许可过期。或许他这样做的原因之一是因为纽约和费城的证券市场上银行股投机盛行。正如我们在第 1 章所了解的那样，一位财政部前雇员威廉·杜尔正在银行业大举投机，而当时银行业刚刚实现了大幅增长。在那一时期，美国境内银行的数量从 3 家增长到了 29 家，而这也不过仅仅花了 10 年的时间。

866% 的增长率，简直令人难以置信。对杜尔来说，这是无法抵挡的诱惑。然而，杜尔的阴谋最终令他锒铛入狱，并在监狱里度过了余生，同时也将华尔街上其他的人置入了水深火热的境地。戈登说，第二天，据报道纽约有25家银行关门歇业，当时纽约金融市场的规模非常之小。

游荡在政府门口的怪客

看起来政府一旦和金融体系勾结在一起就会产生丑闻和不正当行为的传闻。证据之一就是，作为财政总长的莫里斯和他在生意上的老搭档、北美银行总裁托马斯·威灵曾经在财务上发生关联，该银行则因虚构信用而被吊销了经营许可。

甚至在当今政界和金融界的野蛮人当中，我们仍然可以看到这种裙带主义。奥巴马政府的财政部长蒂莫西·盖特纳就是一个例子。他是前纽约联邦储备银行行长。他在担任行长期间与华尔街建立起了紧密的联系。据《纽约时报》报道称，通过对金融家、监管机构、分析人士的访谈以及浏览联储的记录可知，作为监管者以及后来的救助之王，盖特纳的行动往往与这个行业的利益和欲求保持一致。

纽约联邦储备银行本应该控制在它监督下的那些银行的风险，但同时它还要向银行董事会负责，这个董事会的成员全都是那些本应在它监督下之的那些银行的首席执行官。其中的利益冲突不言自明。美国财政部内部似乎也已经被渗透了。美国国际集团拿巨额救助款为高管发奖金一事令盖特纳的批评者暴跳如雷。这件事似乎只是美国国际集团这座冰山的一角。

在这次"汉密尔顿式"的救助中，政府拿纳税人的钱去挽救美国国际集团，而AIG则把这些钱分给了那些持有该公司保险合约的银行。这些银行都100%地得到了偿付，尽管他们持有的大部分资产都已经大幅贬值。这有没有让你想起汉密尔顿用新债券足额赎回旧债券的做法？

这件事的意思就是说，有些银行承担了远远超出他们承受能力之外的风险，而且他们错误的行为并不会受到惩罚。蒂莫西·盖特纳就是负责救助美国国际集团的那个人。

随着这次野蛮的救助进入到下一阶段，一种掩饰手法开始浮出水面：

有报道称美国国际集团收到指示,不许他们透露交易对手数据。美国国际集团的做法就是隐藏电子邮件。彭博社在2010年1月7日的报道中称,纽约联邦储备银行前蒂莫西·盖特纳曾指示,美国国际集团向公众隐瞒在危机中把救助款支付给其他银行的详细情况,美国国际集团和它的监管机构之间的电子邮件表明了这一点。

这些银行和政府之间还有另外一点关联:在16家信用违约互换100%得到偿付的银行中,其中一家就是高盛。而该公司的前首席执行官亨利·保尔森不是别人,正是蒂莫西·盖特纳的前任财政部长。有些事情是永远不会变化的。华尔街一直都和政府站在一条线上,金融界和政界的野蛮人一直保持着良好的关系。有钱的人变得更有钱,而受害者则是普罗大众,也就是纳税人,也就是你和我。

麦迪逊所担心的正是这种情形,而他之所以听任汉密尔顿的美国第一银行的营业许可到期,原因之一也正在于此。1812年战争迫使抵制信用的政治家停止反抗,并且于1816年向美国第二银行颁发了营业许可,一方面是为了稳定美国的货币体系,另一方面是为了应对战后严重的通货膨胀。我们看到,在第一银行关门之后,私营银行的数量大幅上升,而且每一家银行都在印制自己的银行券。政府本身无力为战争债务融资,于是第二银行应运而生。

因此,由政治生成的金融体系不可避免地充斥着欺诈和过剩的情形,而作壁上观的抵制银行的方式既能让自由市场催生经济繁荣,也能让自由市场毁灭整个经济。自从美国建国以来,城门内外两侧一直都有野蛮人在游荡。

第12章
把议员请上法庭

> 贿赂永远都是一条双行道。那些游说家们正在扬起手向政客们打招呼，手里拿着大把的美钞，而且数量越来越多。

野蛮人之间有一种吸引力。查理曼仅仅利用财富和洗掠的允诺就将数量众多的小王国凝聚在一起，形成了巨大的军事和政治力量。罗伯特·莫里斯，尽管与他同时代的人认为他是一个令人作呕的生意人，但他仍然被选为参议员。他以一己之力支援了独立战争，这不正是"有钱能使鬼推磨"的最佳范例吗？

美国国会不但有着悠久的嫌贫爱富的传统，而且总有那么一些人向国会议员们伸出结交之手。今天，这些人被叫做游说家，他们当中的一些人就如同要求罗马帝国缴纳贡金的阿提拉和他的匈奴大军一样残暴无情。游说家的工作就是讨好国会议员，甚至是议员的朋友和家人，为某一特别群体争取资金或是优遇。

国会和游说家之间的利益输送有着悠久而残酷的历史，而且这段历史中充斥着各种丑闻。有意思的是，近200年过去了，才有一位总统站出来，要求每一位接受任命的联邦行政人员宣誓坚持道德操守。誓言有一段是这样写的，禁止接受游说家馈赠的礼物，在任期之内，我不会接受注册的游说家或游说组织馈赠的礼物。

联邦政府在《联邦法典》（Code of Federal Regulations）中称，所谓的礼物包括任何赠物、关照、折扣、款待、宴请、贷款、债务偿还期延伸或任何有金钱价值的物品。这一概念同时还包含下列各种服务和礼品：培训、地方旅游、酒店住宿和餐饮，不论是以实物还是以购票、提前支付或是消费后返还支出款项的方式提供。

这并不是这一誓约中最重要的部分。在誓约上签了名的人在任期结束后两年内不得为任何游说团体服务。此外，那些担任公职的人在任期前两年不得参与任何他们之前曾游说过的事项。

这项行政命令的目的在于关闭国会与华盛顿K街之间的旋转门，但事与愿违。这项命令仅仅涵盖了行政机构，这样一来，对于立法机构中的野蛮人和大厅中的野蛮人来说，大门是完全敞开的。

国会成立之初，国会议员和生意人之间并没有什么差别，这一点我们可以从罗伯特·莫里斯身上得到印证。没有任何法律要求公职人员放弃他们平时的工作。政府本身也与企业同谋，为游说家从国会议员那里以回扣换取优惠、投票和资金打开了大门。

约翰·斯蒂尔·戈登在《财富的帝国》一书中称，内战一过，腐败就成为美国政界和经济中最突出的特征。事实上，纽约州议会曾于1868年通过了一项法律，实质上相当于将贿赂合法化。该法律称，依照本法，不得仅根据另一方证词判定一方有罪，除非该等证词能够与其他证词在实质上产生关联。

只要国会议员以容易藏匿现金的方式接受贿赂，在没有任何目击证人的情形下，不可能拿出判他有罪的证据，即使他的同谋者出首告发也无济于事。

被口水淹没的政客

美国早期最有名的政府与企业间的丑闻当属1872年《纽约太阳报》（New York Sun）披露的莫比利埃信贷公司（Crédit Mobilier）丑闻。丑闻的起因在于一个野心勃勃的州际铁路建设方案。这次修建铁路得到了国会于 1862 年颁布的《太平洋铁路法案》的支持，同时还有 30 年期政府债券、大量的土地授予和联合太平洋铁路公司的支持。该公司是自美国第二银行设立 50 年以来第一家由政府颁发许可证的公司。

该政府支持公司发行了 10 万股股票，每股 1 000 美元的价格出售，总共筹集了 1 亿美元的资金。这笔资金的数额虽然巨大，对这项工程来说仍嫌不足。政府规定，公司每修建 1 公里铁路就可以从政府手中拿到了价值约 3 万美元的政府债券和 16 平方公里土地。这还不是全部。1864 年，政府声称联合太平洋铁路公司获准以土地为抵押出售担保债券，并把划拨的土地数量增加到每公里铁路换取约 32.6 平方公里土地。

即便如此，在联合太平洋铁路公司看来，资金还是不够，因为他们要确保有利可图。从工程规模上来看，这一工程与 1855 年的巴拿马铁路工程相当，超过了 19 世纪 20 年代的伊利运河工程。联合太平洋铁路公司在非常荒凉险峻的路段铺设了 1 600 多公里的铁路。这是一项了不起的功绩，建设的成本也十分高昂。

但随之，丑闻爆发了。

联合太平洋铁路公司最大的投资者是托马斯·克拉克·杜兰特（Thomas Clark Durant），他是该铁路公司的控股合伙人，也是公司总裁。在他的操作下，联合太平洋铁路公司新成立了一家建筑公司，并雇佣这家公司来修建铁路。这家新公司有一个非常华丽的法语名字 Crédit Mobilier（即莫比利埃信贷公司）。不用说，这家公司是按照最高标准收取服务费用的。

尽管首席工程师彼得·戴伊（Peter Dey）估计，铁路西起奥马哈一段的平均建设成本为每公里 1.88 万美元，但莫比利埃信贷公司的要价是 3.75 万美元。联合太平洋铁路公司总裁托马斯·杜兰特命令戴伊重新提交一份预算案，把价格调整为每公里 3.75 万美元。

根据戈登的报告，戴伊辞去了工作。这并没有阻止莫比利埃信贷公司和联合太平洋铁路公司尽可能多地从政府以及华尔街手里榨取资金。杜兰特是一个精明的野蛮人。

19 世纪 50 年代起，他和格林菲尔德·道奇（Greenfield Dodge）搭档走私棉花，后来很快鸟枪换炮，利用他赚来的不义之财创建了密苏里－密西西比铁路公司（Missouri & Mississippi Rairoad）。

作为政府颁发许可证的联合太平洋铁路公司的总裁，他传播了铁路线将在何处会合的谣言，并在投机逐渐升温时抬高其他铁路股票的价格。美国公共电视网（PBS）的《美国经验》（American Experience）栏目提到杜兰特时这样讲道：

> 杜兰特宣称联合太平洋公司的铁路线会与他的密苏里－密西西比公司的铁路线会合，这使得密苏里－密西西比铁路公司的股票价格大幅上扬。他秘密地卖掉了自己公司的股票，买入了竞争对手公司的股票。一份新的声明宣布与联合太平洋公司的铁路线会合的铁路线是锡达拉皮兹－密苏里公司（Cedar Rapids & Missouri）的铁路线。
>
> 于是投资者纷纷购买这家公司的股票，抛掉了密苏里－密西西比铁路公司的股票。这样一来，杜兰特又以极低的价格买回了自己公司的股票。

道奇的兄弟谈起这个诡计时这样说道，他一来一回就给他和他的朋友赚到了 500 万美元。这是有史以来最精明的股票操作，以后也不会再有第二次了。就我们所知，其他一些丑闻所涉及的金额更高，游说家们可能会拿到几千万美元，这个故事与杰克·阿布拉莫夫（Jack Abramoff）有关，那是我们下面会提到的故事。

杜兰特懂得如何操纵游戏。在轻松赚到了 500 万美元之后，他逐渐退居到幕后。他传播出去的诡诈的谣言仍然导致了莫比利埃信贷公司丑闻。这次史无前例的丑闻于 1872 年被披露了出来。

与阿布拉莫夫对印第安部落进行的臭名昭著的掠夺相比，这件丑闻的恶名不遑多让。出版于 1918 年的《大美百科全书》（Encyclopedia Americana）将其称之为"美国历史上最重大的立法丑闻"。

杜兰特及其同伙想出的这个诡计的确非常聪明，但却给市场带来了灾难性的后果。斯蒂芬·安布罗斯（Stephen E.Ambrose）在他的大作《无与伦比》（Nothing like it in the World）中披露了这个阴谋。

联合太平洋铁路公司用支票向莫比利埃信贷公司进行支付，而莫比利埃信贷公司则用这些钱来购买联合太平洋铁路公司的股票和债券（按票面价值购买，这是整个诡计的关键所在），然后在公开市场转手卖出去，或是用这些股票和债券作为抵押来申请贷款。

根据《大美百科全书》的说法，美国政府向联合太平洋铁路公司支付9 465万美元，联合太平洋铁路公司则仅向莫比利埃信贷公司支付了5 072万美元。简单计算一下我们就会发现，其间的利润是4 392万美元，莫比利埃信贷公司先前报告的利润仅为2 336万美元。这些数字之所以会出现，部分原因就在于政府的同谋。

这里还有另外不可缺失的一环，即奥克斯·埃姆斯（Oakes Ames）。他是一位来自马萨诸塞州的议员，也是莫比利埃信贷公司的股东。这位国会议员是《太平洋铁路法案》的缔造者，而正是该项法案赋予了联合太平洋铁路公司发行担保债券为工程融资的权利。

联合太平洋铁路公司有权在160英里铁路开始建设前，将对应的债券提前发行，并在政府债券之前发售担保债券，这样就把风险全部交到了政府的手中。

这是一个非常吸引人的交易，也是联合太平洋铁路公司出售股票的唯一途径，因为有政府对超出的成本提供支持是股票吸引买主的唯一原因。这样一来，桌面上就有了大量的现金，太多了。必须采取一些措施才行。埃姆斯正是采取行动的那个人，而莫比利埃信贷公司之所以成立，也是为了这个原因。

《大美百科全书》称，为了占有这些余额，联合太平洋铁路公司决定用另外一个名字成立一家建筑公司。铁路公司把自己的债券和股票转移给这家公司，当作对其提供的劳务和物资进行的支付。实际工作全部都是莫比利埃信贷公司完成的，联合太平洋铁路公司只不过是一个名义上的铁路公司罢了。

了解了这层关系，我们才能弄明白向联合太平洋铁路公司和莫比利埃信贷公司进行过支付后 4 300 万美元的利润是怎么得出来的。

提出这个"野蛮的计划"的人是谁呢？幕后的主要策划者正式国会议员奥克斯·埃姆斯。那么一个国会议员为什么会和一家空壳公司扯上关系？答案就是贪婪。这个阴谋涉及的资金数量太大，每个人都伸出手来想分一杯羹。也正因如此，公司，还有国会议员埃姆斯先生最后才陷入了万劫不复的深渊。

为了让莫比利埃信贷公司名正言顺地开展业务，就必须在立法上获得正当性。埃姆斯认为，他可以买通其他的国会议员让立法获得通过。1867 年，埃姆斯带着 343 股公司股份来到了华盛顿。当时，公司的股份是以 100% 的溢价进行交易的，为了让事情进行得顺利，埃姆斯把随身携带的这些股份以平价售出。

在埃姆斯的这次行贿丑闻中，有很多大人物被卷了进来，比如斯凯勒·科尔法克斯（Schuyler Colfax）和亨利·威尔逊（Henry Wilson），这两个人后来都曾担任过副总统；还有詹姆斯·加菲尔德（James Garfield），此人后来成了美国总统；另外还有一个詹姆斯·布莱恩（James G. Blaine），此人在 1884 年被共和党提名为总统候选人。

不久之后，一位心怀不满的股东提起了诉讼，称自己被骗了。于是这件事一时之间成了各大报纸的头条新闻。

《纽约太阳报》（New York Sun）发了一篇文章专门揭露莫比利埃信贷公司是怎样买通国会议员的。大家肯定猜想国会里一定炸开了锅，并有很多人被驱逐，对不对？

答案却是：非也。

1872 年，国会成立了一个委员会对这桩案件进行调查。该委员会确曾建议将埃姆斯和另外一位国会议员开除，众议院并没有这么做。他们只是对这二人进行了一番斥责，然后就不了了之。

这次丑闻令共和党在接下来的选举周期中失去了对众议院的控制。丑闻之后曾有过一些改革的举措，根本问题在于，金融体系总是走在法律的前面。立法者的脚步总是跟不上 19 世纪后期经济扩张背景下财富增长的速度。

261

美国"国企"里腐败案有何不一样？

人们很容易认为经过150年之后，国会已经变得更聪明了一些，然而这种想法是错误的。21世纪已经到来，政府和商界依然手挽着手，在紧关着的门后把未经投标的合同私相授受。在这里，我说的是迪克·切尼（Dick Cheney）和哈利伯顿公司（Halliburton）。

1991年，时任国防部长的切尼曾把价值数百万美元的合同交给了哈利伯顿公司。1995年，他卸任国防部长一职，来到哈利伯顿公司担任首席执行官，一直到被布什总统选为副总统候选人。后来，切尼辞去了首席执行官一职，这是毫无疑问的，他作为副总统，在2003年海湾战争期间他又把价值数百万美元的合同交给了哈利伯顿公司。后来我们得知，这些合同中至少有一部分是没有经过投标的。

我们还知道，哈利伯顿公司曾被指控向政府超额收费。这件事是邦纳蒂尼·格林豪斯（Bunnatine Greenhouse）首先披露出来的，她曾经在美国陆军工程兵团任首席合同官，后来因此事遭到降职。《纽约时报》曾于2005年8月底发表了一篇埃里克·埃克霍尔姆（Eric Eckholm）的文章，格林豪斯女士的律师迈克尔·科恩（Michael Kohn）认为，这一做法是对她的"明显的报复"，因为她于2003年对工程兵团关于哈利伯顿公司的子公司凯洛格布朗－路特公司（Kellogg Brown & Root）的一系列决定提出强烈反对意见，这些决定为公司在伊拉克带来了总值逾100亿美元的业务。

到了对伊拉克的石油业进行重建的时候，未经投标而私相授受的合同的总值已经上升到了70亿美元。2003年，哈利伯顿公司被控在提供从科威特向伊拉克运输燃料服务时，向政府多收了6 100万美元的费用。《纽约客》（New Yorker）杂志在报道中称，哈利伯顿公司向美国政府收取的费用是每加仑2.38美元，根据五角大楼的审计结果，这一价格比正常价格高出了1美元。

这并不是第一次有政府官员滥用职权，当然也不是最后一次。而这样的野蛮人不仅在共和党里面有，在民主党里面也有。以康涅狄格州民主党参议员克里斯托弗·多德为例。他曾任银行委员会主席，由于美国国家金融服务公司的丑闻爆发而被迫辞职。这桩丑闻中较为有利的一面是，人们意识到国家金融服务公司向 VIP 客户们提供贷款，减免部分利息，免受各种费用，为多德和其他政府官员节省了数万美金。

这桩丑闻中较为令人震惊的一面是，公司借贷规则遭到了粗暴的践踏。比如说，房利美前总裁詹姆斯·约翰逊（James Johnson）为他的第二套住房拿到了 300 万美元的贷款，这一额度已经超出了国家金融服务公司此类贷款的限额。他还有另外两处房产，也是通过国家金融服务公司再融资的，也得到了利率优待。

那么这桩丑闻最恶劣的部分是什么呢？答案便是金融体系的过度承担风险以及糟糕的贷款决策，这二者几乎让全球经济陷入崩溃。事实上，国家金融服务公司在危机之中差点就倒闭了，股价从 2007 年 2 月的每股 45 美元骤跌到一年之后的不足 5 美元。美国银行仅花了 40 亿美元就以股票互换的方式把该公司收入囊中。见图 12.1。

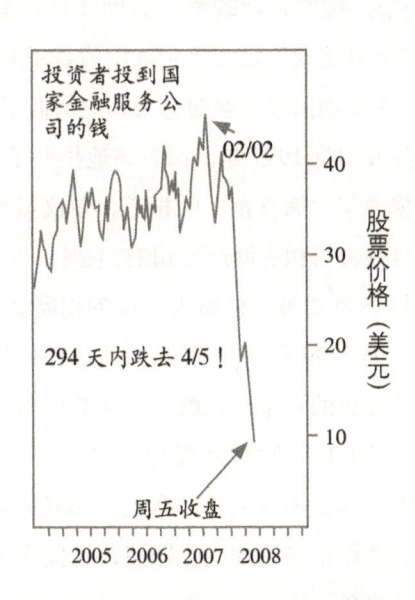

图 12.1　国家金融服务公司股价骤跌

资料来源：MarketOracle
网站，http://www.marketoracle.co.uk/index.php?name=News&file=article&sid=2890

克里斯托弗·多德之类的国会议员成为新兴掠夺财富的野蛮人，或者说问题的症结围绕"安杰罗的朋友"的贷款产生的这么多的丑闻应该给政界敲响了警钟。但是参议院似乎一心想要推动立法，参议员多德也是其中一个推动者，使得刺激住房抵押贷款业中表现最差的机构也可以得到救助。这段文字出自 2008 年 6 月 18 日《华尔街日报》上的一篇文章。

多德为什么要支持这一立法呢？我们知道，他在贷款上节省下了数万美金。2003 年，参议员多德通过国家金融服务公司的 VIP 项目拿到了两笔贷款。他先是借了 50.6 万美元购买了位于华盛顿城区的一处住房，然后又借了 27.5 万美元购买了位于康涅狄格州东哈丹姆的一处住房。根据内部文件记录，对于第一笔贷款，国家金融服务公司减免了 3/8 点的利息，而对于第二笔贷款，国家金融服务公司减免了 1/4 个点的利息。这两笔贷款的期限都是 30 年，前 5 年中利率保持不变。

最初，这两笔贷款的利率被固定在 4.875%，到了还款的时候，华盛顿住房贷款的利率被降低到了 4.25%，康涅狄格州住房的贷款利率被降低到了 4.5%。这样一来，按照贷款的整个周期计算，参议员多德的第一笔贷款就节省了大约 5.8 万美元，第二笔贷款则节省了大约 1.7 万美元。

不过除此之外，多德和国家金融服务公司之间似乎还有别的什么关联。也许是国家金融服务公司自 1997 年以来曾向他捐助了 2.1 万美元的竞选经费吧。事实上，根据《华尔街日报》的报道，参议员多德的上一次竞选经费大多来自银行、金融公司和房地产公司的捐赠！

那么国家金融服务公司另一位财大气粗的捐赠者是谁呢？不是别人，正是美国国际集团。据 2009 年 3 月 30 日的《华盛顿邮报》报道，美国国际集团捐赠给参议员多德的资金比捐赠给任何其他美国政客的都要多，参议员多德的妻子曾于 2001～2004 年受雇于美国国际集团的一个子公司。那么这些捐赠给美国国际集团买来了什么呢？那就是多德对经济刺激法案提出的修正案。按照该修正案的规定，即使公司接受了政府的救助，公司的高管依然能够领取奖金。

这一丑闻所涉及的重量级的人物除了多德和约翰逊这样的银行界巨擘之外，还有参议院预算委员会主席肯特·康拉德（Kent Conrad）。但其中最有名气、最位高权重的人物是汤姆·迪莱（Tom DeLay）。他是众议院第 24 位多数党领袖。汤姆·迪莱曾和数桩游说丑闻有牵连，其中一桩就是阿布拉莫夫丑闻案。正是因为这桩丑闻，他的两位助理全都被控有罪，他自己也因违反竞选财政法和洗钱的罪名受到德克萨斯法院指控。

阿布拉莫夫并不是迪莱一伙中唯一的一个野蛮人。事实上，迪莱本人就是国会中最臭名昭著的野蛮人。《钱太多》(*So Damn Much Money*) 一书的作者罗伯特·凯泽（Robert Kaiser）曾讲过这样一则故事：

> 20 世纪 90 年代中期，迪莱和其他共和党领袖一起与华盛顿的游说家们达成了一个厚颜无耻，但却非常富有成效的协议：如果这些游说家能够帮助筹集数百万的款项来支持共和党人，并帮助他们保住在国会内的多数地位，迪莱就会邀请他们进入立法程序，允许他们独立提出法案以及对他人的立法案提出修改建议。
>
> 双方都兴致高昂地履行了这一协议。据报道，共和党全国委员会和该党的众议院及参议院竞选委员会，他们在 1994 年选举的前两年总共收到了 3.58 亿美元的政治献金。在这次选举中，共和党自 1952 年以来首次赢得了国会的控制权。2003～2004 年，共和党总共收到了 7.82 亿美元的政治献金，与 10 年前相比增加了 120%。这一切与游说家以及他们委托人的帮助不无关系。那些为企业说话的游说家从共和党的众议院和参议院那里，争取到了无数对他们的委托人有利的立法条文。

这个野蛮的计划如此昭然若揭，不是连 5 岁的小孩子都能一眼看穿吗？明眼人都能识破这个计划。但这个方案能够通行无阻，根源就在于现有的有关贿赂和政治道德的法律。其中的原因在于，法律条文中一个很关键的词使得贿赂指控很难成立。这个词就是："不道德地"。

凯泽解释说，这个词用来描述人的意图，但却没有清晰的界定。因此，这就和 19 世纪中期的情形一样，如果你没有直接的证据证明游说家花钱买到了某种结果，你的指控就不能成立。

印第安游说者的谎言

我们不要忘记，贿赂永远都是一条双行道。那些游说家们正在扬起手向政客们打招呼，手里拿着大把的美钞，而且数量越来越多。接下来我们说说阿布拉莫夫的故事吧。

这个家伙是美国有史以来最令人作呕的野蛮人之一，一个两面三刀的无赖，洗钱、行贿、逃税，劣迹斑斑。他的阴谋把国会里不少大名鼎鼎的人物都拖下水。有关阿布拉莫夫的最大的丑闻就是"印第安游说丑闻案"。在这桩丑闻中，阿布拉莫夫和他的野蛮人同伙欺骗了印第安土著部落，以走后门的方式向立法人员的口袋里输送了数千万美元的现金。而他自己的口袋则装得鼓鼓的，现金数额达到了8 500万美元之巨。

事情的经过是这样的。20世纪90年代中期，杰克·阿布拉莫夫作为普雷斯顿·盖茨和埃利斯有限责任合股公司（Preston Gates & Ellis LLP）下属分公司的说客来为印第安部落赌博业的利益进行游说。由于在国会中权力已经从民主党转到了共和党手中，印第安土著部落觉得自己已经失势，需要找到人帮助他们赢得新一届领导者的青睐。

阿布拉莫夫的人脉非常雄厚，印第安部落正是因为这一点才看中了他。他聘请国会里的前任助手帮他跟国会议员牵线。这些人中就有托尼·鲁迪（Tony Rudy），此时，他正是汤姆·迪莱的资深助理。现在我们知道，迪莱也牵涉到了阿布拉莫夫制造的这桩丑闻当中。

《华盛顿邮报》的记者詹姆斯·格里马尔迪（James Grimaldi）在一档电视栏目中对雷·苏亚雷斯（Ray Suarez）进行的一次访谈中称，汤姆·迪莱很有可能是这桩丑闻中最位高权重的人物。他被阿布拉莫夫称为最亲密的朋友之一。调查表明，他们不仅私交甚笃，在政治上也结成了联盟。汤姆·迪莱甚至还与阿布拉莫夫结伴同游苏格兰，此事发生之后不久，汤姆·迪莱就投下了不同寻常的一票。

他对反赌博法案投了反对票，而该法案正是阿布拉莫夫的委托人所极力想要"杀掉"的一个法案。而大多数共和党大佬都投了赞成票。迪莱先生说，这里不存在所谓的交换。他说他之所以反对这一法案，是因为该法案中存在漏洞。正是凭借汤姆·迪莱和另外一些有权有势的朋友的帮助，印第安土著部落才把大笔的钱交给阿布拉莫夫和他的野蛮人游说团，以试图赢得有利于印第安赌场的立法。

密西西比乔克陶人公司（Mississippi Choctaws）首先于1995年聘请了阿布拉莫夫。截至1999年，他们已经向他支付了130万美元。阿布拉莫夫和他的同伙把这笔钱交给了一位名叫拉尔夫·里德（Ralph Reed）的人，此人在20世纪90年代曾担任基督教联盟的主席，还曾一度参与佐治亚州副州长的竞选。阿布拉莫夫让普雷斯顿·盖茨以每月2万美元的聘用费请里德，里德的任务就是动员亚拉巴马州基督教右派的力量，确保这个赌博法案不会通过。密西西比乔克陶人公司担心引入竞争之后他们的利润就会被蚕食。最终，这项法案未能通过。

此后，美国印第安部落开始接二连三地请阿布拉莫夫为他们做事。2001~2003年，阿布拉莫夫和斯坎伦从这些印第安部落总共收取了6 600万美元的费用。他们的确为这些印第安部落争取到了利益，但是这些部落也付出了巨大的代价。有一些统计表明，阿布拉莫夫的服务收费实在太高，有时甚至连没有提供过的服务都要收费。

比如，阿布拉莫夫的团队主动提出为这些部落提供政治数据库服务，以此来服务于阿布拉莫夫的游说活动。有一次，他对这项服务收了134万美元的费用，但他只花掉了10万美元，剩下的124万美元就被他和阿布拉莫夫私分了。这些钱不仅仅流进了阿布拉莫夫和他的密友的腰包，其中一些钱通过某些渠道成了国会议员的竞选经费。

这位游说家和他的同伙还以委托人的名义把价值约170万美元的政治献金分给了200多位国会议员。他的委托人包括密西西比的乔克陶人部落、太平洋中的美属北马里亚纳群岛以及俄罗斯的石油大亨。国会近年来通过的某些立法案曾直接让这些委托人从中受益，司法部的职业道德部门现在正试图证明这些投票是被买通的。

有些时候，这些部落捐赠给国会议员的资金被伪装成了阿布拉莫夫和他的游说团的献金。他特别设立了一个"娱乐项目"，用于宴请国会议员和他们的家人及朋友。他所提供的服务还包括大型比赛中为重要人物和特殊客人准备包厢、酒店 VIP 服务及出国旅游，所有的费用则全部由阿布拉莫夫支付。不用说，这桩丑闻着实让普通美国人吃惊不小。丑闻涉及了多家第三方公司，这些公司之间互相输送资金，这样贿赂的源头和目的就被刻意地隐瞒了，这也使得全部理解其操作手法变得不可能。若要揭露所有的参与方，非得国会组织一个调查小组不可。尽管媒体对这一丑闻进行了揭露，但美国人并没有怎么注意到这些新晋的掠夺财富的野蛮人。

2006 年 1 月 11 日的《今日美国》报道称，大概 18% 的美国人称自己密切关注着有关阿布拉莫夫的丑闻。此人业已服罪，并且正在配合检方进行大范围的调查。据相关报告，这次调查可能会涉及多达 20 位国会议员和他们的助理。

《今日美国》发现，81% 的接受调查的人认为在华盛顿特区贿赂国会议员的情形相当普遍。他们说得没错。就连内部人都声称对贿赂已经司空见惯。以布伦特·威尔克斯（Brent Wilkes）为例。他是美国的一个国防合同承包商。2007 年，在因国会议员兰德尔·H.坎宁安（Randall H.Cunningham）受贿丑闻受到牵连后，他决定金盆洗手，不再以游说和行贿为业。

《纽约时报》曾对威尔克斯初涉游说业一事进行过连篇累牍的报道。1992 年，布伦特·威尔克斯在凯越酒店租了一间套房，此处距离国会大厦不远。他的公文包里装着要送给几位国会议员的一叠信封，每个信封里都装着几张支票，每张支票的最高金额是 1 万美元。

威尔克斯先生已经安排好了要分别与这些立法者单独会面，希望能够拿到一份政府合同，还打算向他们提供竞选经费。后来他想到，他家乡的国会议员、共和党人、圣迭戈州的代表比尔·洛厄里（Bill Lowery）曾告诉他说，在会谈的时候送支票是不合规矩的。

洛厄里先生告诉他，正确的做法应该是：在套间外的过道里递上信封。按照威尔克斯的说法，如果你想要拿到联邦政府的合同，就必须提供竞选经费。实际上，在威尔克斯对这一切轻车熟路之后，他和他的同伙捐出了总共 70.6 万美元的竞选经费，他的公司则获得了总价约 1 亿美元的联邦政府合同。

就连国会议员们都公开宣称,绿色的美元蒙蔽了这些人的眼睛,他们都变成瞎子了。曾在1997～2009年任内布拉斯加州参议员的共和党人查克·哈格尔（Chuck Hagel）说,简直是无耻之极。伦理道德完全被抛弃了,现在我们已经站到了法律的边缘。

另一位野蛮的游说家内部人肯尼斯·施洛斯伯格（Kenneth Schlossberg）曾于1986年5月14日在《纽约时报》上发表了一遍文章。在这篇文章中,他这样写道:

> 如今,金钱已经取代了智力和苦功,成为游说家想要完成委托人交办的事项所必须具备的东西……至于什么时候立法和腐败在我国的立法和司法程序中造成的细小的裂痕会演变成一场灾难,没有人知道。

这些掠夺财富的新一代野蛮人的数量越来越多。2000～2006年,拥有注册的游说家的公司的数量上升了58%。卡托研究院发现,在这个时间段里,游说家们的支出也大幅增加,从15亿美元上升到了21亿美元。

我们称为"现代版的阿提拉,掠夺财富的新一代野蛮人"。不幸的是,这些问题并不仅仅在美国存在。还有其他一些掠夺财富的野蛮人在其他国家积蓄权力和金钱,而且有些时候,这些野蛮人还是国家的操控者。

第13章
全球通吃的大政治家

> 狼知道要吃谁,他百无禁忌地吃,不听任何人的话。

成吉思汗统一了亚洲大草原上的各部之后,建立了金帐汗国。他还建立起了一套法律制度,所有的蒙古人都要一律遵从,否则就会遭到惩戒,甚至是杀头。

他把野蛮的战火烧到了欧洲,然后又入侵东南亚,把更多的货物和自然资源掌握在了自己手里,他治下的属民的数量也越来越多。丝绸之路绵延千里,穿过蒙古的土地,很多野蛮人都因此发了大财。今天,我们能看到还有很多政治家在用两只肉乎乎的大手攫取全球的资源。

尼日利亚的领导人一直紧紧把控着这个国家的石油工业极其带来的财富,国民则完全没有分享到利益。我们还看到,委内瑞拉的总统查韦斯已经把该国的能源行业收归国有,所有外国公司一律被排除在外。

"大汗"普京曾说过一句非常有名的话:"狼知道要吃谁,他百无禁忌地吃,不听任何人的话。"他这句话批评的是美国的外交政策,同样的思想意识在他自己制定的政策中也不少见。普京能够登上权力巅峰,让很多人感到诧异。

他本来是一个平凡无奇的克格勃特工,后来进入到圣彼得堡政界,尽管圣彼得堡从来都不是一个金融中心,但随着越来越多外国投资者的涌入,圣彼得堡的财富也逐渐增长起来。由于普京在幕后拥有很大的影响力,而且行事低调,人们送了他一个绰号:灰衣主教。

20世纪90年代初,他曾因涉嫌在发放进出口许可证时徇私舞弊而接受调查,由于缺乏证据,结果不了了之。虽然他并不是那种令人敬仰的领导人,但最终仍入主克里姆林宫。1996年,叶利钦任命他为总统办公厅总务局副局长。1998年,他成为俄罗斯联邦安全委员会主席,该委员会的前身就是克格勃。

1999年,叶利钦任命他为俄罗斯总理。很明显,这时的普京已经被当作总统接班人来培养了。同年12月,病重的叶利钦突然宣布辞职,普京则根据俄罗斯宪法规定出任代总统。普京普遍被认为是一个忠于俄罗斯和其盟友的人物,这使得他成为继承叶利钦衣钵的最佳候选人。如果普京能够掌权,叶利钦本人也不必像其他历任总统一样担心下台之后因贪腐受到指控。

当普京还是总理时,就因第二次车臣战争而声名鹊起。第一次车臣战争持续了两年,并没有在反叛地区取得多大进展。普京组织一次为期6个月的战役,终于让车臣武装分子就范。车臣地区的动荡不安不但由来已久,而且非常惨烈。

车臣,这个位于高加索地区的一个狭小的共和国,在1991年苏联解体后一直就寻求独立。叶利钦统治下的俄罗斯声称,车臣在苏联时期就不是一个独立的国家,因此也没有分裂出去的权力。车臣一直是俄罗斯重要的石油和能源基地,这一点还需要提及吗?

1994年,俄罗斯部队从车臣游击队手中夺取车臣南部山区的控制权,局势一发不可收拾。尽管俄罗斯投入了大量的兵力和武器,两年的战斗过后仍然徒劳无功。与此同时,车臣分裂主义者开始采用恐怖袭击的手法,并制造了1995年布琼诺夫斯克市医院人质危机事件,因该事件死亡的人质数目在105人到166人之间。

1996年,叶利钦与车臣领导人达成停火协议,并于一年后签署和平条约,但此时,双方死亡的人数已经多达数万人。车臣的经济被摧毁,城市被夷为废墟,新的领导人阿斯兰·马斯哈多夫(Aslan Maskhadov)对莫斯科展开游说,希望能够在重建方面得到俄罗斯的援助。俄罗斯向车臣提供的援助资金大部分都流进了军阀和当权者手中。也就是说,车臣共和国的普通民众并没有得到多少来自俄罗斯的援助,结果导致双方之间紧张局势再次升级,越来越多的武装分子和宗教极端分子开始蠢蠢欲动。

1999年,第二次车臣战争爆发。车臣过去一直对达吉斯坦共和国境内的叛军提供援助,并曾被指控在俄罗斯实施过3次建筑物炸弹袭击活动,其中一次袭击就发生在莫斯科。作为回应,俄罗斯于8月下旬开始对车臣进行大规模空中打击。有报道称,数万名难民逃离这一地区。还有一则报道称,在车臣首府有300名平民在俄罗斯部队的轰炸中丧生。

1999年10月1日,普京接过战争指挥权,陆军部队开进车臣。10月5日,俄罗斯军队已经推进到捷列克河。俄军的本意是要拓展出一块缓冲区,保护俄罗斯免受车臣的进攻。然而后来,普京看到这块缓冲区并没有起到作用,于是亲自率军渡河。

根据英国《卫报》的报道,一枚俄军坦克炮弹击中了一辆运载难民的大巴车,造成11人死亡。英国《独立报》报道说,俄罗斯在高加索山脉的山脚下的一个村庄里投了30余枚炸弹,致使几十名平民死亡。

《独立报》的文章这样写道:

> 令村民感到失望的是,俄罗斯总理普京说,该村遇袭当天,俄罗斯并没有飞机经过该地……理论上,袭击的对象是车臣领导人的"恐怖主义"基地。俄罗斯官方称,他们策划的炸弹袭击已经导致莫斯科等地300多人死亡。实际上,由于车臣游击队员没有固定的基地,这就意味着他们出现过的任何地方都有可能遭到炸弹袭击。没有任何迹象显示该村存在军事设施。

俄军渡过捷列克河后,开始向车臣首府格罗兹尼挺进。俄军逐步占领了首府周边地区,各地的平民在俄军到来之前纷纷逃离。1999年10月21日,俄军发射了数枚短程弹道导弹,造成140余人死亡。导弹击中了首府的商业区和总统官邸附近地带。俄罗斯称，之所以袭击商业区是因为这里已经被叛乱分子用作军火交易市场。

6名车臣平民提起了控诉，法院判俄罗斯政府支付13.5万欧元及诉讼费用。这是一桩具有里程碑意义的判决，此后该法院还多次作出了此类判决。甚至在普京的总统任期结束后，他又一次被任命为总理，这正是他发动第二次车臣战争时所担任的职务。

车臣企图脱离俄罗斯，令俄罗斯脸上无光吗？这当然是一部分的原因。俄罗斯式忠诚和俄罗斯式尊严是两种非常重要的品质，对普京这样一个成吉思汗般的人物而言尤其如此。

罗伯特·瑟维斯（Robert Service）在《俄罗斯现代史》（*A History of Modern Russia*）一书中的论述也证明了这一点。他在书中写道："对于敢于挑战他维护俄罗斯利益和国家尊严的热诚的人，他绝不会心慈手软。"这些人就包括了那些让俄罗斯感到脸上无光的人。

忠诚必有回报，反对国家则责罚加身。这句话对记者和前政府官员一律适用。2006年，俄罗斯女记者安娜·波利特科夫斯卡娅（Anna Politkovskaya）被枪杀，前克格勃官员亚历山大·利特维年科（Alexander Litvinenko）被毒杀。

罗伯特·瑟维斯写道：

> 在叶利钦时代，俄罗斯反对党领导人格里戈里·亚夫林斯基（Grigori Yavlinsky）的儿子的手指被一伙不明身份的歹徒敲碎……加里·卡斯帕罗夫（Garry Kasparov）仅仅因为参与呼吁公正和民权的活动而被投入监狱。俄罗斯联邦国家安全局有权采取法外行动来维护国家秩序……

当普京第一次当选时，美国公共电视网就对几位俄罗斯记者和研究俄罗斯政治问题的专家进行了采访。一位名叫叶夫根尼·奥尔巴茨（Yevgenia Albats）的专家称，与身患疾病、几乎是一名傀儡的叶利钦相比，普京才是俄罗斯人想要的领袖。她所需要做的就只是抓住这只手说，伙计，把我带到这个光明的未来吧。不管怎样,我都要和你一起去。如果在通往这个光明未来的路上,你需要制造另外一个古拉格,我也没有意见,只要你领着我就行了。

莫斯科会成为世界金融中心吗?

在当今的俄罗斯,这些政治家已经把手伸到了经济领域。在一篇讨论俄罗斯问题的著名文章中曾这样写道:

> 俄罗斯的选民依然对他感恩戴德,因为他让他们变得更加富有,并且结束了叶利钦执政后期混乱的"强盗资本主义"。然而"强盗资本主义"的结束只不过是因为这个克格勃消灭了所有强盗对手,而俄罗斯的暂时繁荣则要归功于全球石油市场。

现在谈这些还有些为时过早,我们先来看看"国家尊严"对俄罗斯的自然资源意味着什么吧。他最可怕的武器之一就是俄罗斯丰富的自然资源。

2007年,在与美国总统布什和其他主要国家领导人参加完在德国举行的八国峰会之后不到10小时的时间内,普京就向世界挑明了自己的凶暴意图。在圣彼得堡举行的国际经济论坛上,当着200名商界领导者的面,他说,世界正在我们的眼前发生变化。在普京看来,世界贸易组织和国际货币基金组织等全球性的金融组织都是"陈旧的、不民主的、缺少弹性的"。他说,这些组织"没有反映出新的实力平衡"。

至于新的经济实力的平衡的重点,普京讲得非常明白。他声称,构建新的经济关系需要有一个全新的方法。俄罗斯有意成为另外一个全球金融中心,并且让卢布成为各国中央银行的储备货币。

这已经不仅仅是一个警告了,这是明目张胆的进攻,这把美国和世界其他各国打了个措手不及。与俄罗斯利用能源对欧洲和其他国际公司进行的强取豪夺相比,这一举动的强硬程度简直就是小巫见大巫。

普京的强大帝国占有的石油和天然储量占全球的20%以上。这就使得俄罗斯在能源上完全不必依靠世界上其他任何国家。此外，俄罗斯还有丰富的矿产资源，其中包括铁、锰、铬、镍、铂、钛、铜、锡、铅、钨、钻石、磷酸盐和黄金。据估计，西伯利亚地区森林的木材蓄积量约占全球总量的五分之一。

普京曾言道，有人认为我们拥有这么多自然赋予的财富真是太幸运了，他们还说我们应该把这些财富跟别人分享。普京说出这种话丝毫也不会让人觉得意外。他的国家主义意识的表现包括囤积数十亿桶的石油和天然气，无论和谁一言不合立刻就会停止供应。

俄罗斯的外交并没有给它带来多少朋友。俄罗斯也让潜在投资者忧心忡忡。尽管这个国家拥有丰富的石化资源，但它的勘探和炼油设备需要进一步现代化。俄罗斯政府对待外国公司的行径恐怕不会对这一过程有任何促进作用。

瑟维斯写道，偶尔会有消息泄露出来，说某些部长成了富豪。官位已经成了打开财富之门的钥匙。这本不足怪，但对普京来说，这是一把双刃剑。

史蒂夫·莱文曾说过：

> 2003年，俄罗斯的首富米哈伊尔·霍多尔科夫斯基（Mikhail Khodorkovsky）在诺瓦斯别克机场的私人飞机上遭俄罗斯联邦安全局拘留。他被判入狱8年，而他名下的尤科斯石油公司则被系统地肢解，被两家由政府控制的俄罗斯天然气工业股份公司和俄罗斯石油公司接管。

霍多尔科夫斯基所做的，无非是为普京的政治对手提供资金援助，试图使一批持反对意见的政治家进入议会。只有那些忠于俄罗斯的官员才会得到回报。俄罗斯天然气工业股份公司的主席就是第一副总理德米特里·梅德韦杰夫（Dmitry Medvedev），而此人后来成了普京总统的继任者。

另一家国有石油公司俄罗斯石油公司的掌门人伊戈尔·谢欣（Igor Sechin）则是克里姆林宫的副幕僚长。在俄罗斯石油公司的操作下，竞争对手尤科斯石油公司旗下的最主要的石油生产公司尤甘斯克油气公司被俄

275

当局以低于市场的价格拍卖，俄罗斯石油公司最后收购了这家公司。

俄罗斯的国有垄断钻石公司埃罗莎公司（Alrosa）的控股股东阿利克谢·库德林（Alexei Kudrin）曾假意要求政府放开对经济的管制，而他本人则曾经担任财政部长。

德国前总理施罗德用在任时对俄罗斯的支持，换来了俄罗斯天然气工业股份公司的一个董事席位。无独有偶，俄罗斯天然气工业股份公司正是铺设了从俄罗斯直通德国的输油管道的那家公司。在普京当政时期，还有其他一些政府官员把控着石油和天然气行业。

亚里尔·科恩（Arial Cohen）曾发表过一篇关于普京的文章，文章称俄罗斯的领导人相信通过控制自然资产就能把财富分配给俄罗斯人民。普京可不是这么说的。他说你认为应该把这些财富分给别人，那你肯定是疯掉了。他所指的是和国际企业分享利润，还是和自己的人民分享利润？对于他这种野蛮人来说，我们永远都无法知道答案。普京喜欢某些俄罗斯人胜过另一些人，而且那些忠于国家的人总能得到他的青睐。

瑟维斯还提到，普京对加入俄罗斯联邦理事会的人选进行了严格限制，因为这些地方领导人能够对某项立法是否通过产生影响。2004年，普京赋予了自己不经选举任命新的地区行政长官的权力。所有的这些权力和控制使得普京成了一个富有的，同时也是一个非常危险的人。

扼制欧洲的石油咽喉

普京知道，他的权力之路上挤满了各色求告无门的商品买家，这都是些玩着资源轮盘赌游戏的人。实际上，他们需要做的非常简单：或者加入这一阵营，从此对普京俯首帖耳；或者找别人去买石油、天然气或是其他资源。这让买家市场陷入了疯狂，因为找到另外一个卖家几乎是不可能的事。2006年元旦，俄罗斯天然气工业股份公司完全切断对乌克兰的天然气供应，原因是乌克兰没有满足俄罗斯天然气工业股份公司提出的价格要求。这个信息非常明确：普京拥有这样的权力，他也非常乐于行使这种权力。

詹姆斯·维里尼（James Verini）在为《商业智慧》（Portfolio）杂志写的一篇文章中指出，只要普京动一下开关，从巴黎到米兰的那些家庭就都得穿着衣服上床睡觉了。俄罗斯以能源为武器，把整个欧洲当成了人质。当普京把总统宝座交给梅德韦杰夫之后，又将自己任命为总理，俄罗斯仍旧凭借着能源财富在欧洲颐指气使，连前苏联国家也未能幸免。

2010年1月初，争议再次爆发。这次争议的双方是俄罗斯和白俄罗斯。俄罗斯在新年之际停止了向白俄罗斯的炼油厂供油。本来两国将就新一年的油价达成某种协议，结果却没谈成。白俄罗斯说俄罗斯太过强硬，想要为过境白俄罗斯的石油争取优惠关税待遇。英国广播公司也报道称，俄罗斯称已经准备好免关税向白俄罗斯提供国内消费用油，想要对白俄罗斯出口的石油征收关税。

这听起来挺合理，但在新年之后没有达成协议的情况下立即停止供油就说不过去了。幸好白俄罗斯储存的油量还够1个星期的使用，因为德国有15%左右的石油需求都来自白俄罗斯，而波兰消费的石油则有75%都来自白俄罗斯。为了报复俄罗斯切断石油供应的做法，白俄罗斯发出威胁，声称要上调过境运输的费用。

每天有整整40万桶石油经德鲁兹巴（Druzhba）输油管道输往欧洲各国。这是世界上输油量最大的石油管道之一。如果威胁成真，这一举动能够部分地减少优惠关税的损失。据一些专家估计，优惠关税的收入占该国GDP的10%左右，大约50亿美元。

当然，白俄罗斯也稍稍露了一下自己的底牌。白俄罗斯威胁说要切断加里宁格勒（Kaliningrad）的电力供应。加里宁格勒是俄罗斯的领土，与俄罗斯本土之间隔着立陶宛和白俄罗斯两国，因此几乎就是一个孤岛。

这样一来，局势就变得非常棘手。因为加里宁格勒是俄罗斯在波罗的海上唯一的一个不冻港。也就是说，只要冬天一到，加里宁格勒就成为一个在经济上和军事上都非常重要的港口。2009年1月之前，俄罗斯曾非常认真地考虑要在加里宁格勒部署导弹，因为美国曾秘密与俄罗斯的邻国波兰展开谈判，准备建立一个导弹防御体系。

2010年1月5日，星期一，早晨6点30分。加里宁格勒的气温感觉像是12摄氏度。在白俄罗斯的明斯克,感觉像是零下20摄氏度。因此,能源成了谈判的筹码,尤其是当寒冷的冬季到来的时候。没有谁比俄罗斯更会玩这个游戏了。

围绕俄罗斯自然资源的能源战被普京用国家意识形态包装了起来,因此他与西方国家之间的关系也像成吉思汗的发酵牦牛奶一样迅速变质。英国记者马克斯·黑斯廷斯(Max Hastings)曾在《卫报》上撰文指出,几个月前,我听几位外交人员抱怨跟俄罗斯人做生意太难。其中一个人说,他们仍然以冷战的方式来看待谈判,把它当成是零和博弈。如果西方人想要什么东西,那么这种东西肯定是对俄罗斯不利的。

普京甚至还与委内瑞拉的查韦斯、古巴的卡斯特罗等政治家合作,试图跟尼日利亚这样的国家做生意,甚至想要阻拦对伊朗的某些制裁。所有这一切都源于帝国主义思维。普京想让俄罗斯重获超级大国资格,而自然资源就是他最重要的筹码。普京也已经意识到,俄罗斯要想在国际社会获得发言权,就要让国家紧紧控制住资源行业,并在有实权的位置上安插自己的亲信。

正如我们曾经说过的那样,尽管这种控制使得从2000～2004年俄罗斯的人均GDP翻了一番,科恩在文章中写道,收入不公现象在俄罗斯联邦仍然非常突出。总体而言,能源大国的地位的确让俄罗斯得到了好处,真正受益的其实只是那些有机会染指政府控制下的资源的政界精英们。

而且普京还不遗余力地捍卫他和他的寡头朋友们聚敛起来的财富。马克斯·黑斯廷斯称,普京不能无视俄罗斯社会中这样一个简单的事实:他的朋友和支持者能够安全地行走在街上,腰缠万贯;他的敌人则以非常恐怖的方式死去,频率之高令人咋舌。

在全球国家和平稳定排行榜上,俄罗斯仅排在第131位。其中部分的原因或许在于车臣局势一直动荡不安,在军事上的支出也与之同步增长。

普京对俄罗斯资源的铁腕控制让他走上了几乎可以与亚历山大大帝媲美的权力之路。克里姆林宫将普京的治理哲学称为"有管理的民主"。

简单举几个例子就足以令你毛骨悚然了。

他取得了对俄罗斯天然气工业股份公司的权益控制权,这是俄罗斯最大的能源公司、全球最大的天然气开采公司。他拆了俄罗斯天然气工业股份公司最大的、非国有的竞争对手尤科斯石油公司。先是追缴70亿美元的税款，然后把公司的首席执行官扔到西伯利亚的一所监狱里任其自生自灭。接着，他又把尤科斯石油公司以极低的价格卖给了另外一家公司，而他自己拥有这家公司20%的股份。

俄罗斯有一支名为纳什（Nashi）的青年近卫军组织。普京经常访问他们的训练营，参加他们的集会。普京参加的最近的一次纳什组织大会是在克里姆林宫附近召开的，参加的人数超过了2万人。值得庆幸的是，普京的第二届总统任期于2007年结束了。但他卸任总统一职之后立刻又担任了政府总理，这无疑表明未来几年这个国家的大权仍然掌握在他的手中。油价每桶上涨1美元，就会有大约34亿美元流进俄罗斯的国库。

马克斯·黑斯廷斯这样写道，在普京的天下，成功的工具就是大规模的腐败、暴力、恶德和巧夺豪取。普京就任总统之初，罗伯特·瑟维斯曾把他比作一个猎手，"眼睛不停地望着两边的树林，寻找猎物"。现在，他仍在狩猎……

俄罗斯与车臣之间的冲突仍在继续。2010年3月29日，莫斯科市又发生两起自杀式爆炸袭击事件，目标是高峰时间的地铁。车臣叛军声称对这两起事件负责。围绕着俄罗斯能源资源的战争也远未结束。西方正准备筹建一条新的天然气管道，这条管道将绕过俄罗斯，跨里海向土耳其和其他几个东欧国家方向延伸，用于向欧洲市场出口土库曼斯坦和阿塞拜疆等国的天然气。

作为反击，俄罗斯决定绕过龃龉不断的东欧国家，比如乌克兰，两国之间曾爆发能源战争，导致俄罗斯在欧洲最寒冷的一个冬天停止了天然气输送，再铺设两条天然气管道。

俄罗斯和普京仍会继续介入国境之外的事务，一手抠住石油扳机，枪口对准西欧的脑袋。

历史上的野蛮人

欧洲之王查理曼

　　一提到野蛮人，你首先想到的大概就是残暴的土匪，或是不断袭扰庞大帝国的乌合之众。他们通常干着烧杀抢夺、杀人越货等野蛮人干的勾当。再或者，你会想哥特人、蒙古人、匈奴人、维京人，还有那些蛮族部落，他们一看到你，就会割断你的喉咙，抢走你的项链，烧掉你的茅屋，掠走你的女儿。

　　一般来讲，你不会想到历史上的那些英雄，比如查理大帝，也就是世人所熟知的查理曼。大众会奇怪：怎么会想到他呢？他所进行的战争都是在十字架的引导下并以基督教的名义发动的，而且他的丰功伟绩还为他赢得了"欧洲之父"的名号。他把那些互相之间征战不断的部落都统一到了自己的麾下，并把查理曼帝国的疆域拓展到意大利，给中部欧洲带来了和平与繁荣。

　　然而，他的成功都是通过不断地征伐，不断地剿灭叛乱，不断地迫使敌人就范。正因如此，我们把他称为"隐秘的野蛮人"。

　　查理大帝的成功是黑暗时代最亮的亮点。附庸于他的各个小国的国王的财富多得令人难以置信。查理大帝本人并不喜欢华丽服饰，很少有人见过他穿着缀满珠宝的服装，他更喜欢穿得像个平民一样。然而，查理大帝对于财富的力量了如指掌，因而在举行宴会的时候，他会让人在餐桌上摆满金制或银制的餐盘和酒杯。

　　查理曼身上体现出了很多当今政客的特质。他熟谙征伐的力量。他也知道必须要让附庸于他的那些国王渴求财宝的欲望得以满足，否则他们就会起来推翻他的统治。他们尊重军队和金钱的力量，因此他把自己在不断地扩张中获得的财富拿来贿赂他们。

　　这与今天的政客们在拉选票，或是为了通过某项法案与政治捐客之间进行幕后交易时，所使用的手段并没有太大的不同。参议院多数党领袖哈里·里德（Harry Reid）与参议员本·纳尔逊（Ben Nelson）为了让奥巴马总统的医疗改革法案获得通过所需的16票而进行的交易就是极佳的案例。

本·纳尔逊受到引诱投下了具有决定意义的一票，条件是通过特别条款免除他所在的内布拉斯加州为扩大医疗保险补助范围支出，而其他的州则必须出钱才行。而这不过是当今的政治领袖参与贿赂的一个例子而已。在后面的章节中，我们还会对如今的政客们的肮脏交易进行更多的了解。现在，言归正传，我们来看看隐秘的野蛮人——查理大帝是如何进行统治的。

查理曼奉行的政策已经不足以用铁腕来形容，甚至可以说是"利剑政策"。查理曼在公元740年左右出生（具体日期至今仍存在争议；有的历史学家说是公元742年，也有的说是公元747年或748年），是法兰克王手下大将"铁锤查理"（Charles the Hammer）的孙子。

铁锤查理帮助法兰克王征服了东部的巴伐利亚公国（Bavaria）和阿雷曼尼亚公国（Alemannia）以及南部的阿基坦公国（Aquitaine）和普罗旺斯公国（Provence）。当时他们已经占领了今天的西班牙地区，并成功地抵御了入侵的穆斯林军队对帝国西部省份的攻击。

查理曼的父亲丕平三世（Pepin Ⅲ）也是位擅长使"利剑"的高手，他在墨洛温王朝最后一位国王希尔德里克三世（Childeric Ⅲ）执政时攫取了权力。在名义上，希尔德里克三世是法兰克的国王，但实际上他想要的却是简朴宁静的隐居生活。在沙隆会战中，罗马将军埃提乌斯击退阿提拉的匈奴大军。公元451年，在法兰克国王克洛迪翁死后，他把法兰克国王的小儿子扶上了王位，而阿提拉支持的则是国王的大儿子。据某些历史学家的记载，这位小王子的名字就叫做墨洛维斯，他在罗马宣称取得了沙隆会战的胜利之后继位成为法兰克国王。

希尔德里克三世是一个无为的国王，而作为宫相，丕平掌控着军队和当朝权贵，这就意味着他已经在事实上成为了法兰克王国的统治者。随着与盘踞在意大利南部的伦巴德人（Lombard）之间的关系持续紧张，丕平让教皇废黜了希尔德里克三世，而他自己当上法兰克国王之后的第一件事就是对伦巴德国王艾斯图尔夫（Aistulf）用兵，而当时艾斯图尔夫已经把自己的国土拓展到了罗马帝国境内。丕平远征意大利，击败了伦巴德人，夺回西罗马帝国的古老都城拉文纳（Ravenna），并把它交还给了教皇。既然前人已经树立了光辉的榜样，查理曼说不定也会有样学样。而这位隐秘的野蛮人的战功，与他的前辈相比则是有过之而无不及。

虔诚的修道士

仁慈和善驭是查理曼的两大特征。表面上看，他不但衣着简朴，而且非常虔诚，这说明他不仅是一个保守的人，同时也许还是一个信神的人。查理大帝甚至把从征伐中掠夺来的大量财富交到教职人员手里，让他们修建修道院和礼拜堂，而这些修道院和礼拜堂往往都装饰得非常豪华。

在查理大帝统治期间，他的国土上分布着约600个修道院，而且他每征服一个反叛的蛮族，比如撒克逊人（Saxons），就强迫他们受洗，否则杀无赦。据托马斯·沙汉（Thomas Shahan）在《天主教百科全书》（*The Catholic Encyclopedia*）一书中的记载，这些新皈依的基督徒就要向教堂缴纳什一税，并且要放弃大片土地，美其名曰"一切为了天职"。

随着查理曼的每一次征服，都会有大量的金钱流入政府，并进而流入教堂。用西班牙的国王和郡主们进贡的黄金和财宝，查理曼修建了圣詹姆斯大教堂（Church of Saint James），这是他在西班牙的最后3年做的事。他还依据圣伊西多尔的教义，在教堂里安排了主教和牧师。这座教堂装饰得富丽堂皇，内部除了钟、丝制幔帐、书籍、圣经文本、十字架、圣爵之外，还有很多其他饰物。

回到法国之后，查理曼用他从西班牙得来的金银又修建了很多座教堂。其中包括位于艾克斯拉沙佩勒（Aix-la-Chapelle）的圣玛丽教堂和圣詹姆斯教堂；位于贝济耶（Béziers）、图卢兹（Toulouse）、加斯科涅（Gascony）和阿克萨（Axa）等地的教堂；位于索尔日（Sorges）朝圣者路的圣约翰教堂；位于巴黎坐落在塞纳河和蒙马特之间的第六座圣詹姆斯教堂。此外，他在世界其他地方还修建和创设了数不清的教堂和修道院。

而在当今这个时代，我们可以在艾伦·格林斯潘和华尔街之间看到类似的联系。格林斯潘在1987～2006年任美联储主席。1987年，市场正处于崩溃状态。他获得提名之后，债券市场经历了5年来最大的单日跌幅。随后，股票市场完全失控，道琼斯工业平均指数在10月19日下跌了22.61%，也就是著名的"黑色星期一"。

面对这一危机，格林斯潘回应说，美联储应"作为流动性源头为经济和金融体系提供支持"。在他日后的任期中，不管出现任何危机，他都把这一手段作为手中的王牌，比如20世纪90年代末期亚洲金融危机的时候，他就曾一度用大量的美元淹没了整个金融体系。

格林斯潘往华尔街这个大金库中大笔送钱的另一个方式就是操纵利率。2001年，"9·11"惨剧发生之后，又有几桩公司丑闻爆发进一步动摇了市场基础，格林斯潘于是开始一步一步削减利率，到了2004年，联邦基金利率下降到仅为1%。这让市场获得资金变得更加容易。

2004～2007年，用纸牌搭起来的房子轰然崩塌，道琼斯工业平均指数上涨了27%，平均每年上涨9%。从1987年"黑色星期一"到格林斯潘于2006年1月31日离任，道琼斯工业平均指数上涨了525%，平均每年上涨27.6%。

对很多人来说，这种行为看起来再正常不过，但市场变得越来越庞大，我们很快就将没有足够多的钱来填满它的嗜血黑洞，于是钟摆就开始剧烈地晃动。

查理曼死后，法兰克王国的情形就是如此。他的影响太过深远，他的继任者号称"虔诚者"的路易（Louis the Pious），已经无法达到王国和教会的期望了。

这就是隐秘的野蛮主义的核心：查理曼帝国的统一和稳定全维系于一个人的生命。他死后，法兰克王国一分为三，而他却是造成帝国三足鼎立的始作俑者。经过他无数次的"抽血"之后，整个王国日渐衰落，始终在无政府主义和专制主义的混乱中动荡不安。

为基督教而战

查理曼常年的征伐也让基督教得以快速扩张。他常常迫使新臣服于他的部落成员受洗，然后向他们征税，并把税款用于支持教会。德里克·威尔逊（Derek Wilson）曾在《查理大帝传》（*Charlemagne: A Biography*）中这样写道：

> 任何一个以不容置疑的信仰为名并拥有强大武力后盾的领导者都会受到追随者的支持。这种信仰巩固了查理曼的统治，并且成为这个世界上最为强大的信仰。这种信仰就是崇尚武力征服的基督教。

这并非仅仅是为了征服普罗大众的权宜之计。查理大帝相信，把基督教带给那些迷信异教的人或是没有宗教信仰的人，是自己神圣的使命。《中世纪史》一书的作者苏珊·怀斯·鲍尔（Susan Wise Bauer）这样写道：

> 起初，查理大帝想要把帝国向北方扩张。因为莱茵河畔的土地非常肥沃，而且撒克逊人的各个部落之间并不团结。公元773年，他越过阿尔卑斯山向伦巴德王德西德里乌斯（Desiderius）发起进攻，表面上是为了惩罚伦巴德王的阴谋，实则是要把意大利据为己有。

> 罗马的麻烦来了。伦巴德人围困了罗马，企图把这个城市作为自己的国都。几十年来，他们一直在一点一滴地削弱帝国的力量。事实上，在查理大帝的父亲执政时代，伦巴德人就曾一度占领了西罗马帝国的都城拉文纳。

教皇斯蒂芬二世（Stephen II）被迫召见了丕平三世，请他出兵将伦巴德人从教皇的土地上驱逐出去。教皇的办法虽然取得了成功，但在丕平统治的时代，伦巴德人并未真正俯首称臣。

很快，查理曼发现自己正处在一场大战的边缘，而他在历史上的地位将由这场大战确立。基督教把他的帝国团结在了一起。在他的统治下的人们来自不同的文化背景，操着不同的语言，但这些人之间都有一个共同点，那就是信仰基督教。基督教不仅使这些人对查理大帝保持忠诚，还让他们对他无限仰慕。

因此，与罗马和教皇保持良好的关系就变得非常重要。当然，这其中也存在角力与平衡。查理曼不管有多么虔诚，也不愿让人觉得他唯教皇之命是从。事实上，对于法兰克王来讲，他的理想是"普天之下，莫非王土；率土之滨，莫非王臣。"

公元773年底，教皇哈德良一世（Hadrian I）恳求查理大帝扫除伦巴德王德西德里乌斯的威胁，拯救罗马。查理曼迅速作出回应，速度之快，大大超乎德西德里乌斯的意料。教皇的诏令发出之后，法兰克人将在冬天到来之际越过令人望而生畏的阿尔卑斯山。

据德里克·威尔逊的描述，德西德里乌斯认为冬天能够替自己打败远道而来的法兰克人。他写道，德西德里乌斯认为，最坏的情形无非是被迫签署停战协定，做出一些他从未打算信守的承诺。但让他始料未及的是，打击接二连三地到来了。

虽然冬季降临，大雪封住了伦巴德都城帕维亚（Pavia），但查理曼并没有就此退兵。相反，查理曼掘雪前进，包围了帕维亚城。漫长而寒冷的冬日过去之后，公元774年的春天降临北方。此时，德西德里乌斯发现，查理曼的军队的营帐仍然驻扎在城门之外。直到盛夏，伦巴德王才请求停战。查理曼的传记作者艾因哈德（Einhard）写道，查理大帝一旦开始作战，就从未打算罢手，经过长期围困，德西德里乌斯国王终于无计可施，主动请降。

与父亲丕平三世不同，查理曼控制了伦巴德，并把这顶铁制王冠戴在了自己的头上。伦巴德人的威胁被肃清，教皇自然对法兰克王感恩戴德，而他们之间也建立起了一种互惠的关系：法兰克王成为教会的保护者，而教皇则为法兰克王提供了一种宗教凝聚力，帮助他统治臣民。

我们看到，时隔几个世纪之后，格林斯潘也扮演起了保护者的角色，他保护着华尔街的众多投资银行和企业。作为美联储主席，艾伦一步一步地废止了《格拉斯—斯蒂格尔法案》（Glass-Steagall Act）。而如果按照这一法案，投资银行和商业银行，二者不得混业经营。

艾伦认为，华尔街上那些贪婪的肥猫可以通过某些手段来规范自己的行为，试图以此说明自己的做法是正当的。作为回报，华尔街上的同志们对格林斯潘大唱赞歌。于是，格林斯潘成了人们口中的"大师"。

铲除树神

撒克逊战争之所以爆发，原因有三：保证边境安全、获取金钱和意识形态的冲突。法兰克人和撒克逊人之间一直冲突不断。撒克逊人坚持自己的信仰，他们崇拜"树神[①]"，认为这根柱子连接着天堂与大地。

这种"异端"成了查理曼发动战争的口实。起初，查理大帝与撒克逊人交战几次，占领了一些土地，并在占领的土地上划分教区，颁布谕令，修建教堂和修道院。然而撒克逊人表面上臣服于查理曼，而等他一转身，则又故态复萌，我行我素。法兰克王于是决定动用更加强硬的手段。

他接下来所颁行的一系列宗教法令立场极为鲜明：要么信基督，要么被处死。实际上，查理曼于公元780年颁布命令，要求撒克逊人必须受洗，否则处死。公元782年，国王亲自来到撒克逊地区，为当地居民设定了严苛的行为准则，以肃清异教行径。

查理曼以持续举行异教仪式的罪名屠杀了4 500名撒克逊人。然

[①] Irminsul，一种巨型树干，也被称作"神柱"。

而法兰克人与撒克逊人之间的恩怨并不仅仅源于宗教。撒克逊人的领土沿着易北河直达萨勒河，向西接近莱茵河，而这正是法兰克王国的边境。

战利品也是导致法兰克人与撒克逊人刀兵相向的一个刺激因素。德里克·威尔逊写道，他们同样也需要胜利，因为胜利意味着有赃可分。他们需要这些战利品来打发追随者，并确保自己累积起如山的财宝。

撒克逊人相当富有，因为他们自己本身也是野蛮人，查理曼第一次入侵撒克逊地区，并在今天的马尔斯贝格(Obermarsberg)伐倒"树神"之后，把撒克逊人奉献给他们的图腾的金银全都劫掠一空。

在评论撒克逊战争时，艾因哈德说，人们已经记不起，法兰克人所卷入的这么多次战争中，有哪一次让他们发了这样一笔大财，增加了这么多的财富。

总体说来，查理曼和撒克逊人总共进行了18次战役，冲突最终于公元804年结束，此时据战争开始已经时隔30余年。撒克逊人被征服了，被转化成了基督徒，而且还要缴纳什一税来支持教会建设。

把王冠送给查理

在查理曼占领的所有领土中，伦巴德地区的战略地位最为重要，其次就是撒克逊地区。如果说征服撒克逊人是查理曼扩张基督教的典范之作，那么守卫罗马就是他对基督教的救赎。

我们看到，这位隐秘的野蛮人在旧帝国陷入混乱的时候来到了罗马。君士坦丁六世大帝（Constantine VI）被他那急切渴求攫取权力的母亲伊琳娜（Irene）杀害。尽管君士坦丁六世并不是一个雄才伟略的皇帝，其他帝国的很多领袖对于这次谋杀事件仍旧颇为不满，而且他们也不太能接受君士坦丁堡的王座上竟然坐着一个女人这个现实。于是他们开始放眼西方，他们看见了查理曼。威尔逊这样写道：

> 这位穆斯林皇帝（苏丹诃伦·阿尔·拉希德，Harun al-Rachid）过去一直与君士坦丁堡保持着贸易往来，但是拜占庭的王位被一位女人攫取这件事让他觉得受到了冒犯，因此他转而把查理大帝视为基督教在欧洲的唯一代言人。

查理曼在罗马城外受到了教皇利奥三世（Leo III）的迎接。此前，这位法兰克王前来罗马的时候，只有一个使节团在离城1英里的地方迎接他，并且他还被迫在城墙外面扎营。

公元800年，教皇利奥三世为查理加冕，称他为"罗马人的大帝"。时值圣诞节期间，这一天非常寒冷，聚集在圣彼得大教堂的教众齐声高呼，奥古斯都查理（Charles the Augustus），承上帝之命，致和平的罗马人的大帝万岁！

把王冠送给查理曼到底是谁的主意，历史并没有可信的记录。但显而易见的是，罗马以及穆斯林世界和圣地的那些帝国都相信，旧帝国的王位是空着的。在当时的大多数领袖们的眼中，一个由女人占据的君士坦丁堡的王座与空着没什么两样。教皇认为他有权按照自己的意愿把王冠送出去。他选了查理曼。

那么，你认为这位隐秘的野蛮人当上了皇帝之后做的第一件事是什么呢？他派人到拜占庭，向伊琳娜求婚。这是查理的老把戏了。早些年他与兄长卡洛曼（Carloman）共治的时候，查理就曾娶伦巴德王的女儿德西德蕾塔（Desiderata）为妻，并试图包围其兄的领土，这片领土阻挡了他进入罗马的道路。就在20年之前，查理就曾与伊琳娜协商，试图安排伊琳娜的儿子君士坦丁与查理的女儿成婚。然而这一想法最终落空了。

现在，他又想故伎重施，以此将旧帝国统一到自己的麾下。拜占庭对于查理曼求婚的反应是：废黜伊琳娜，拥立她手下的一位大臣当了皇帝，是为尼基弗鲁斯一世（Nicephorus I）。

据说查理曼曾这样说过，我是多么希望我们中间不存在那个小小的池子啊！否则我们两人将瓜分，或者说共同拥有东方的财富。

这并不是给伊琳娜的情书，远远不是。事实上，伊琳娜遭到废黜之后，查理曼就完全放弃了联姻的打算。查理大帝要的其实是黄金、白银和基督教控制权。

今天的华尔街的那些野蛮人也许不像查理大帝那样痴迷于宗教，但他们无疑充满了对财富和权力的渴望。而这种权力就掌握在少数几家投资银行的手中。始于2007年的经济衰退尚未尘埃落定的时候，华盛顿曾放出话来，要加强对金融行业的监管，防止此类大规模的灾难事件再度发生。然而最终事与愿违。

奥巴马总统和他的团队提出了一项议案并提交国会立法审议，要求对摩根士丹利、高盛和花旗集团等投资银行的规模和业务范围实施控制。然而安尼尔·喀什雅普（Anil Kashyap）在《纽约时报》上撰文称，这项法令太过含混不清，实际上毫无效力。

在刀尖上传播教义的人

从根本上来说，加冕对罗马帝国皇帝意味着所有信奉基督教的人都是查理曼治下的臣民，包括拜占庭帝国中的基督徒。尽管他并没有指挥法兰克铁蹄冲进君士坦丁堡，以武力占据东罗马帝国，但他的武力已经非常强大，一点一点吞噬了游弋在两个王国之间的野蛮人。

对阿瓦尔人（Avars）征伐的胜利就是明证，东罗马帝国因而不得不提高了对查理曼的警惕。但对教皇以及其他教会的领袖而言，这次加冕意味着政府和教会开始了卓有成效的合作。杜兰特（Durant）在他的《世界文明史》（*The Story of Civilization*）一书中写道：

虽然如此，但他却允许教会有自己的法庭，规定土地生产成果的十分之一归于教会，并让教士掌管婚姻和遗嘱等事宜，而他自己更将三分之二的田庄赠给王国内的主教。不过他也要求主教们不时以实质的'礼物'帮助政府解决开支的问题。

在某种意义上，这种合作正是美联储与联邦政府及美国金融体系之间关系的写照。美联储前主席艾伦·格林斯潘，可以从联邦资金中拿出十分之一来救助举步维艰的金融体系，甚至可以维持很低的利率，以保证资金能够低成本的流动。但是美联储依然是一个独立的机构——就算是主席由美国政府提名也不能改变这一事实。

这样的关系还不够密切吗？

每次教皇需要有人施以援手的时候，加洛林王朝总是随时效命。查理曼不但拥有强大的武力，还有坚定的宗教信仰，他与罗马携手合作，在剑尖上传播基督教。在加冕成为皇帝之时，查理大帝已经50多岁了，这样的年纪在当时来讲已经是一个老人了。彼时，他早已经不再亲临战阵去讨平叛逆，或是征伐对自己的国土造成威胁的野蛮人了。法兰克帝国的扩张已经到达其所能承受的极限了。

公元810年7月8日，查理大帝的大儿子去世。此前几个月，他率大军围困了威尼斯城，但并未攻克，并且由于军队中爆发很强的流行性疾病，军队不得不撤退。奥地利、纽斯特里亚（Neustria）、撒克逊、勃艮第和图林根（Thuringia）应归他的二儿子小查理统治，并且在对布莱顿人和撒克逊人的战争中，小查理也已经取得了一些胜利。然而，公元811年12月4日，小查理因中风去世。

查理大帝死后，他的3个儿子中尚存的只有"虔诚者"路易一人。路易顺理成章地成为了法兰克帝国的皇帝，但他的统治并不稳固。查理曼是一个极其争强好胜而且目空一切的人。前面我们已经提到过，查理曼的祖辈和父辈都是功勋赫赫的了不起的大人物，他要胜过前人需要付出极大的努力。然而他做到了。他不但赢了，而且赢得非常漂亮。他的去世，不但给法兰克帝国留下了一个巨大的空洞，还令基督教落入到无人保护的境地。

长寿加上长期的统治为查理大帝带来了巨大的身后之名。对历史而言，这是一件好事；但对"虔诚者"路易而言，就不那么妙了。路易不仅要费尽心力处理内部摩擦，那些人之所以保持忠诚，要完全归因于查理曼的人格力量和他在征伐中所劫掠来的财富的力量，还要应对一种新的、捉摸不定的威胁。他们从海上而来，袭扰沿海的村镇，烧杀抢掠一番后又逃回到海上。他们就是维京人。

PROTECTION STRATEGIES

第四部分
用智慧打赢财富保卫战

　　金价持续在高位波动，投资者的机会在哪里？美元指数在80点上方站稳，已突破投资者的心理点位，伺机佯攻90点？还是在堆积更多的筹码？大陆A股市场上，以全球资源为题材的股票与基金越来越多，令投资者难辨真伪。如何识别货真价实的全球资源股，或者基金？

　　在这个不赚钱即赔钱的年代，投资者如何围猎野蛮人、捍卫自己的财富？

第14章
投资多样化：投资的王道法则

> 经济体的规模越大、越发达，投资的风险也就越小，这与规模较大的公司比规模较小的公司更安全的道理是一样的。

如今，当代的阿提拉们从我们手里抢钱的手法越发卑劣了。从微不足道的信用卡费用到斥资数万亿美元的救助行动，都能见到他们的身影。他们鬼鬼祟祟，形迹可疑，然而他们十分大胆，毫无愧意。

今天那些掠夺财富的野蛮人已经对权力和金钱成瘾了。为了钱，哪怕是你的钱，他们都可以不惜一切。而且历史表明，那些钱的确是你的。我们有两个选择：要么什么也不做，要么做点什么。

所谓做点什么并不是说要你抓起长叉或是斧头去围攻城堡，尽管如今加入抗议示威的机会俯拾皆是，你也不必发动起义，或是大喊"打倒高盛"、"把手从我的口袋里拿开"等口号。所谓做点什么也可以很简单，比如把钱放到那些臭名昭著的野蛮人抓不到的地方。

你可以通过购买黄金、白银或其他贵金属的方式让财富保值。你可以持有美元以外正在升值的其他货币，让那些企图攫取财富的人空手而归。或者，你可以到经济向好的国家去投资，或者把钱投到前景看好的国际公司中去，从而实现对财富的保护。

我们会在后续的章节中仔细探讨上述这三种策略，不过这里说明的是，这些策略都要强调一点：多样化，而且要尽快实现多样化。**资产配置是财富保值的关键**。设想你在维京时代身处爱尔兰的一家修道院之中，你发现一片如森林般的船桅杆正向你所处的这个海湾涌来。这个时候如果你说，哎呀，我们早该把财宝分出去一部分放在法国的教友那里的。那还来得及吗？当然来不及。多样化的时机应该是在有事发生之前。因为一旦有事发生，你几乎没有反应时间来保护你的财富。

你以为持有现金就足够安全了吗？现金已经不再安全了，尤其是在你受到攻击的情形下。你总不能把1万美元的现金塞到床垫里，然后希望当你需要的时候这笔钱还一分不少地藏在那里吧。

举个例子。如果你在2009年初在床垫里塞了10 000美元，那么等到年底你实际上剩下的钱就只有9 398美元了。这就是美元贬值的代价。美元指数（US Dollar Index）是将美元的价值与一篮子其他主要货币相比较得出来的。2009年1月，美元指数为83，到了2009年12月，美元指数降为78，也就是说一年之内下降了6.02%。参见图14.1。

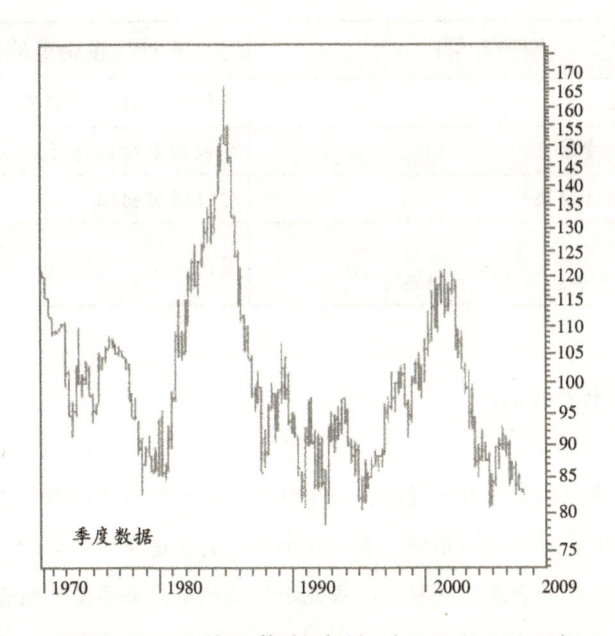

图14.1 美元指数走势（1970～2009）

资料来源：maoxian.com/us-dollar-Index。

况且 2009 年还是美国经济从衰退中复苏的一年！不过也不要误会，尽管我们的确强烈建议不要持有某些货币，我们并不是反对持有现金。我们不反对持有任何资产，我们所反对的是把所有鸡蛋放到一个篮子里策略。下面我们来谈谈资产配置吧。

给你的投资组合加装"自动导航"

投资组合管理最流行也被证明为有效的理论之一是永久投资组合。这一理论的提出者是哈里·布朗（Harry Browne），他是一位自由市场投资分析师，曾两度被自由党提名为总统候选人。他曾经写过一本书，书名叫做《万无一失的投资》（*Fail-Safe Investing*）。

1970～2003 年，他利用永久投资组合策略获得了平均每年 9.7% 的回报，他的投资组合的构成大致是这样的，见表 14.1。

表 14.1　资产配置比例

资产配置	4 种权重相等的分组
25% 的股票	在经济向好时会带来很好的收益
25% 的长期债券	可以用来对抗通货膨胀
25% 的黄金（金块）	对抗通货膨胀
25% 的现金（包括短期国库券和货币市场基金）	安全

布朗在书中写道：

> 如果你依靠一种投资品、一个机构或是一个人来确保自己的安全，你就会时刻提心吊胆，害怕这个唯一的渠道令你一败涂地。如果你把资金分散在几种投资品或几个机构的话，并尽量使组合简单化，确保你自己在管理上游刃有余，你就可以高枕无忧了，因为你知道没有什么单一的事件会让你一蹶不振。

你还可以更进一步，在四种分组中再次进行多样化。你持有的股票不一定非要全部都是科技股，你所持有的现金也不一定非要全都是美元。

从目前来看，你所持有的黄金组里也不一定非得是黄金，其他的贵金属也有保值的功能。此外，一些场内交易的投资工具背后也是有真实黄金作为支撑的，因此从技术上来讲，你买的还是实实在在的金块。关于这一点，我们将在第 15 章中进一步讨论。

尽管布朗没有怎么提及大宗商品，不过我相信我们还是可以把进行大宗商品交易的公司的股票加入到投资组合中来。它们在这一领域对国内以及国际市场都有着很大的影响力。以能源为例。运输行业、炼油行业、公用事业以及其他一些行业都要紧密关注石油、天然气、每天和其他能源类大宗商品的价格。

航空业也要购买石油期货，这样才能提前几个月确定石油价格。此类大宗商品对市场和企业有着极大的影响。布朗设计的永久投资组合的目的在于"自动导航"，这样，只要你的投资组合中的分组没有失衡，作为一个投资者你就不用怎么操心。布朗的建议是：

> 如果这四类投资品中任何一种的价值已经降到了投资组合整体价值的 15% 以下或是升到了 35% 以上，你就需要进行调整，使其所占比重回复到初始水平。否则就说明你对其中最成功的那种投资品过于依赖了，你希望它继续成功，并且造成其他投资品所占比重过小，整个投资组合也就背离了多样化的初衷。

毫无疑问，这种方法有助于让财富保值。对该策略进行的测试表明，自 1970 年以来，任何单一年度的亏损率都没有超过 6%。同时，这样的投资组合还可能带来不菲的收益。布朗的首要目标是安全，其次是稳定的收益。如果将这种策略与其他的投资组合策略相结合，你就有可能赢回一部分被今天的阿提拉们偷走的原本属于你的财富。

事实上，通过多样化，你确实可以做到这一点。资产配置的全部要义在于看准机会然后迅速采取行动。

如何按照你的需求组合资产？

《投资管理：投资组合多样化、风险和时机——事实与虚构》（Investment Management: Portfolio Diversification, Risk and Timing – Fact and Fiction）一书的作者罗伯特·哈金（Robert Hagin）曾这样写道：

> 资产配置策略的战术与寻找市场时机的方法有些类似，需要你看准机会对资产的百分比进行调整。

比如说，在经济困难的时期，一次战术调整可能是把资金从风险较高的资产（比如股票）中抽出来，投入到较为安全的资产（比如国债）上，这样可能更有助于保值。相反，在经济较好的时期，将较为安全的资产转换为风险较高的资产，可能会让你的投资组合比布朗的永久投资组合更快地增值。

前提是，你必须要知道什么时机投资于哪类资产。

而那些野蛮人也会看准时机从你手里掠夺财富。如果你的铠甲上有一道裂缝，你就会被匈奴人的箭射穿。如果你的城堡的豁口没有及时修补，查理曼的投石器就会让你吃尽苦头。

在金融危机刚刚结束之时，很多投资者的投资组合都出现了裂痕，而且他们还不得不拿着卷了刃的剑、穿着生了锈的铠甲去战斗。不过现在是时候进行一番修补了，他们必须重新修筑起被贪婪的敌人摧毁的城墙。

你在房地产市场的投资是不是太多了？你是否在大宗商品上投入的资金太少了？你是否把投资银行都当成了是大块牛肉呢？很多人都是如此，这也正是那些野蛮人所希望的。至于泡沫是不是已经大到失控，他们完全不会在意，他们只想攫取多一点财富。

既然你已经了解了他们使用的一些武器，现在就应该奋起保护自己了。

哈里·马克维茨（Harry Markowitz）在他的大作《资产选择：投资的有效分散化》（Portfolio Selection: Efficient Diversification of Investements）中写道：

一个好的投资组合不仅仅是一个绩优股配合债券的长名单，更应该是一个经过良好平衡的整体，能够针对一系列范围很广的紧急事件为投资提供保护和获利的机会。

如何对投资组合进行平衡取决于你愿意承担多少风险，也就是每种投资品占多少比重。如果你是一个激进型投资者，那就说明为了多赚取一些回报你愿意承担更多风险。这种平衡会帮助你赢回部分财富。

如果你是一个保守型投资者，那就是说你不愿意多承担风险。就算收益少一点，但比较稳定，这样你就满意了。这种较为安全的投资策略能够帮助你保住现有的财富。

不管你是哪种类型的投资者，平衡的关键还在于多样化。记住这一点，你就可以按照自己的需求设计投资组合。

同样地，不管是哪种投资组合，你都要应对风险。尽管多样化能够帮助你降低亏损的风险，但无论如何都不能完全消灭风险。就算你决定仅仅持有现金也不行，这一点我们在前文已经说过了。

风险分为两类：系统性风险和非系统性风险。这两类风险也被称作不可分散的风险和可分散的风险。

不可分散的风险：也称作系统性风险或市场风险。不可分散的风险与每一家公司都息息相关，产生这种风险的原因有很多，比如通货膨胀率、汇率、政局不稳、战争以及利率。这种风险并不只限于任何一家公司或任何一个行业，无法通过多样化的方式消除或是降低。这是每一个投资者都要面对的风险。

可分散的风险：也称作非系统性风险，这种风险是每一家公司、每一个行业、市场、经济体或是国家个别的风险，可以通过多样化的方式降低。最常见的非系统性风险的来源是商业风险和金融风险。因此，投资者要投资于不同的资产类别，这样一来市场上的单一事件就不会对所有的资产产生同样的影响。

举例来说，如果我们回头检视布朗的永久投资组合就会发现，股票既存在可分散的风险也存在不可分散的风险，而且我们可以通过投资于现金、债券和黄金的方式来降低持有股票的风险。

但是，这并不意味着一个包含现金、债券和黄金的平衡的投资组合就是绝对安全的。多样化的另一层含义在于投资地域的多样化。

以现金为例。如果某种国际货币正在贬值，那么相对地，另外某种货币可能正在升值。比如2010年初希腊债务危机期间，欧元兑美元的汇率就曾大幅下跌，这就意味着对欧元来说，美元升值了。

但在全球经济危机中，其他的货币，比如澳元，在美元贬值的时候却在升值。参见图14.2。

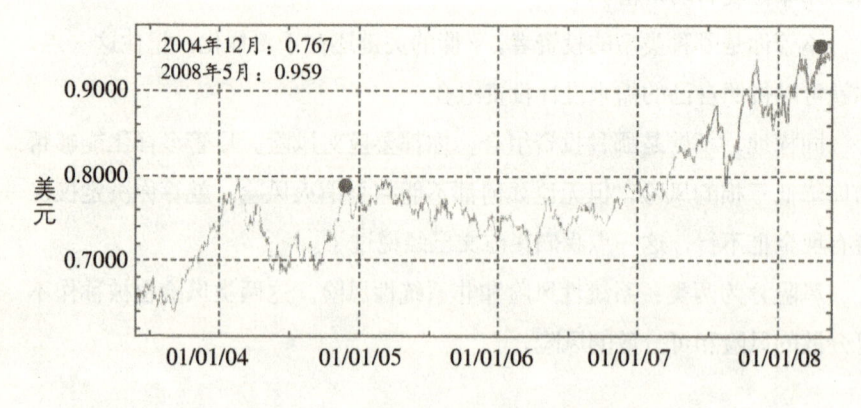

图 14.2 澳元兑美元的汇率走势

资料来源：www.staypuff.net/?p=2321

因此，最好的策略应该是利用某种能够发挥平衡作用的国际货币来对冲现金头寸的风险。在第16章中，我们会进一步探讨几种能够实现这一目的的方法。

不过，国际化投资多样化的途径还有很多，并非只局限于另外一种货币。同样地，投资于国际市场也不一定意味着要买入马来西亚的某种名不见经传的债券。国际化投资与国内投资大同小异。不同的国际投资方式所面临的风险水平也不尽相同。

一谈到全球化投资，我们很容易想到要对全球的经济体进行分类。投资目的地是一个像美国、日本、法国这样的发达国家，还是一个像中国、印度这样的新兴市场国家？

一般而言，经济体的规模越大、越发达，投资的风险也就越小，这与规模较大的公司比规模较小的公司更安全的道理是一样的。与此同时，一些新兴市场的回报率要高于发达经济体。

"投资百科"网站的编辑、特许金融分析师迈克尔·施密特（Michael Schmidt）曾写道：

> 利用非美国资产，特别是拥有发达的股票市场的国家的资产构建的投资组合不仅能够提高总体收益，还能降低波动性。

在第17章中，我们会探讨投资国际市场的四个原则，这些原则会帮助你做出适当选择。不过，投资组合还要防范另外一种因素：不可预知性。换句话说，没有人能够预见未来。我们当然可以对市场和经济走势做出预测，但未来本身却是不可预知的。

多样化可以帮助我们抵御不可预见的事件的打击。以2010年4月发生在墨西哥湾的环境悲剧为例。这次事件导致11人丧生，并造成了美国历史上最严重的漏油事件，这比埃克森公司"瓦尔迪兹"号油轮漏油事件更加严重。

该钻油平台属于越洋公司（Transocean Ltd.）所有。2010年4月21日，该公司的股价为每股90.37美元，到4月30日就已经跌到了72.32美元，跌幅为19.97%。

这一事件是不可预见的，而且受影响的也不仅仅是越洋公司，整个行业都遭到了重创。如果哪个投资组合里包含大量的石油勘探公司的股票，必定会遭受巨大的损失。在同一时间内，黄金的价格则将大幅上扬。

4月21日，2010年6月黄金期货的价格是每盎司1 140.40美元，到4月30日就已经上升到了1 187.70美元，涨幅为3.53%。

来看看一个总值10 000美元的投资组合在两种不同的情境下表现。

如果该投资组合中只有越洋公司的股票，那么到了 4 月 30 日，该投资组合的价值就是 8 003 美元。如果该投资组合中包含 50% 的越洋公司的股票和 50% 的黄金，该投资组合的价值就是 9 178 美元。这样一来，亏损的幅度就从 19.97% 降低到 8.22%。

这样的保护力度难道还不足以说明问题吗？由此可以看出，多样化的确能够降低不可预见的事件带来的风险。在平衡投资组合抵御不可预见的事件的风险这方面，黄金和其他贵金属的作用非常明显。不仅如此，多样化还可以抵御其他被忽视的风险，比如通货膨胀。我们就从这里开始，看一看通过购买黄金和白银实现多样化如何能够让你的投资组合受益吧。

第15章
贵金属：抵御通胀的杀手锏

> 大多数人都不怎么关注通货膨胀，因为他们并没有意识到其中存在的危险。通货膨胀会侵蚀资产和收入的购买力。

正如我们在前述章节中看到的一样，随着美元供应量的增加，每一美元的价值就会减少。但除了货币总量增加之外，我们还需要关注通货膨胀。2007年的通货膨胀率在2.0%～2.78%之间徘徊。随着市场转好，通货膨胀率达到了4.3%的高位，随后又逐渐下降。2008年的通货膨胀率平均为3.85%。2009年，经济艰难复苏，几乎没有什么通货膨胀。2010年，通货膨胀率达到了2.63%，而且还有可能进一步升高。事实上，一些经济学家已经发出警告，美国的通货膨胀有可能再一次达到20世纪70年代的水平。1974年的通货膨胀率为11%。参见图15.1。

通货膨胀率高企对一国的经济而言非常危险。尽管我们看到国债已经成为一个重大的问题，如果美联储不得不提高利率以吸引买家购买国债，就会给经济复苏带来威胁。不仅世界范围内的经济复苏会受到威胁，而且投资者千辛万苦赚来的钱也会被掠走。正因如此，我们才需要防范通货膨胀的策略。

2010年3月份，国家通货膨胀协会（NIA）发表了一份声明中表达了对通货膨胀的忧虑。该声明称：

由于受强迫清算、去杠杆化、退场销售和其他暂时因素的影响，今天的美国已经步入了短期通货紧缩阶段。

我们认为联邦储备局和美国财政部的货币政策很快就会终结这一轮的通货紧缩，并且很快就会出现大规模通货膨胀，最终有可能形成津巴布韦式的超级通货膨胀。

国家通货膨胀协会还说，奥巴马总统抛出的7 870亿美元的刺激资金产生的通货膨胀效应现在仍未开始显现。鲁比尼全球经济咨询公司的阿伦·莫迪亚尼（Arun Motianey）称，我们朝着一个通货膨胀的世界前进。他在最近发表的一篇文章中说："通货紧缩的风险非常严峻，但发生通货膨胀的可能性更大。"

马丁·费尔德斯坦（Martin Feldstein）在《金融时报》上撰文声明同意美国正在步入通货膨胀这一说法。在2009年4月19日发表的一篇关于

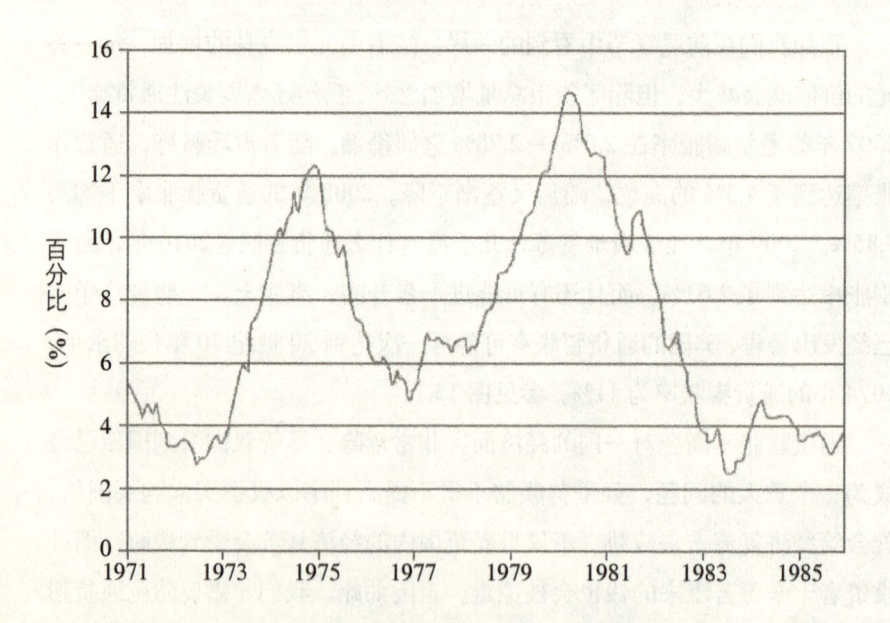

图15.1 以消费者物价指数为基础的通货膨胀率（1971～1985年）

资料来源：Inflationdata.com，圣路易斯联邦储蓄银行

美国面临高通货膨胀风险的文章中，费尔德斯坦说："美国财政赤字史无前例的爆炸性增长，加大了未来出现高通货膨胀的可能性。"

费尔德斯坦认为，潜在的通货膨胀风险是：美国庞大的财政赤字将导致货币供应的增加。有证据表明，如果财政赤字没有导致货币供应增加，就不会引起价格持续上涨。

费尔德斯坦指出，1980年就是低通货膨胀的一个例子，因为货币供应并没有增长。20世纪80年代初，当时美国财政赤字迅速上升，与此同时通货膨胀却急剧下降，因为美联储收紧了货币政策，并允许短期利率大幅上升。

目前美国庞大的财政赤字正伴随着货币供应的快速增加而增加，甚至还伴随着商业银行准备金的增加而增加，这种情形更为不利，因为这些准备金以后可能会转化成更迅速的货币增长。

大多数人都不怎么关注通货膨胀，因为他们并没有意识到其中存在的危险。通货膨胀会侵蚀资产和收入的购买力。比如，1973年花40美元就能买到的东西，到了1983年就得花100美元才能买到。事实是，自1971年以来，美元已经贬值了82%。

鉴于通货膨胀如此强大的破坏力，投资者需要防范它给投资组合造成的持续不断的伤害。投资者的目光不能只局限在证券上面，因为通货膨胀也会引起股东价值的下降。大多数投资者认为，只要公司能够将增加的成本转移到客户身上，就能保护股东价值不受损害。

但是就如《麦肯锡季刊》（McKinsey Quarterly）在最近的一篇报道中指出的那样，若要防止通货膨胀侵蚀股东价值，收益率就必须要比通货膨胀增长更快，而很显然大多数公司都没有达到这一目标。

麦肯锡的研究发现，20世纪70年代到80年代，美国公司努力维持了与通货膨胀率差不多的每股收益率，都在10%左右。为了保持股东价值，这些公司就需要将收益增长率提高大约20%。

这是非常困难的，要想在一个正在挣扎着试图从2007年的衰退中恢复元气的经济体中达成这一目标更是难上加难。因此我们推荐把资金投放到能够抵御通货膨胀的投资品之上，比如黄金和白银。

303

下一波黄金行情

最近几个月，在美国政府债务接连创下历史最高纪录、利率持续走低、货币基础持续扩大的背景下，抵御通货膨胀的同时，还能获得丰厚回报的最好办法就是投资于黄金。

贵金属是非常好的对冲市场下行风险的投资品。比如，2009年2月10日，道琼斯工业平均指数大跌380.48点，降到了8 000点以下，而黄金期货却在一个交易日内上升了21.40美元。之后，黄金期货的价格曾一度升至每盎司1 000美元的最高位。

在我们写作本书的当时，金价已经接近每盎司1 050美元。金价飙升反映了投资者对于通货膨胀将愈演愈烈的担忧。归根结底，黄金是衡量通货膨胀的一个主要指标。

温赖特经济研究公司（H.C. Wainwright & Co.）的研究主管戴维·兰森（David Ranson）在一篇报告中称，黄金不仅能够用来抵御通货膨胀，还能够在通货膨胀即将到来之时发出警示。兰森在一项研究中发现，金价的变动与此后12月内按消费者物价指数计算的通货膨胀率之间的相关系数为0.5。

通货膨胀是一种货币现象，意思就是说，通货膨胀受按照'硬通货'基准计算的货币购买力的制约。如何判断政府的行为是在抑制通货膨胀还是在助长通货膨胀呢？盯住黄金，而不是石油。如果说金价上升是通货膨胀的前兆，那么也就可以说金价上升意味着美元的价值即将下跌。

世界各国对黄金的需求都很强烈。2008年，来自东亚、南亚和中东国家的需求占了全球总需求的70%。黄金需求量最大的5个国家是印度、意大利、土耳其、美国和中国。

起初，黄金主要是用于装饰或工业。不过，近年来大幅增长的黄金需求则是来自投资者。2003年以来，黄金的投资需求强势增长。2008年，黄金的价值已经增长了约412%，由于投资的吸引，黄金净流入量约为320亿美元。

投资者购买黄金的主要原因有以下几种：

◆ 抵御通货膨胀；

◆ 抵御美元贬值；

◆ 抵御不断加深的政治危机和经济危机。

这些年来，黄金的价格稳步上升，见图15.2。

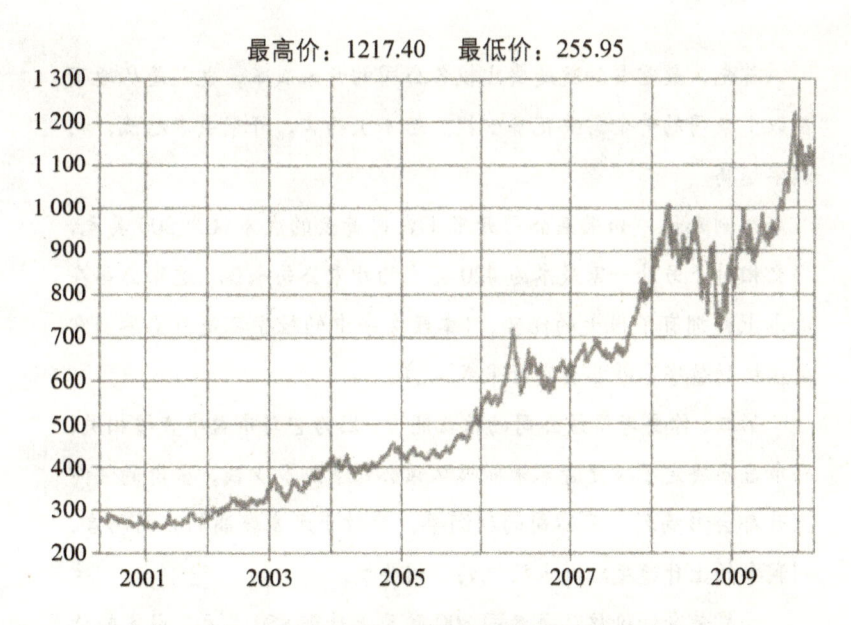

最高价：1217.40　最低价：255.95

图 15.2　10 年来美国黄金价格走势（美元／盎司）

资料来源：goldprice.org

安东尼·莫利达利（Anthony Mirhaydari）曾撰文指出，在过去动荡的 10 年中，泡沫、衰退、战争、银行倒闭、政府救助接连不断，很多资产都瞬间贬值或消失，但有一种资产令所有其他资产都相形见绌，这种资产就是黄金。

投资黄金的途径很多，包括亲自购买并存储黄金、投资于金币以及投资于交易所交易基金（ETF）等。

还有另外一种途径，那就是买入黄金开采公司的股票。这类公司中既有规模庞大、拥有巨量黄金储量的公司，也有规模很小、处于发展阶段的公司，这些小公司拥有一些土地，但并不知道地下是否真的有金矿。

黄金开采公司要支付大量的成本，比如能源和设备的费用、开采许可、劳力以及其他各种支出。如果你想要购买黄金开采公司的股票的话，除了要关注该公司实际拥有的黄金储量以及正在开采的黄金数量这些必须关注的因素之外，还要考虑另外三种因素：

首先，最重要的就是要比较各公司的开采成本，也就是从地下获取1盎司的黄金需要花多少钱。基本上而言，开采成本越低，利润率越高。

举例来说，如果某公司开采1盎司黄金的成本仅为300美元，那么相对于另外一家成本为420美元的开采公司来说，这家公司在成本上就拥有了很大的优势。（本段文字中的数字都是为了举例需要虚构的数字，并非真实开采成本。）

第二，你要考察该公司的收益能力，因为它与市盈率直接相关，而市盈率决定了投资者未来能够从该公司拿到多少钱。金价的任何上升都会影响到开采公司的利润率，但对于成本较高的公司而言，利润率的上升速度比成本较低的公司要快。

如果黄金的价格从每盎司800美元上升到850美元，成本较低的公司的利润就从每盎司500美元上升到550美元，也就是上升了10%；而成本较高的公司的利润就从每盎司380美元上升到430美元，也就是上升了13.2%。这就是说，与成本较低的公司相比，成本较高的公司的股价上升的幅度较大（高出了32%）。

最后，你需要考察的是该公司的套期保值策略。套期保值意味着该开采公司与另外一方签订了合约，约定在未来某一时间以某一固定价格出售黄金或白银，无论未来该交易时刻黄金或白银的现货价格为何。那些针对大部分开采出来的黄金都采取了套期保值策略的公司已经严格地限制了自己的利润率，正如我们前面所讨论的，这会对市盈率和股价产生非常重大的影响。

为举例方便，我们假定某开采成本为每盎司 400 美元的公司以每盎司 800 美元的价格进行套期保值，这就意味着他们签订了以每盎司 800 美元卖出开采出来的黄金的合约。

如果到时候黄金的价格已经从每盎司 800 美元升高到了 900 美元，那么该公司就蚀掉了很大一块利润，因为该公司已经通过合约把最高价限定在了 800 美元。而没有签订此类合约的公司则可以拿到每盎司 500 美元的利润，这比它的竞争对手多拿了 25% 的利润。

如果你要选择一家或几家开采公司投资的话，纽蒙特矿业公司（Newmont Mining）、巴里克黄金公司（Barrick Gold）、阿哥尼可老鹰矿场公司（Agnico-Eagle）和黄金公司（Goldcorp）这几家比较值得考虑。在你决定悉心钻研每一家开采公司的收益能力和套期保值策略之前，我们先要看一看其他一些贵金属的投资种类，比如交易所内交易基金（即 ETF）。

货币 ETF，赚钱快手的选择

简单说来，一只 ETF 就是一篮子像普通股票一样交易的证券，与指数基金或是共同基金有些类似。ETF 也是按照基础资产的净值进行交易的。

根据媒体的相关报告，2009 年第一季度结束之前，全球 ETF 行业共有 1 635 只 ETF，上市数量为 2 857 支，总资产达 6 335.5 亿美元，有 87 家提供商，分布于全球 43 个交易所。从图 15.3 中，我们很容易地看出 ETF 作为一种投资选择不仅经历了大幅增长，而且还吸引了越来越多投资者加入。

ETF 趋势（ETF Trends）网站称，由于新的提供商的加入和新产品的推出，未来 3 年，ETF 市场的市值将再增 30 亿美元。ETF 趋势网站的创始人汤姆·莱登（Tom Lydon）这样说道：

5 年前，ETF 对于共同基金行业还不能构成威胁。时至今日，

ETF 实际上已经侵蚀了传统共同基金的市场。如果贵公司是一个是坚持中庸路线的共同基金公司，绩效平平，收取的费用在业内处于平均水平，那么 ETF 对贵公司的威胁就会越来越大。

与共同基金相比，ETF 有几种非常值得注意的优势。比如，投资者只能在交易日结束后按资产净值赎回共同基金，但 ETF 却像股票一样，只要开市，就可以随时买卖。很多共同基金都需要投资者满足最低投资门槛才能进入，而 ETF 则没有最低投资要求。

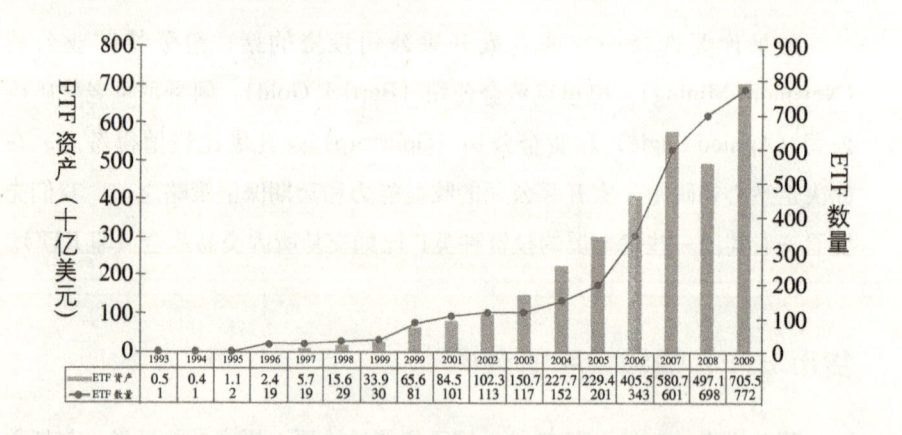

年份	ETF 资产（十亿美元）	ETF 数量
1993	0.5	1
1994	0.4	1
1995	1.1	2
1996	2.4	19
1997	5.7	19
1998	15.6	29
1999	33.9	30
2999	65.6	81
2001	84.5	101
2002	102.3	113
2003	150.7	117
2004	227.7	152
2005	229.4	201
2006	405.5	343
2007	580.7	601
2008	497.1	698
2009	705.5	772

图 15.3　美国 ETF 市场资产增长状况（截至 2009 年 12 月）

资料来源：黑石集团（BlackRock）交易所交易基金研究和战略实施团队，彭博社

另外与共同基金不同的一点是，ETF 的投资方式更加灵活，甚至还包括了期权。ETF 可以卖空，如果投资者预期未来指数会下降，就可以通过卖空操作获利。

最后，与黄金相关的 ETF 的回报要远高于与黄金相关的共同基金。2008 年，黄金 ETF 的回报率为 29%，2009 年为 8%。与之相比，共同基金则大为逊色，投资者在这两年里的回报均为负值。

黄金 ETF 基金的操作手法是大量购入黄金，并且把这些黄金保存起来，以保证供应。这种 ETF 会以一篮子的形式发行股份，这些股份的价值会随着金价的上涨而上涨。比如,如果金价上涨 10%,那么 ETF 的每一单个股份的价值都会同样上涨 10%。

在这个领域内,我们推荐的投资对象是 SPDR Gold Shares ETF。当然,其他的一些 ETF 也值得考虑,这只的流动性最好。

该 ETF 以黄金为基础资产,追踪现货黄金价格的波动。事实上,这只 ETF 背后有价值逾 400 亿美元的真正的黄金的支持。这是全球规模最大的一只 ETF,占黄金 ETF 持有总量的 62%。

其他一些可供投资的 ETF 包括安硕 COMEX 黄金指数基金(iShares Comex Gold Trust)、瑞士黄金信托指数基金(Physical Swiss Gold Shares)、PowerShares 德银黄金基金(the PowerShares DB Gold)和 UBS E-Tracs Gold Total Return。有了 ETF,投资者就可以像投资股票一样买入和卖出黄金,利用黄金价格的变动获利,而无需像一般能源公司那样为能源和设备、开采许可、劳力以及其他各种成本操心费力。

同时,投资 ETF 也是抵御美元贬值的一个非常有力的工具。图 15.4 对 SPDR Gold Shares ETF 和美元 ETF 的走势进行了比较。

ETF 的流动性是值得投资者考虑的一个因素。以往记录表明,ETF 的交易者数量非常庞大,这就能保证投资者不费任何力气就能买入或是卖出 ETF。同时,这也表明此种 ETF 将长时间存在。这对长期投资者,尤其是黄金投资者而言非常重要。

而对于那些行动更为迅速的交易者来说,SPDR Gold Shares ETF 还附带有期权,这就意味着激进型投资者可以利用更大的杠杆率,同时也获得了 100%、200% 甚至更高收益的可能。

CEF,既是基金也是黄金

除了投资于黄金开采公司或者与黄金相关的 ETF 之外,投资者还有另外一个选择,那就是黄金基金。有一只基金,投资者并不怎么了解,那就是在多伦多证券交易所(Toronto Stock Exchange)交易的加拿大中央基金(Central Fund of Canada),其在美国证券交易所的代号是 CEF。

1961年，菲利普·M.斯派塞（Philip M.Spicer）创立了加拿大中央基金公司，这不是一家黄金开采公司，而是一家封闭式投资管理公司。该公司在一家采取了最高安保措施的加拿大特许的银行的金库中存有大量的金块和银块。

图15.4　黄金的价格将继续上扬

资料来源：usrarecoins.com。

中央基金的资产有90%以上都是黄金和白银。投资于CEF就拥有了这些金块和银块的股份。截至2010年4月，中央基金持有的黄金的价值为15亿美元，约130万盎司。该基金的资产总值为28亿美元。

从安全性和保值的角度来看，没有哪只基金能比得过CEF。据该公司声称，他们存储的金块和银块每半年就会审计一次。而且，该公司的财务信息也会通过网站定期更新，对所有人开放。

中央基金的业绩也非常抢眼。该基金用2.48亿美元购买了27万盎司的金块，另外还用1.79亿美元购买了1 358万盎司的白银。该公司的净收益也有所增长。公司年报显示 2009 财年的收益为 7.29 亿美元,与之形成对比的是,2008 财年该公司录得了 3.53 亿美元的净亏损。2009 年之所以能够获得净收入,主要应归功于该年度所持有各种资产的合理配置。投资于 CEF 有几种好处:

  首先,CEF 股份的交易与股票一模一样,你只需要一个经纪商就可以进行交易,这与你购买任何一家普通公司的股票的程序是一样的;
  其次,你不必亲自储藏黄金,而且也没有任何隐性费用,除了向经纪商支付的费用之外。一般而言,该基金的利润随着金价的上升而上升;
  另外,通过投资于 CEF,你不必实际占有黄金就能够投资黄金,一样能够起到抵御通货膨胀的作用。

左右全球银价的基金

  另外一种抵御通货膨胀的工具就是白银。实际上,白银一直以来就是被当作能够有效抵御通货膨胀的工具来使用的。1979 年,出于对通货膨胀的担忧,白银的价格升到了每盎司 15 美元～25 美元。2002 年以前,白银的价格只不过每盎司 1.55 美元左右。
  很长时间以来,白银都被认为是集极端波动性和极速收益性于一身的投资品。比如,在 1979 年价格达到高峰之后,由于通货膨胀的担忧消退,白银的价格迅速下降。
  1982 年末,投资者对于白银的热情又被点燃了。国际金融恐慌令一部分投资者转而追捧白银,还有一些投资者认为白银的价格被低估,而这样的低价是不可持续的,于是开始买入白银。这种热情反映在白银的价格上。1982 年 6 月,白银的价格为每盎司 4.98 美元。到了 1983 年 3 月,则上涨到了 14.72 美元的高位。
  20 世纪 90 年代末和 21 世纪初,白银价格回落,每盎司价格在 4.88

美元到 5.79 美元之间。2006 年，由于巴克莱银行成功发行了全球投资者安硕白银信托 ETF，白银的价格又开始回升。由于投资者需求旺盛，加上工业上的需求，白银的价格于 2007 年强势回弹到每盎司 13.38 美元。

2008 年上半年，投资者将白银的价格推升到了每盎司 20 美元以上。然而，由于经济前景迅速恶化，白银和其他贵金属的价格一道大幅下跌。不过，在 2009 年的前 4 个月内，白银的价格已经收复了大部分失地。

2009 年 4 月，白银的价格升到了每盎司 19.29 美元的历史高位。到了 2010 年 4 月，白银的价格已经稳定在每盎司 18 美元左右，与 20 世纪 90 年代的低价位相比，大幅上涨了 210%。

与黄金不同，白银一直被用作工业加工用途，比如金属器件、平面显示屏、手机和其他高科技产品。黄金则大部分被存储起来。

有关白银基本面的一个非常重要的因素就是：美国政府的白银存量已经基本用尽了。20 世纪 60 年代，美国政府手头持有大量的白银，约为 35 亿盎司。2008 年底，美国政府库存的白银只剩下 2 000 万盎司。

如今，全球政府持有的白银库存量大约只占当年美国政府持有的 35 亿盎司的 0.016%。随着全球经济走出 2007 年的衰退，我们很可能会看到白银的需求再次升高，因为全球制造业已经逐步回暖。由于白银存量短缺，白银的价格会出现大幅上升。

投资于白银，特别是白银 ETF 是非常理智的选择。最好的白银 ETF 就是安硕白银信托基金（iShares Silver Trust）。这是规模最大的白银 ETF，实际上，银块的价格完全听命于该基金。

该 ETF 的收益率一直非常可观。截至 2009 年 12 月 31 日，该基金的年化收益率为 56.6%。2006 年 8 月，该 ETF 刚一诞生，收益率即达到了 8.87%。从图 15.5 我们可以看出该白银 ETF 的增值情况。

"大心脏"投机家的盛宴

投资者抵御通货膨胀的方法还有一个，那就是投资于黄金期货或白银期货。这种投资不适合胆小的人，也不适合口袋不够充实的人。投资于期

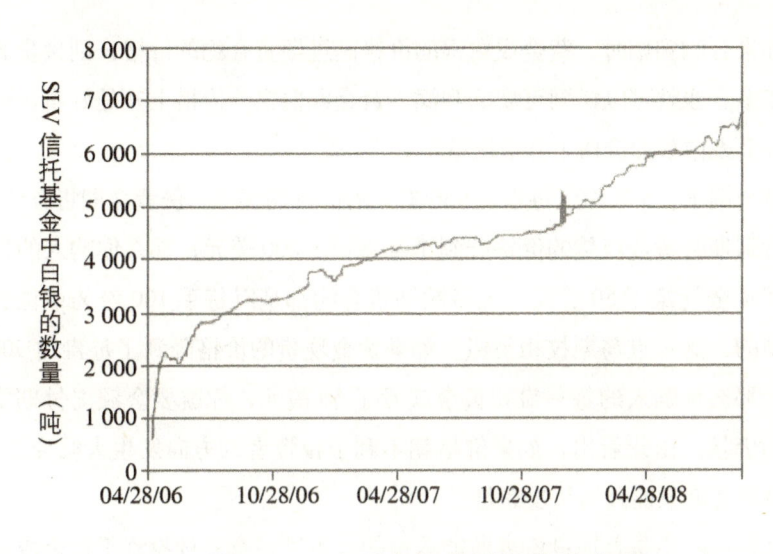

图 15.5　安硕白银信托基金的表现

资料来源：seekingalpha.com

货就意味着承受大宗商品价格向不利方向变动的风险，一旦这种情形发生，你就会遭受重大损失。不过反过来说，收益也可能会十分可观。

根据世界黄金协会的说法，黄金期货合约是在事先约定的日期、以事先商定的价格进行特定数量、特定纯度的黄金交割的确定性承诺。因此，如果你想要购买期货合约的话，那么某一天你就有可能要亲自持有这些黄金或白银。

世界黄金协会进一步解释说，期货价格是由市场对于任一时点的持有成本的测度决定。持有成本包含借贷黄金的利息成本和保险以及存储费用。就黄金而言，期货价格通常高于现货价格。

当投资者购入期货合约时，他所需支付的定金只是合约规定数量黄金的价格的一部分。也就是说，除非最终实际交割，投资者不需要支付期货合约的全部价款。

大多数情况下，黄金本身并不需要换手，除非合约到期或者合约特别要求"黄金实物交割"。实际上，大多数期货合约都是以现金方式交割的，也就是于到期日前在公开市场上买入或者卖出。

313

如果合约到期时，黄金或白银的价格高过期货合约的价格，则投资者不用花多少钱就可以赚到可观的利润。黄金或白银的价格上升是好事，但如果黄金或白银的价格下降情况就不妙了。

举个例子。如果你以每盎司 950 美元的价格购买了一份黄金期货合约，而期货到期时黄金现货的价格升到了每盎司 1 000 美元，那么你购入的每一盎司黄金就赚了 50 美元，大多数期货合约都是以每手 100 份为单位进行交易的，这一点与期权相类似。如果黄金现货的价格降到了每盎司 900 美元，那么你购入的每一盎司黄金就亏了 50 美元，你就要全额支付期货合约的价款。由此看出，如果价格朝不利于投资者的方向发生大幅变动，这位投资者就只能硬着头皮死扛了。

这种风险不是普通投资者所能承担的。不过，有一种投资于黄金或白银的方法适用于每一个投资者，那就是直接买卖黄金或白银。

"小心脏"投资者的大乐透

不管是金条，还是银币，投资于黄金或白银实物的方法可以让投资者省去上文中提到的那些烦恼。投资者不需要像进行黄金或白银 ETF 交易那样支付任何费用，也不需要像开采公司一样支付能源成本，也不需要像期货合约一样以 100 盎司为单位购买，除非投资者自己愿意这样做。

以金币和银币为例，除了硬币本身的黄金或白银的价值之外，如果某种硬币比较稀缺，投资者还可以利用这种稀缺从中获利。下面举一个具体的例子：美国铸币局的银鹰洋（Silver Eagles）。

仅在 2008 年一年，美国铸币局就卖出了约 2 000 万枚银鹰洋，打破了以往的 1 040 万枚的记录，而需求仍旧有增无减。人们支付的溢价已经上涨到了令人惊诧的程度，这是银鹰洋历史上最高的几次溢价。

也就是说，投资者购买银鹰洋所花的钱比它的实际价值还要高。更何况，美国铸币局的银鹰洋根本不是什么稀有硬币。一旦需求高企，供应不足，就会发生溢价飙升的情形。有时候，硬币的卖价甚至高出初始价格的两倍还多。

还需要再举一个例子吗？1994 年的维京贵族金币（Viking Gold Noble）

怎么样？这种硬币本来是经由英国 Pobjoy 铸币厂授权为马恩岛（Isle of Man）铸造的，但这种硬币却从来没有被制造出来过。换句话说，这种硬币过去从来就没有存在过。然而现在，它却出现了。

事实上，这是 544 年以来铸造的第一批贵族硬币，正因如此，这种硬币极其罕见，也极不寻常。当时，获准铸造的这种硬币的数量仅有 1 万枚。硬币的图案是一艘高傲的维京长船，船首是一条猛龙，船帆是非常醒目的钻石图案。

硬币的制作工艺非常精美，每一枚硬币都是由十分之一盎司的纯度为 99.99% 的 24K 黄金铸成的，是马恩岛的法偿货币。不过，如果你有一枚这样的硬币的话，最好不要把它花掉。

由于这种硬币在任何资料上都找不到，而且任何一个能弄到这种硬币的人都可能是第一个拥有这种硬币的人，于是一个非常特异的市场就被创造了出来。凡是第一次出现的硬币，都会受到人们热烈的追捧，比如中国的第一枚熊猫金币。1982 年，中国一共发行了 13 532 枚重为 1 盎司的熊猫金币，时至今日，一枚这种硬币的市价已经达到了 2 999 美元。

因此，若要在黄金或白银上投资，投资于硬币不仅是一种便捷的选择，而且还能带来额外的收益。除开安全性和投资组合保值功能不谈，收藏家对于金币和银币的兴趣就能拉高投资者的收益。

投资于黄金或者白银的途径很多，总体来讲，主要有以下方式：投资于开采公司；购买交易所交易基金、期货、股票期权、基金以及期货等的期权；或是购买金条、银币等。

每一种投资手段都既有优势又有特定的风险，投资者可以根据各自的投资需求配置自己的投资组合。不管你采取哪种投资方式，都要牢记一点：购入贵金属能够为你提供一个安全网，而对当今的市场而言，安全的重要性不言而喻。

跟你的经纪商讨论一下这些策略，或者去联络某个硬币经销商，看看是否能抢购到一枚美国银鹰洋或是维京贵族金币，如果真能得手的话，这些硬币的价值很可能会在日后翻上一番，甚至两番。

第16章
外汇：投资者的货币堡垒

> 只要在这些货币 ETF 之间保持足够的机动性，才能通过全球范围内货币价值的波动中获利。

外汇交易市场的规模十分庞大，这是一个由交易者组成的巨大的国际网络，把这些交易者连接在一起的就是电脑屏幕和电话线。外汇交易市场每天24小时开市，每周交易6天，每天的交易额可达32万亿美元之巨。通过外汇交易市场，货币在全球范围内流通，从欧元变为美元，再变为日元和法郎，如此一路变换下去，永无止息。每天32亿美元！按照国际清算银行的统计，这是全球规模最大、流动性最高的市场。

事实上，该市场的市值已经超过了美国GDP的五分之一，足以给你每一个美国人开一张面值10 500美元的支票，而且剩下的钱还可以买下市值204亿美元芝加哥商业交易所集团（CME Group）、市值84亿美元的美国洲际交易所（Intercontinental Exchange）、市值57亿美元的纽约–泛欧交易所集团（NYSE Euronext），以及市值40亿美元的纳斯达克–OMX集团有限公司（NASDAQ OMX Group）。按照2010年5月21日的市值数据计算，你还可以买下美国国际集团，市值48.5亿美元，然后还有50亿美元的剩余。

这里有非常重要的一点需要我们注意：外汇交易市场规模非常

庞大，流动性非常高，即便是极其微小、甚至是不可感知的变动都会带来数百万美元的利润，而且一夜之间即可完成。

举个例子来说明一下。1991年的时候，乔治·索罗斯在英镑的交易中，一天就赚进了10亿美元。听起来很不可思议，是不是？一天之内居然就能赚到那么大一笔钱！然而，10亿美元不过是外汇交易市场总规模的0.03%。大多数人都认为，索罗斯的上百亿美元身家都是利用市场大幅波动的时机赚得的，而事实并非如此。他的钱都是在市场发生细微调整时赚到的。

假设在罗马帝国时期有这样一位铸币工，他经常会趁主人不注意的时候把硬币箝下来一块私藏起来。十分之一盎司本身并不算太多，但如果罗马帝国的每一枚硬币他都箝一块下来，结果会是如何呢？聚沙成塔，这个道理我们都明白。

在外汇市场，这样的事可以说是每时每刻都存在。某一种货币相对另一种货币值多少钱要由交易者来决定。以2010年上半年希腊的情形为例。该国在外债问题上一直在说谎，在欧盟向其大手笔提供10亿美元（约合7.5亿欧元）救助款之际，已经濒于违约边缘。

这10亿美元的紧急贷款将帮助希腊政府偿付已经发行的债券。这并不是现金，而是支付现金的承诺，这两者之间是有区别的。这一承诺刚一做出，欧元应声贬值。2010年5月11日，欧元兑美元的汇率为1欧元兑1.27美元，而前一交易日则是1.2804美元。

没错，1.04%的变化看起来似乎不大，但是请想一想这个市场的规模有多大。就如同那个罗马帝国的铸币工一样，积少成多。对于投资者来说，忽视外汇市场就相当于把资金闲置在那里，没有加以合理利用，这样做就大错特错了。

想一想布朗的永久投资组合。他建议说，投资组合中应包含25%的现金。对于大多数美国投资者来说，意思就是说持有美元。在今天这样一个野蛮人无处不在、利率几乎为0、动辄投入数万亿美元进行救助的经济环境当中，美元贬值的威胁迫在眉睫。在当今的市场当中，我们还有很多种选择。我们就需要做出犀利而精明的决策。

技术面交易者的交易决策完全建立在价格图表之上。基本而言，他们会对图表的模式进行分析，然后来决定每一笔交易的入场点和退场点。相对地，基本面交易者的决策基础是经济数据和信息，这些经济数据和信息反映了全球各国的政治和经济状况。

基本面数据包括利率、货币政策、选举、贸易顺逆差等。举例来说，如果英国宣布加息，这一举动会影响到英镑的价格。如果美国提高利率，美元的价格就会受到影响。如果日本对加拿大实施贸易禁运，日元的价格就会受到影响。换句话说，你要了解当今的那些野蛮人所做的那些事情，将会对全球经济造成怎样的冲击。

大多数外汇交易者都是技术面交易者，对基本面数据不屑一顾。他们在做出交易决策的时候，甚至连世界上发生了哪些大事都不去关注。在他们看来，这些信息只会扰乱他们的思考。他们认为，只要依靠价格图表表现出来的技术数据就足以做出交易决策了。

但是，这大错特错了。在确定入场点和退场点的时候，价格图表是一个有效的工具；而在辨别最佳的机会将在哪里出现时，价格图表则无能为力。

改变货币流动的"大事件"

假设你回到蒙古统治大部分世界的那个时期，并且变成了丝绸之路上的一个商人，再假设你事先知道蒙古人将要攻打波斯的城市撒马尔罕（今天的乌兹别克斯坦），这是 13 世纪时一座非常富庶的城市。

这座城市就坐落在中国和地中海之间的丝绸之路上。大量的财富流经这里，令波斯国家的统治者变得非常富有。据《历史上第二大帝国的兴衰》（*The Rise and Fall of the Second largest Empire in History*）一书的作者托马斯·克劳韦尔称，有近 50 万人居住在这座城里。

作为对比，13 世纪的伦敦只有 4 万居民，而巴黎的居民尚不足 8 万人，由此可以想象这座城池的规模。

作为一个商人，如果不在撒马尔罕的市场上做生意，那简直就是疯了。

如果你知道几天之后蒙古铁骑会将撒马尔罕夷为平地，把波斯统治者变成头沦落街头的乞丐，你还会带着你的商队靠近撒马尔罕吗？当然不会。因为风险太大了。所有的货币都遵从基本面的力量。

货币的运动都是由地缘政治事件、政府行为、经济报告等驱使的。日本发生的事件决定了日元对欧元的交易。加拿大发生的事件又决定了加元对其他货币的交易。

那么我们当前的经济状况又是如何令货币成了对抗掠夺财富的野蛮人的有力武器的呢？先从债务讲起，特别是美国的国债。下面引用一段摘自"投资百科"网站的文字：

> 联邦政府花掉的钱如果多于创收行为（比如收税）带来的收入，就会产生预算赤字。为了保障政府运转，财政部就要发行短期、中期及长期债券，来弥补这一差距。发行这些债券之后，联邦政府就能够获得现金，用以提供政府服务。所谓国债，就是联邦政府年度预算赤字累积的结果。

至于预算赤字与国家财政赤字能够对政府产生怎样的影响，我们都已经耳闻目睹过了。经过数年的管理不善和预算报告欺诈，希腊在2010年上半年走到了经济全面崩溃的边缘。此后，动荡又蔓延至包括西班牙、葡萄牙和爱尔兰在内的诸多国家。

毫无疑问，债务对一国经济以及个人投资者都会产生巨大的影响。在投资组合中加入国际货币有一个好处，那就是可以抵御通货膨胀。通货膨胀就是美元的数量太多了。过多的货币追逐过少的制成品意味着美元的价值受到了损害。

美国于2007年步入衰退期，政府开始采取前所未有的手段介入经济。它不但大幅增加开支来提振私营部门的活力，卖出了数十亿美元的国债，还打开了印钞机的开关。美国政府像疯了一样地印刷钞票。为了给这个流血不止的经济体止血，美国政府已经不惜一切代价。

这样一来，美元的供应就过量了，由发行债券造成的债务负担的增加使得支撑这个经济体的钱变得更少了。曾经启发美联储主席本·伯南克开启低利率时代的美国经济学家米尔顿·弗里德曼（Milton Friedman）甚至说：

> 毫无疑问，避免通货膨胀的一个办法就是加税，尽量用税款来应付当前的支出，能应付多少算多少。

这样一来，市场上随处可得廉价信贷，国债对投资者的吸引力也就越来越小。如果消费者完全停止购买国债，该当如何？这无疑相当于以一种温和的方式提出这样一个尖锐的问题：山姆大叔正忙着救助华尔街，那谁来救助山姆大叔呢？如果我们无力偿债，又将如何？美国政府是否会因债务违约而关门大吉？

《今日美国》称，就连最漫不经心的观察家都可以看出，联邦政府的债务问题已经非常严重，美国就要步希腊的后尘面临绝境了。

美国的债务规模超级庞大，总额约为 8.5 万亿美元，占美国经济总量的 58%。不过，根据其他一些估计，债务规模还要大得多。如果拿掉社会保障信托基金盈余，债务总额应该在 13 万亿美元左右，这样算来，债务占美国经济总量的比重就达到了 90%。按照中央情报局的数据，在公共债务占经济总量的比重排名中，美国仅次于希腊，排第二位。

外汇市场上需要考虑的另外一个关键问题就是利率。在全球走出经济衰退的背景下，从当前的经济状况来看，美国的利率问题已经成为最重大、最迫切的问题。事实上，国债和主要利率往往是并行的。

前面我们已经说过，州立银行发行纸币要向政府交税，国民银行则没有此项负担，这样一来，货币发行就形成了垄断。对利率的操纵就是野蛮人发动的政变，只不过这次闪电战用了几十年的时间来准备。流动性首当其冲，也就是体系内美元的数量。

1979 年底，按 M3 统计的货币供应量为 18 万亿美元，而政府持有的黄金的数量为 1 420 亿美元。意味着只有 7.85% 的货币背后有黄金支撑。到了 2003 年年中，黄金资产的总量据估计约为 910 亿美元，而 M3 则达到了 8.757 万亿美元，黄金支撑的货币所占的比重只有 1.04%。

《美元的崩溃及如何从中获利》(The Collapse of the Dollar and How to Profit from It) 一书的两位作者詹姆斯·特克和约翰·鲁比诺（John Rubino）解释说："美国的货币政策简直是愚不可及，不但让美元贬值，而且还引发了通货膨胀。这就好比减少一枚硬币的含金量可以让硬币贬值一样，降低黄金支持率也会令美元贬值。"

高负债会是一件好事？

想知道整个体系内有多少美元吗？

令人意想不到的是，2006年3月23日，美联储宣布，即日起不再发布货币供应量M3货币的供应数据。公告称："鉴于M3没有提供比M2更多的关于经济活动信息，而且多年以来未在货币政策制定过程中起到作用。由此，委员会认定收集和发布这些信息的费用超过了它所能带来的益处。"最后一次公布数据是在2006年2月，当时美元的总量近10.3万亿。加上两次经济刺激计划投入的美元，现金美元的总量应该比这个数字还要多出几万亿美元。

我们看到，美国人已经被哄得团团转，相信高负债是一件好事。美元的强势创造出了居高不下的需求，美国政府也乐得大发国债，来满足这种需求。同时，美国的巨额贸易逆差也得到了贸易伙伴的认可，毕竟美元足够稳定，足够坚挺。安东尼·伯克（J.Anthony Boeckh）称，这简直就是给美国人的"免费的午餐"。然而这背后难免有诈。

> 所有的免费午餐都有不利的一面，美国人享受的这种免费午餐的问题就在于养成了不良习惯。美国的货币政策创造了过高的通货膨胀，他们本来不应该这样做的。

当然，这已经不仅仅是一个坏习惯那么简单。如果我们完全戒掉这种习惯，我们仍然还欠别人高达4万亿美元的债务。你是否觉得信用卡发行商在你没有及时还款的时候，对你的骚扰非常难以忍受？美国欠下的这些债务可是会引发战争的。更何况,我们还没有讨论利率的问题呢。那么,利率对全局有着怎样的影响呢?

一般来说,利率随着经济增长而升高,因为政府需要控制物价的上涨,也就是通货膨胀。在经济前景不明朗的时候,或是在经济衰退的时候,较低的利率有利于信贷流通。如果借钱的成本很低,那很可能申请贷款的人就会越来越多。

为了了解利率会对经济产生怎样的影响,我们得回到20年前,看一看格林斯潘留给我们的遗产。这位大师被人们视作天才,但是他的所作所为却引发了美国历史上最大的泡沫。

毫无疑问,20世纪90年代中期是市场动荡不安的一段时期。包括亚洲金融危机和电脑千禧年危机在内的一连串紧急事件令全球经济遭受了接连不断的打击。作为回应,格林斯潘采取了降息的措施,于是现金变得便宜,市场流动性得以提升。全球很多国家都曾利用降息这种手段渡过了某些非常艰难的时期。

降息只能治标,这和邦迪创可贴的作用差不多。詹姆斯·特克和约翰·鲁比诺在《美元的崩溃及如何从中获利》一书中这样解释道:

> 大师从这些事件中学到的教训就是金融泡沫时有发生,而防止泡沫影响整体经济的一个办法就是向这个体系中提供足够的廉价信贷。

然而这是一个谬误。

只要看看高科技泡沫和"9·11"之后的经济我们就能了解到格林斯潘是怎样采用激烈手段大幅降低利率的了。2000年3月,高科技泡沫破裂,这一年之后几个月内的利率在6%~6.5%之间。然而一进入2001年,纳斯达克指数开始持续下跌,美联储趁机介入。

2000年12月,利率尚保持在6.51%左右。2001年1月,利率就跌到了5.74%;到了4月,利率跌到了4.71%;到了8月,"9·11"袭击发生之前,美联储已经将利率降到了3.54%。

恐怖袭击发生，经济失控，格林斯潘开始疯狂降息。到了 11 月，利率已经下降到了 2.03%。2002 年，利率仅为 1.70%。此时，格林斯潘终于铸成大错。直到 2004 年 11 月之前，利率一直被压在 2% 以下。在此之后，美联储连番加息。房地产市场蒸蒸日上。2002 年 12 月，美国的平均住房价格为 23.78 万美元。2003 年 12 月，平均房价攀升到 25.39 万美元。一年之后，已经达到 28.43 万美元。在最高峰的时候，美国平均住房价格为 32.94 万美元。此时，美联储已经把利率提升至 5.23%，但是加息的速度比不上房价增长的速度。等到利率终于能起到一些作用的时候，房价已经开始急速下跌了。

可变利率抵押贷款的利率也开始上升，那些利用廉价信贷购买了富丽堂皇的巨无霸豪宅的人们，已经因为利息高过他们的承受能力而还不起房贷了。这次打击令全球经济不可避免地遭受了重创。

伯南克只是一个尾随者

格林斯潘坦白道："尽管我知道这些做法普遍存在，等我意识到这些做法的严重性的时候，已经太迟了。我在 2005 年底 2006 年初的时候才明白过来。"

到了那个时候，平均房价已经上涨了 22%，在全国的热点地区（比如纽约州和加利福尼亚州），上涨的幅度更大。

很明显，蹩脚的利率政策不但对房地产行业产生了重大影响，还影响到了泡沫破灭之后的经济复苏。2006 年初，伯南克接替格林斯潘出任美联储主席，经济界权威人士开始观望货币政策将出现哪些变化。

伯南克曾对大萧条进行过非常详尽的研究，并撰写了大量的文章。如今，他却走到了这一步，战战兢兢地站在下一个黑洞的边缘。他把目光投向了过去，向历史寻找答案。他找到了美国经济学家米尔顿·弗里德曼。按照这位经济学家的理论，大萧条是美联储降低货币供应、收紧信贷政策造成的。

于是，他采取了截然相反的措施。

佩恩·布洛克（Penn Bullock）在杂志上撰文称，伯南克曾三番五次地引用这位已故的自由主义经济学家的理论，为他自己的行为辩护，比如把利率降低到零、救助银行、向金融体系中注入大量美元等。果然，利率从2007年3月份（当时房价正处于最高点）的5.23%降到了2009年初的0.19%，如此快速大幅的降息恐怕格林斯潘想也不曾想过。在美联储冒着通货膨胀的危险试图刺激经济增长的过程中，利率一直保持在接近零的低位。

在詹姆斯·特克和约翰·鲁比诺看来，现在已经万事俱备，一次大规模的、灾难性的货币事件即将到来，就像魏玛共和国或是20世纪90年代的阿根廷所经历过的一样。他们认为，如果这样的事件发生，世界各国都会对一切法定货币失去信心。"你的钱在这里没用"这句话如今有了全新的含义。美联储里的野蛮人已经让全球的经济面临巨大的灾难了。

而美国似乎正在朝着这样的未来前进。《纽约时报》畅销书作家、脱口秀主持人查尔斯·格伊特（Charles Goyette）曾这样说：

> 那些穷其一生也没能把铅变成黄金的古代炼金术士们，应该会对当今这些中央银行家把债务变成货币的高超手段佩服得五体投地吧。确实，中央银行法术真的有把债务变成货币的效果。
>
> 政府花掉的钱比手里有的钱还要多，因此不得不背负赤字运营下去。然后，政府的债务又被用作创造新货币的抵押品……政府债务的规模越大，美联储创造出来的货币也就越多。
>
> 这个货币创造的体系简直令人难以置信，看起来似乎就是专为把通货膨胀的过程隐藏起来，不让公众看到这一目的而设计的。

他断言，美元"货币之王"的地位正在受到挑战，而且这种挑战来得天经地义。对于每一美元而言，都有96美分的价值在美联储的眼皮底下消失了。而且我们看到，这个国家历史上最严重的银行倒闭、最大规模的信用市场失灵、最恶性的泡沫都是由中央银行那些了不起的货币和信用专家一手造成的。尽管19世纪的知识分子们对它异常迷恋，它却让人们付出了极为沉重的代价。

从本质上来说，美国政府的救助、刺激性政策和财政补贴等行为就是把私营部门的债务背到了自己身上。而这也就意味着我们缴纳的税款都被拿支付给那些当代阿提拉了。如今我们所剩无几的那点钱又被美联储搞得一文不值，这不是在我们的伤口上撒盐吗？事实上，要对付当今这些野蛮的金融机构的话，只有一个办法，那就是被围之后奋起抵抗。美元就要大跌？欧元行将崩溃？那就投资于其他货币好了。

以彼之道，还治彼身

今天的野蛮人贪婪过了头，这样我们就可以用他们创造出来的投资品来对付他们。其中一种武器就是货币ETF。格伊特曾这样写道：

> 货币ETF的每一手都代表了100单位的基础货币，这是货币ETF的典型结构。此类基金通常都投资于国外短期投资级外汇市场证券。这样一来，货币基金的股份就能获得相当于货币所在国通行的隔夜利率的收益率。此种收益可以用来冲抵基金的费用。

如果1欧元兑1.33美元，那么一手欧元货币ETF或是交易所交易票据（ETN）的价格就应该约等于133美元。也就是说，投资者可以从汇率的变化中获利。如果变为1欧元兑1.39美元，那么该手ETF或ETN的价格就是升到139美元。

货币ETF这种工具最有利的一点就是令外汇投资大大简化。在外汇交易市场上，由于没有纽约股票交易所这样集中化的交易场所，也就没有任何人在技术上对交易提供担保。通常而言，外汇交易都是在银行与银行间完成的。而有了货币ETF，你就能够在传统的交易所里进行外汇交易，能够像那些野蛮人一样从汇率变动中获利。有了这种产品，你就能够投资于很多外国货币，比如瑞士法郎、人民币和南非的兰特。通过某些基金你还能够对某一货币进行做空操作。换句话说，如果该货币汇率下跌，你就能够从中获利。

因为国与国之间具体的经济状况不同，各国的利率也不尽相同。如果某一货币升值速度过快，该国的央行就会加息。尽管有时候快速升值意味着该国经济状况不如货币平稳升值的那些国家稳定。不过，风险越大，回报也越大。格伊特说："那些被认为较不稳定、风险较高的货币的收益率也较高；那些被认为比较安全的货币的收益率则相对较低。"

通过对某一国的经济基本面进行分析，你就能确定该国的货币是否是一个好的投资对象。我们具体讨论如何确定一国货币的坚挺程度和增长状况。

除了能够对冲美元的风险之外，在投资组合中加入国际货币还可以使投资组合更加平衡。约翰·雅格森（John Jagerson）在《货币 ETF 简化了外汇交易》（Currency ETFs Simplify Forex Trades）一文中写道：

> 虽然某些情形会使股指、债券或大宗商品价格下跌，但不同的货币有可能从这些情形中获益，因此，货币 ETF 是投资组合多样化的一个上佳之选。

我们在第 14 章当中讨论过系统性风险和非系统性风险之间的差别。系统性风险是由通货膨胀率、汇率、政局不稳、战争和利率等原因引起的，与某一公司或某一行业的情形无关。也就是说，如果某国经济陷入衰退，将会给市场中所有的股票、该国债券和债务的评级以及货币带来不利影响。很多情况下，如果某一货币下跌，其他市场就会因而高企。

这样一来，那些能够驾驭这些变化的货币交易者就有机会大赚特赚。同时，投资者也能利用货币 ETF，平衡调整投资组合中的货币头寸。而且，这些 ETF 还可能会提高投资组合的收益。在第 14 章中，我们把债务比作是摧毁一国经济的侵略者。在第 15 章中，我们讨论了如何利用贵金属低于通货膨胀。现在，我们想要讨论的是如何利用外汇市场，保护你的投资组合免受美元贬值的冲击。

国际货币经历了大幅增长，这一点颇为让人意外。"投资百科"网站称，很多在 20 世纪 90 年代经常账户出现了赤字的国家在这一时期开始出现贸易盈余，并积累了相当规模的外汇储备。巴西等允许汇率浮动的国家的货币相对美元大幅升值。

不管投资者是看空美元还是看多美元，事实上，大多数外汇市场交易都有美元的参与。交易的另一方是另一种货币，而且此类交易的确有大获成功的可能。比如，在 2000 年的时候，1 美元兑 1.25 欧元左右。但仅仅 4 年之后，1 美元就只能兑 0.73 欧元了，美元的币值整整下跌了 40%。即便是按年率计算也达 10%，这种下跌幅度也可谓是太大了。

机动性决定回报率

货币 ETF 可以像股票一样自由交易，因此你可以很容易地转换投资目标。不过，并非所有的货币投资都是一样的。有些人持有的是实际基础货币，有些人持有的则是非美国货币市场证券，还有人甚至持有他国的债券，因此，你要知道自己需要的是什么。因为我们这里讨论的是现金，我们就来了解一下市场上有真实货币作为支撑的货币 ETF 有哪些吧。

大多数 ETF 都通过 Rydex 投资公司推出的 CurrencyShare 基金买到。请读者不要将本段中的讨论视作对某一公司或某一基金的背书推荐，此处讨论的目的完全是，为了对各种货币进行比较，别无他意。尽管不同的 ETF 和 ETN 之间存在着非常高的相关性，它们在价格变化上仍然存在着诸多不同。下面我们对 Currency Shares Euro Trust（FXE）、WisdomTree Dreyfus Euro Fund（EU）（见图 16.1）和 EUR/USD Exchange Rate ETN（ERO）（见图 16.2）进行一番比较。

我们可以发现，FXE 与欧元兑美元汇率之间的相关性最高。

2008 年 9 月 15 日，雷曼兄弟公司宣布破产，而美国政府作壁上观，100 美元能兑 70.290 欧元。一周之后，100 美元就只能兑 69.150 欧元了。我们已经说过，汇率上极其细微的变化就能带来巨大的收益。同一时间内，FXE 的价格从 142.20 美元上升到了 145.28 美元。

随着希腊"债务门"丑闻发生，市场出现动荡，欧元兑美元的汇率开始下跌。2010 年 4 月 23 日，希腊向欧盟和国际货币基金组织申请总值逾千亿欧元的援助。2010年4月27日，希腊的债务评级降到了垃圾级，欧元也大幅下跌。当时1欧元兑1.3343美元。两周之后，1欧元就只能兑1.2781美元了。

只要在这些货币ETF之间保持足够的机动性，才能通过全球范围内货币价值的波动中获利。欧元贬值之后，FXE从132.51美元下跌到127.51美元。不过与此同时，CurrencyShares Japanese Yen Trust (FXY)则从106.08美元上升到了106.29美元；而PowerShares DB U.S. Dollar Index Bullish (UUP) 则从23.95美元上升到了24.64美元。

除了FXE和FXY之外，CurrencyShares还推出了澳元ETF (FXA)、英镑ETF (FXB)、加拿大元ETF (FXC)、墨西哥比索ETF (FXM)、俄罗斯卢布ETF (XRU)、瑞典克朗ETF (FXS)、瑞士法郎ETF (FXF)，这可以说实现了地域上的多样化。

当然，除了CurrencyShares推出的ETF和ETN之外，还有很多其他的ETF和ETN。WisdomTree就推出了几种针对新兴市场的ETF，比如WisdomTree Dreyfus巴西雷亚尔基金 (BZF)、中国人民币基金 (CYB)、印度卢比基金 (ICN)、南非兰特基金 (SZR)，同时也提供针对欧元、日元和新西兰元的ETF。

一般而言，所有的货币ETF和ETN都与各自所代表的货币同方向变化，因此从投资的角度来看，这些产品真正地扩大了你在外汇市场投资的机会。此外，有了这种和股票一样可以自由进出的投资工具，你就可以随市而动了。雅格森称，长期来看，股票市场的市值有上升的趋势，但货币的价值则不同，即便是在非常长的时期内，它也是起伏不定的。股票市场受经济和商业的增长驱动，并且总有趋势可循。相对地，通货膨胀和货币政策相关问题则会给外汇市场的价值增长带来不确定的影响。

还要明白很重要的一点，那就是那些会对一国经济产生影响的因素也会影响到货币的币值。举例来说，如果某一经济体的增长与石油联系在一起，比如挪威，那么原油价格的起落就会对该经济体的货币产生影响；如果某一经济体对贸易的依赖度很高，比如香港，那么进出口状况的变化就会对该经济体的货币产生影响。

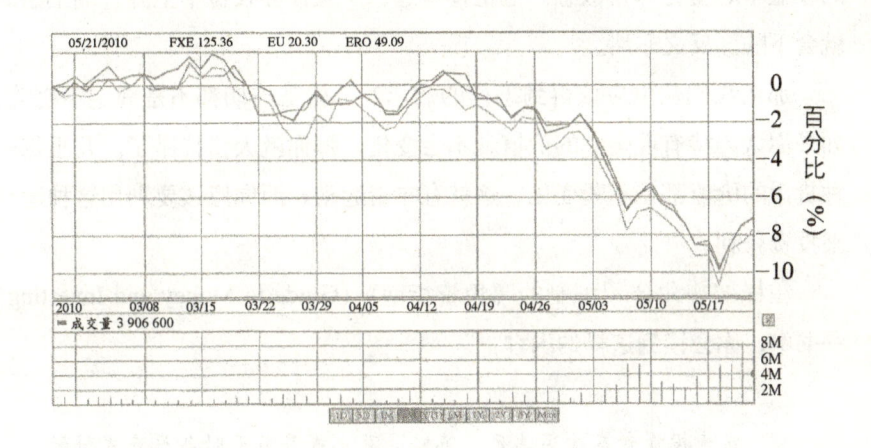

图16.1　3只欧元ETF之间的比较：FXE、EU、ERO

资料来源：通过雅虎互动表格系统生成

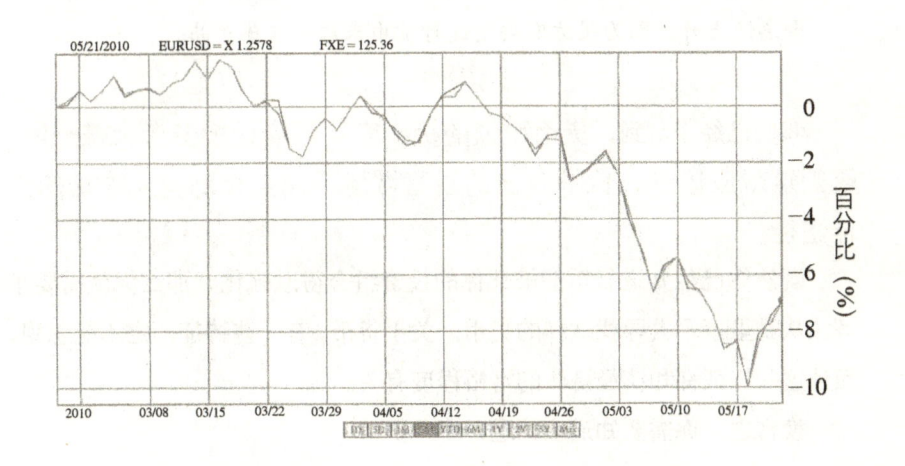

图16.2　FXE与欧元兑美元汇率紧密相关

资料来源：通过雅虎互动表格系统生成

要想了解大宗商品价格和贸易的影响，你就必须紧跟基本面的变化。想要投资于澳元吗？那你就要知道上次澳元利率调整是在什么时候以及油价的变化情况。按照雅格森的说法，瑞士法郎对美国财政部10年期国债的收益率的变化非常敏感。他这样写道，一旦债券收益率上升，瑞士法郎就会下跌。反之亦然。

那么我们从中应该得到怎样的启示？那就是一切都不是固定不变的。如果你认为持有现金它的价值就不会变化，那你就大错特错了。几乎每一种货币的价值都在不断变化。这就意味着运动，而你应该要利用这种运动来投资获利。

在标准普尔公司编制的《投资指南》（Guide to Money and Investing）一书中，你会读到这样的内容：

> 随着投资者在购买美元、英镑、欧元或是日元时所愿意支付的本币的数量的增加或减少，就算最稳定的经济体的货币的价值也在不断变化。
>
> 比如，对一国产品的需求急速上升意味着对该国货币的需求也会急速上升，因为买方需要用这种货币来购买这些产品。

我们已经了解到，货币币值的极小变化可能让投资者大赚一笔。否则这就应该是你保护自己的财富城堡不被当代野蛮人攻破的最佳途径。

既然你已经知道货币能够让你的投资组合得以强化，那么你就需要了解该从哪里下手去寻找这样的货币。关于货币，有一些特征一定不能忽视，而且这些特征都和该经济体的富裕程度有关。

换言之，你需要知道应该避开哪些货币。

第17章
资源富国：投资，而不掠夺

> 投资日益全球化，新兴市场起伏不定，下一个暴富的市场在哪里？

4年前，我首度为大班出版集团打造了一份名为"重大利益"的书面报道。这篇报道把公司基本面分析和大宗商品市场的动态结合在一起研究，我们发现，某些公司的增长速度令人瞠目结舌。

炼油行业出现了大幅度增长，新能源行业的增长也十分强劲。同时，农业公司的周期性增长特征暴露无遗。随着时间的推移，那些值得推荐的公司越来越集中在一些大型跨国型公司，例如加拿大矿业公司、挪威石油公司等。有些投资者错过了这些领域，而有些分析人士则根本无从理解这些领域。

我们把这些公司纳入我们的投资组合，它们的确给我们带来了很多很好的收益机会。我们还注意到，自从两年前美元对欧元的汇率节节下降，这些公司就成了投资组合的天然防护伞。

我们把投资策略从单一关注大宗商品转移到全球投资这一概念之上。为了让读者更好地了解当今世界，我们用野蛮的黑暗世纪作类比，描述一下现在的金融世界所发生的这些事。

2008年，一支名为"债务"的游牧部落入侵美国。在入侵前，对冲基金、私募股权基金和大型投资银行等俨然是一座座庞大的"帝国",不可一世地存在着。在入侵之后所有这些靠杠杆支撑的"帝国"全都奄奄一息。"债务"游牧部落入侵美国之后,全球靠杠杆维持的王国也相继被劫掠一空。

如果你还在思考,如今的世界看起来为何如此荒凉,原因就在这里。到处都是残垣断壁,一切全都了无生机,因为所有的东西都被游牧部落掠走或摧毁。

如果非要给美国"债务"游牧部落入侵确定一个准确的日期的话,应该是 2008 年 9 月 14 日。就在这天,雷曼兄弟轰然倒塌,追缴保证金的电话接二连三地响起,恐慌开始在全球蔓延。

信贷市场冻结,资金纷纷外逃,几乎每一种主要资产都存身无地了。道琼斯世界股票指数、路透 CRB 商品指数、摩根士丹利资本国际新兴市场指数、西得克萨斯中质原油全都是一派大屠杀过后哀鸿遍野的景象。

市场如此肃杀还有另外一个原因:一向自视甚高的美国消费者终于投降认输了。我们很容易就能从美国零售业销售额中看出这一点,该指标出现了自 1992 年政府开始跟踪零售业销售额数据以来年度最大跌幅。见图 17.1。

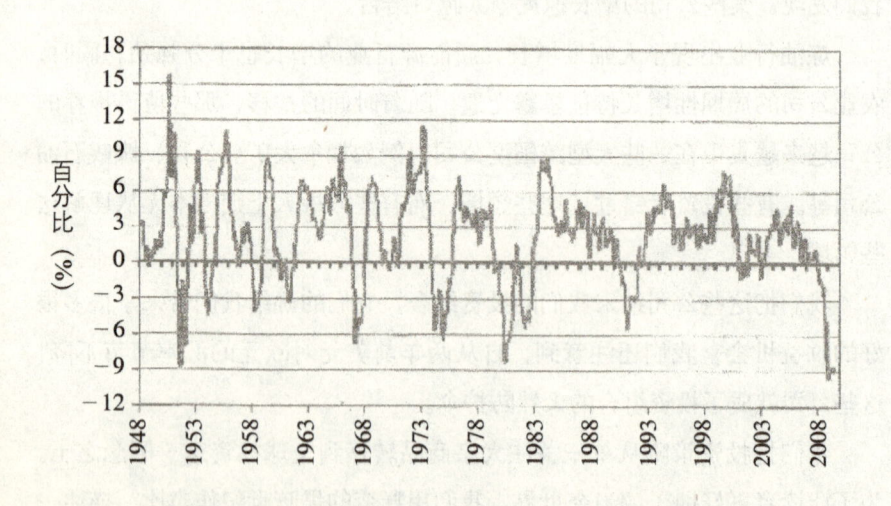

图 17.1　美国零售业销售额(1948～2008 年)

资料来源:影子政府统计数据网站, www.shadowstats.com/article/depression-special-report.pdf

各大媒体的头版头条新闻也都是诸如就业萎缩导致越来越多美国人选择参军,美国失业率处于1945年来最高水平,零售业者与房屋出租者均陷窘境,房租难以为继等触目惊心的语句。

自从"债务"游牧部落在全球四处出击之后,那些已经习惯了随便花钱、随便借钱、锦衣玉食的生活方式的人全都陷入了危险的境地。这些消息让人倍感压抑。即便如此,这些消息也并非全无一点积极的信号。

到下一个暴富市场去

各位大概还记得,在维京人入侵英国之后,贸易扩张时代才终于来临。在某种程度上,由臃肿的精英金融帝国构成的旧世界必须要倒塌,建立在真正财富基石上的新世界才会崛起。现在要做的事就是走出大屠杀的阴影,在瓦砾和灰烬中细细搜寻,找到并抓住机会以便在下一次周期来临时蓬勃发展起来。

这样的时代就要到来了。因为美国的消费者已经深陷在债务的泥淖中,新的机遇很有可能会在美国之外的地方出现。柯蒂斯·缪伯恩(Curtis Mewbourne)是太平洋投资管理公司(PIMCO)的董事总经理,该公司的资产总额接近8 000亿美元。缪伯恩认为,新兴市场按照实力可以分为"强"和"弱"两类,实力越强的国家,前景也就越光明。与债台高筑的美国相比,这些强新兴市场国家的生活水平依然在不断提升。这些国家有可能成为这个世界的拯救者。缪伯恩指出,对美国消费者来说,成功就是避免丢掉自己的住房或是新近刚买的平板电视机。而中国的消费者呢,他们有充足的存款,正打算购买这些东西。缪伯恩认为,这次危机加快了这些国家在财富水平上追赶西方国家的脚步。

在强调美国的消费者与新兴国家的消费者之间的巨大差异的同时,我们还要回顾这样一个非常重要的投资理念:区分受损市场与未受损市场。字典对"受损"的定义是"力量、价值或质量的减损"。一个简单的区分方法就是观察回弹的状况。永久受损的市场几乎没有回弹的可能性。未受损市场有可能回弹到比过去更有利的位置。

在接受《财富》杂志专访时，传奇投资人吉姆·罗杰斯（Jim Rogers）谈到了他是如何看待"受损"和"未受损"的机遇的。

> 从历史上来看，要想在这样的形势下赚钱，就必须要找到基本面未受损的那些企业。通用汽车的基本面已经受损了。花旗集团的基本面也已经受损了……就我所知，唯一一种基本面未受损的资产就是大宗商品。实际上，大宗商品的基本面非但未受损，而且还有所改善……如今，农场主已经申请不到贷款来买肥料了。没有人能拿贷款去采掘锌矿或者是铅矿。与此同时，商品的供应也日益萎缩。

罗杰斯与缪伯恩的观点一致，他非常看好中国的投资机会。毫无疑问，中国当前在国际舞台上占据着举足轻重的地位。那里的需求非常旺盛，永无止歇。谈到国际投资就不可避免地要谈到中国，这一点绝无异议。

由于中国的需求非常大，很多投资者都已经从中赚到了大笔利润。从石油到煤炭，到保险再到赌场，到处都有着非常好的投资机会。在中国之外，也有很多其他值得注意的市场，特别是以大宗商品为基础的经济体，比如巴西的钢铁、澳大利亚的煤炭和加拿大的石油。

在这些未受损的国家内有很多非常好的股票投资机会。鉴于已经发生的危机所造成的影响，最好的投资途径应该是同时投资于一篮子的国家或者是货币。

赚钱新准则：资源最靠谱

这种投资非常简单，真的非常简单。过去10年间，大宗商品的价格已经泡沫化了。石油从1998年的每桶不到12美元上涨到了2008年的每桶147美元以上；铜的价格从每磅0.73美元上涨到了近4美元；小麦的价格从每吨120美元上涨到了2008年的439美元。见图17.2。

这些价格的上涨对生产者意味着什么呢？答案是：滚滚财源。挪威、澳大利亚和加拿大等国已经大赚特赚，并且把赚来的钱变成了巨额外汇储备。

一旦一国的外汇储备数量达到一定的规模，就说明这个国家的经济状况有所增强，比其他国家更能够承受危机的打击。如果把一国货币的表现也考虑进来，我们发现，外汇储备规模较大的国家的货币也比较坚挺。

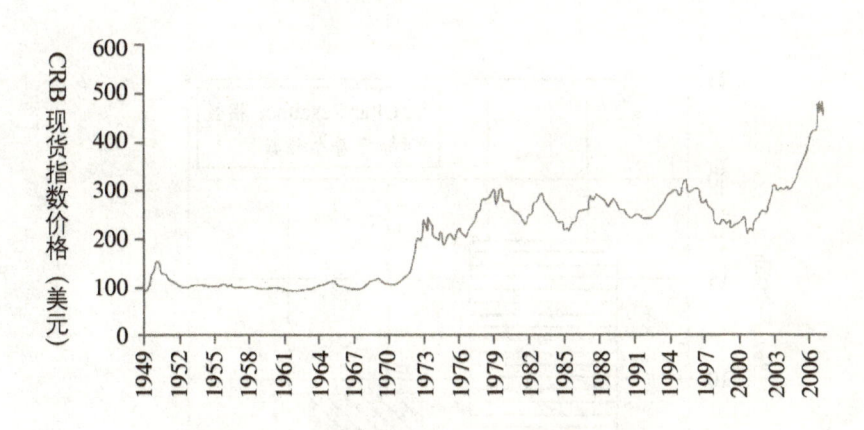

图 17.2　CRB 现货指数表明大宗商品价格上涨

资料来源：SeekingAlpha.com，2008 年 9 月 22 日

按这一原则遴选的一篮子货币不仅是市场投资的一个非常好的途径，还能够抵御野蛮人的抢掠从而很好地保护你的财富。事实上，这样的一个货币篮子已经存在了。这就是网上银行 Everbank 推出的 Ultra Resource Index CD。见图 17.3。

如果吉姆·罗杰斯的说法无误，从需求和回弹的角度来说，大宗商品是长期基本面未受损的为数不多的领域之一，那么同样的逻辑也应该适用于这些资源丰富的国家的货币。在 2008 年经济危机中曾出现过令人惊奇的一幕：随着惊慌失措的美国投资者抛售手里持有的国际投资品，美元的币值出现了大幅上升。

这种大规模的抛售形成了短期的挤压，使得美元和美国国债的价格上涨到了空前的高度。我们知道，美元的这种"虚假繁荣"终究不会持久。有了这种认知，我们就更加确信资源大国的货币是更好的投资选择。它们才是未来真正的英雄。

此外，之所以要投资于国际市场还有下列一些原因：

多样化的意思就是说不要把所有的鸡蛋都放到一个篮子里。基本上来说，如果你只投资于一种东西，那么一旦有什么不利于这种投资的事情发生，你那你将只有亏钱这一个下场。

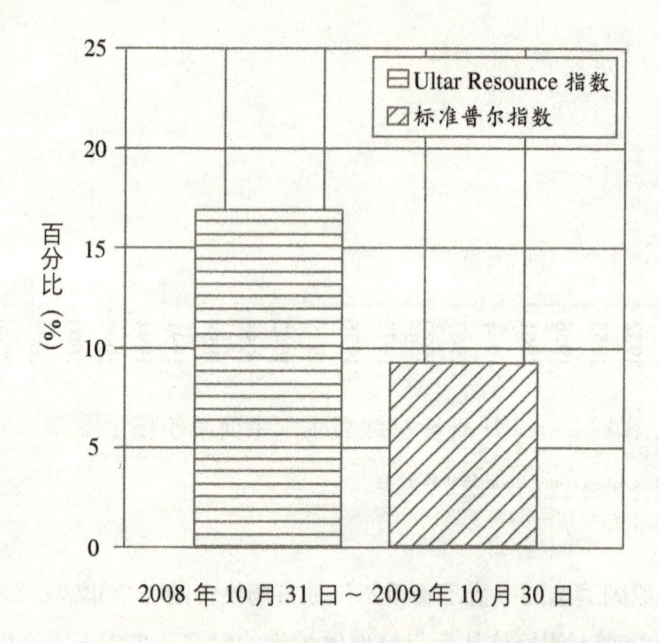

图 17.3　Ultra Resource 指数与标准普尔指数的比较

资料来源：Everbank.com

美国有一个非常流行的投资教育网站，叫做"投资百科"（Investopedia）。该网站近期登了一篇讨论多样化的文章，真正应该采取多样化的手段进行谨慎投资的时机，应该是在多样化成为一种必须之前。一旦普通投资者被迫要对市场作出"反应"，那么大部分的损失都已经成事实了。

一个非常好的多样化的途径就是在你的投资组合中加入一些国际化的投资品，在本章后面的内容里，我们将探讨一些具体的办法，帮助你利用国际化投资品实现投资组合的多样化。国际化市场往往会带来超过平均水平的回报。

我们曾去过一次西班牙，与该国第二大银行西班牙对外银行（BBVA Group）进行会谈。

在会谈中间，我们了解到，西班牙的银行并没有买入那些有毒的次级贷款衍生品，这是引发本次全球金融危机的罪魁祸首之一。我们还了解到，对外银行在拉丁美洲新兴市场国家进行了大量的投资。这些国家在经历了危机之后仍然保持了不错的增长态势。

正因如此，在整个金融类股的价格遭受重挫的当口，我们仍然认为西班牙对外银行的股价被低估了。2008年10月末，当大多数分析家告诉投资者远离金融类股票时，我们第一个告诉读者要关注这家银行的股票。当时，西班牙对外银行的股价是10.86美元，一年之后就上升到19.78美元，涨幅超过了82%。

在同一时期，美国银行的股价下跌了37%，花旗集团的股价下跌超过了65%。这样一比较我们就知道这家国际银行的表现如何难能可贵了。投资咨询机构QVM集团称，在2008年金融危机发生前的20年里，新兴市场国家的表现大大强于美国。

他们通过研究发现，在1987年12月31日投资于新兴市场国家的1美元到了2007年12月31日就变成了10.89美元。同样这1美元如果投资到美国市场的话，只能增长到5.69美元。

这就是说，国际市场实际上就是一种对冲品，能够成功对冲美国市场的下行风险。所谓的对冲品，指的就是降低某一资产价格反向变化的风险的投资品。

比如，黄金就普遍被认为是美元的对冲品。每当美元的价值下跌，黄金的价值就上扬。有些国际货币也可以作为美元的对冲品，因为每次美元贬值，这些货币似乎都会升值。

那么，你该从哪里开始寻找呢？毕竟QVM集团的研究还曾提到，如果把全球所有国家视为一个整体，那么同样的1美元如果投资于这一市场，只能增长到3.01美元。

也就是说，**并非每一个国际市场都是理想的投资目的地**。下面我们给出一些挑选投资目的地的建议。

怎样挑选投资目的地？

下面说一说投资"富国"的4条原则：

首先，富有资源。这个国家应该有丰富的自然资源，比如化石燃料、木材、铀以及贵金属等。从需求和回弹的角度来说，大宗商品是长期基本面未受损的为数不多的领域之一。这些资源丰富的国家已经大赚特赚，并且把赚来的钱变成了巨额外汇储备。

第二，富有金融。在21世纪，新的金融中心将崛起，旧的金融中心将沦落。世界的重心将向亚洲倾斜。两种货币将从中受益，其中之一与地球上最强大的自由市场文化相关联，另外一种则属于"亚洲的瑞士"。

第三，富有自由。每一年，美国传统基金会和《华尔街日报》都会按照政治和经济方面的自由程度编撰并发布世界最自由国家排名。经济体若要实现创造和创新，就需要有相当程度的自由，这种自由将有助于这些国家和市场有效应对经济危机。

第四，富有现金。在这个债务被视为是一种负担的世界里，现金是当之无愧的王者。本章中所关注的那些经济体不仅从非传统的角度来看是相当富有的。这些国家中，不止一国拥有大量的主权财富基金，其中现金的数量高达数百亿甚至数千亿美元。有了这些现金，这些国家的货币和整体经济健康度的吸引力也因此增强。

我们选择了在上述几个方面都堪称是杰出代表的五个国家和地区：加拿大、挪威、澳大利亚、中国香港和新加坡。下面我们逐一近距离观察一番。

上述五个国家和地区之所以入选，是因为它们在上述四条原则的一个或多个方面的排名非常高。当然，这不是一个穷举意义的名单，而且你会发现，传统新兴市场国家并没有出现在名单上，比如巴西和印度。

在投资组合多样化方面，新兴市场国家占据着一席之地，对于传统的投资者来说，有些国家的风险太大了，有些国家的市场规模太小了，有些国家的通货膨胀太高了，有些国家还可能存在地缘政治问题，使得该国经济的变数大增。如果你对新兴市场感兴趣，那么请你记住上面这段话。在本章中，我们希望能够找到一条更加安全的进行国际投资的途径。

加拿大：丰富的资源，坚挺的货币

加拿大，美国北方的近邻。尽管加拿大的经济与美国非常相似，但也有一些非常大的差异。

美国是加拿大最大的贸易伙伴，也是加拿大最大的外来能源供应商。事实上，加拿大出口的东西有80%都被美国人消费掉了。乍看之下，你可能会觉得这是一件坏事，因为美国经济已经步入衰退，对很多东西的需求都大幅下降了。

加拿大是一个资源极其丰富的国家，而且来自美国之外的需求也有助于拉动该国经济回升。此外，根据中情局出版的《世界概况》（World Factbook）一书提供的数据可知，经历了2008～2009年的金融危机之后，加拿大的主要银行都步入了全球最强大银行的行列，原因在于该国坚持了传统上比较保守的信贷政策，并且拥有相当强的资本基础。

加拿大每年要出口3.6万亿立方英尺的天然气。加拿大还盛产镍，每年镍的出口额都在76亿美元左右。此外，加拿大每年还出产价值约为20.3亿美元的铜，每年黄金出口额最高可达82亿美元。

如果再加上国内及进口矿石和精矿的熔炼、精炼、回收、钢和铝生产以及油砂采掘，总计来看，矿业生产每年能为加拿大带来约1 030亿美元的收益。由于这些资源吸引了来自全球的买家，截至2010年4月，加拿大的外汇储备和资产总额约合565.7亿美元。

这对一国的货币意味着什么呢？与美元相比，加元的价值已经大幅上涨。2009年3月～2010年3月，上涨了25.9%。2009年4月1日～2009年6月1日这段时间内又上涨了15.7%。见图17.4。

在所有的G8成员国当中，加拿大的公共债务占GDP的比重最低。这就是说，加拿大不必通过印钞的方式来度过经济危机。加拿大已经采取了措施来确保银行的流动性，但并不是向体系中注入新流动性的方式。

比如，该国购入了价值750亿美元的有担保的抵押贷款，这样一来不但大幅削减了利率，还扩展了长期融资的渠道。上述种种都可以表明加拿大的经济和货币都很坚挺。

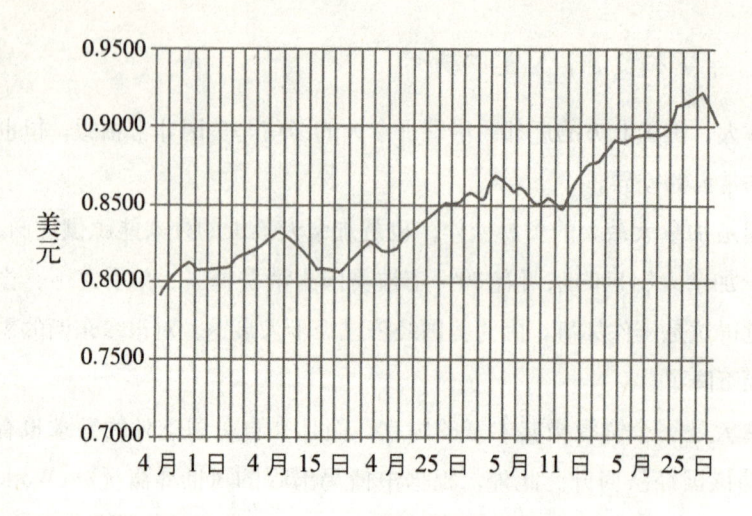

图 17.4　加拿大元兑换美元走势

资料来源：www.CBCnews.com

挪威：自由市场与政府干预完美结合

挪威的经济是自由市场与政府干预的结合体。政府控制着石油业，因为这一行业能够为该国贡献 30% 的收入。挪威把这些收入都变成了主权财富基金。目前，基金总额已经达到了数千亿美元之巨。这就是说，就算油价下跌，经济出现衰退，挪威也有能力降低经济成本，保证市场和金融体系保持的流动性。

出于自主考量，挪威并没有加入欧元区，挪威的法定货币仍是克朗。不过该国仍是欧洲经济区的成员国，因而挪威与欧洲之间的贸易往来非常频繁。

挪威是世界第七大石油出口国，石油工业的产值占全国 GDP 的 30%，这一点我们前面已经提到过。该国拥有很多天然气田和强大的水力发电能力，此外，该国的森林、矿产和渔业资源也很丰富。挪威人均 GDP 据全球第五位，主要原因就在于每年出口石油给该国带来了巨额收入。截至 2010 年 2 月底，挪威的国际储备资产和黄金的总值约为 2 932 亿克朗（约合 492.3 亿美元）。

石油价格下跌和通货膨胀对石油出口产生了不利影响。尽管克朗的汇率比预期要低，但这也有助于减轻国际经济衰退对该国经济的打击。

2008年12月中旬，挪威中央银行（Norges bank）执行委员会决定将关键政策利率降低1.75%以达到3%的水平。这并不是挪威唯一一次采取降息的措施。关键政策利率最低的时候曾达到1.5%。此后，挪威开始效仿澳大利亚逐步调升利率。到了2009年12月中旬，关键政策利率已经调升至1.75%。

2009年3月~2010年3月，挪威克朗兑美元曾一度大幅升值，后又出现回落。不过，油价又再度上升。4月初，油价上升到每桶85美元，这不仅使得挪威货币受到支撑，挪威的市场也因此转好。克朗相对美元升值了18.6%，同期挪威的经济也有上佳表现。

澳大利亚：最积极应对危机的国家

现在我们来看一看澳大利亚。这是我们最喜欢讨论的市场之一，因为这个国家总是有一些事情在发生。

中情局出版的《世界概况》中提到："注重改革、低通货膨胀、房地产市场繁荣、与中国的关系日益加强，种种因素加在一起让澳大利亚经历了长达17年的经济增长。然而，席卷全球金融危机爆发后，这种增长也随之戛然而止。"

那么，危机到底带来了哪些变化呢？尽管在金融危机期间，很多方面都变得不如以往，从经济数据来看，澳大利亚仍然处于比较有利的处境。澳大利亚与中国之间的关系依然密切，仍在不断加深。通货膨胀率从2008年的4.4%降到了2009年的1.9%。有些领域还有改善余地：失业率和公共债务在2009年曾一度大幅上升。

澳大利亚还有很多优势。它每年都出口大量的煤炭、矿石、黄金、铀和镍。澳大利亚还是全球金融危机后第一个采取加息措施的国家，此举有助于该国货币走强和经济企稳。澳大利亚的外汇和黄金储备总值约为444亿澳元（约合412.3亿美元）。

下面罗列一些统计数据：

煤炭：全球最大煤炭出口商，排在中国、美国和印度之后的第四大煤炭生产国。

铁矿石：排在中国和巴西之后第三大铁矿石供应商。

黄金：排在中国、南非和美国之后的第四大黄金产出国。

铀：排在加拿大之后的第二大铀供应商。

镍：排在俄罗斯和加拿大之后的第三大镍产出国。

尽管大宗商品市场的繁荣已经到达顶峰，澳大利亚的经济仍然在以每年平均3.6%的速度在增长。经济增长也推动了澳元的升值。当大宗商品价格开始下跌时，该国货币也随之贬值。全球的金融机构陷入停顿，澳大利亚也不得不动用货币储备向经济体系注入流动性。澳大利亚曾大幅降息，随后又与澳元汇率一道逐步回升。

2009年底，澳大利亚成为金融危机后全球第一个加息的国家。毫无疑问，这得益于该国大规模的货币储备和巨量的大宗商品储备。结果就是：2009年3月～2010年3月，澳元兑美元的汇率急速上升了41%。相应地，澳元也受到了市场的追捧。

中国香港：16年蝉联"经济自由度指数"冠军

下面说一说中国香港。《世界概况》这样写道，作为一个自由市场经济体，香港高度依赖于国际贸易和国际金融。货物和服务交易的总额比香港GDP的4倍还要多，这里包括了相当规模的复出口。复出口，是指外国商品进口以后未经加工制造又另行出口。很多商品都要从香港经过。以吞吐量计算，香港的集装箱港口是全球最繁忙的货柜港口之一，这使得香港成为全球第十一大贸易实体。这个弹丸之地的面积只有1 100平方公里，还比不上罗得岛的一半。

全球经济衰退也对香港产生了巨大的影响。这个立足于出口的经济体2009年的出口量下降了10%。不过你猜怎样？香港最大的贸易伙伴是中国内地，中国内地的经济在全球经济危机中依然保持了增长，而且2010年的增长速度还要更快。下面是香港金融管理局发布的几项统计数据：

服务业：占 GDP 的 92.3%。

工业：占 GDP 的 7.6%。

通货膨胀率：-0.3%。

失业率：5.9%。

外汇储备与资产：2 558 亿美元。

香港是一个高度发达的资本主义经济体，并且连续 16 年蝉联"经济自由度指数"的全球最自由经济体冠军头衔。前面已经提到过，香港是全球第十一大贸易实体。

亚太地区有很多公司都把总部设在香港，再加上香港交易所，使得香港成了非常重要的国际金融和贸易中心。截至 2010 年 3 月底，香港拥有总值高达 2 582 亿美元的外汇储备和资产，在应对当前这场经济危机方面有着得天独厚的条件。香港的货币极其稳定，这大概是港币成为全球交易量排位第 9 的货币的原因之一吧。

香港与本章提到的其他国家还有所不同。**香港金融管理局通过自动调节机制对汇率实施了严格的管理。**香港连续采取降息的措施，以平抑外界对港币的需求。如果需求减少，利率自然会升高，由此确保币值的稳定，抑制了投机。2009 年 3 月～2010 年 3 月，港元汇率的最高点与最低点的差距尚不足 0.4%。这才是稳定。

由于香港的贸易十分发达，导致股票市场异常活跃。投资者可以通过香港股市买到中国内地公司的股票。很多中国内地的公司都同时在香港交易所和上海证交所上市，香港的股市也因此被推高。

新加坡：亚洲的瑞士

我们来看一看新加坡。香港的面积已经够小了，而新加坡的面积还要更小，只有 710 平方公里，比田纳西州孟菲斯市的面积还要小。尽管如此，新加坡仍是全球最成功的自由市场经济体之一。更值得称道的是，新加坡政府和金融体系内都没有腐败。不过与香港类似，新加坡对贸易的依存度也非常高。

343

新加坡虽然没有什么自然资源，但却发展出了高度发达的以贸易为中心的市场经济体制。

新加坡港是世界上最繁忙的港口之一，该国的 GDP 很大程度上依赖于进口石油精炼后再出口以及工业制成品的出口。

新加坡一直被认为是全球商业环境最友好的经济体之一，有很多外国侨民在这里的跨国公司中工作，新加坡因此成为亚洲最大的金融中心之一。此外，技术的进步也让新加坡走在了创新的前列。

我们仔细考察一下新加坡的统计数据：

全球最繁忙的港口之一，与其他 123 个国家的 600 多个港口互有往来；

中转集装箱吞吐量约占全球 1/5；

曾被评为全球商业环境最友好的经济体以及全球排名第二的最自由经济体。

有趣的是，中国香港是新加坡最大的出口贸易伙伴。截至 2010 年 3 月，按购买力计，这个城市国家在全球最富裕经济体中排名第五，持有的外汇储备和黄金总额达到了 1 964 亿美元。2008～2009 年，新加坡的经济走势疲软，除了金融市场出现动荡之外，在全球的经济活动和贸易也出现了大幅的下降。

和其他国家不同，新加坡货币政策的调控工具并非利率，而是汇率。2008 年 10 月，新加坡金融管理局将星币名义有效汇率政策区间调整为零升值。也就是说，即便出现通货膨胀，星币也会继续保持坚挺和稳定，不会令出口受到威胁。

新加坡的货币一直在升值，2009 年 3 月～2010 年 3 月，这一率值上升了 10.9%，见图 17.5。

其主要原因在于，相对其他货币而言，美元的表现不佳。有一个办法可以防止货币升值速度过快，那就是降息。在过去的几年里，新加坡政府就是这样做的。

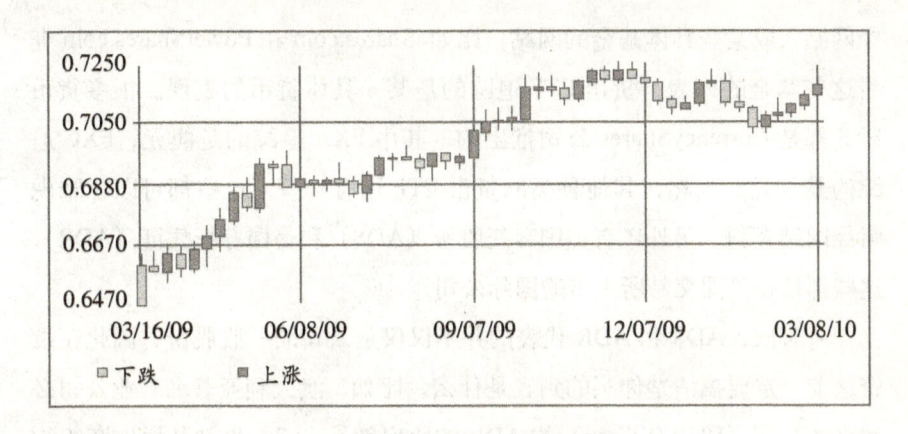

图 17.5　新加坡元升值周线趋势

资料来源：恒久银行，www.everbank.com/002CurrencySingapore.aspx。

投资全球，分散赚钱

我们已经知道了投资于"富国"的 4 条原则，而且还具体了解了 5 个具有相应特征的国家，有哪些投资品能够让我们有效地利用这些信息？有几种新型简便的进行国际投资的方法可供选择。相比之下，有些方法更简便，风险也更低。我们能来回顾一下交易所交易基金（ETF）。

什么是 ETF 呢？简而言之，ETF 就是一种证券，这种证券就像一个指数基金一样追踪某一指数、某一大宗商品或是某一篮子资产，其交易方式与股票相同，都是在交易所内交易。在过去的几年中，追踪国际化公司的 ETF 的数量有所增长，甚至出现了几只针对某一个国家的 ETF。最有名的国别 ETF 是由一个名为景顺投资集团（Invesco PowerShares）推出的。本章中特别推介的几个国家都有相应的国别 ETF。

加拿大指数基金（EWC）全名为 iShares MSCI Canada Index Fund。这只 ETF 综合了 100 个加拿大上市公司，以此来追踪加拿大证券市场的表现。澳大利亚指数基金（EWA）、香港指数基金（EWH）、新加坡指数基金（EWS）追踪的分别是澳大利亚、香港和新加坡的证券市场的表现。

还有一些 ETF 追踪的是多个国家或是新兴市场。你可以登录雅虎财经网站，或某些具体基金的网站，比如 iShares.com 和 PowerShares.com 查看这些基金的列表。货币 ETF 追踪的是某一具体货币的表现。很多货币 ETF 都是 CurrencyShares 公司推出的，其中 FXA 追踪的是澳元，FXC 追踪的是加元。当然，其他种类的货币 ETF 还有一些，这些都可以在雅虎财经网站查到。另外还有美国存托股份（ADS）和美国存托凭证（ADR）。这些都是在美国交易所上市的国际公司。

有时候，ADS 和 ADR 代表的并不仅仅是公司的一股股份，因此在投资之前一定要搞清楚你买的到底是什么。比如，澳大利亚著名矿业公司必和必拓集团（BHP Billiton）的 ADR 的比率就是 1：2，也就是说你在纽约证券交易所买的一股 BHP 股份实际上代表了该公司的两股股份。相对地，挪威国家石油公司（Statoil）的股份的比率则是 1：1。

搜索各国 ADR 信息比较好的一个网站是摩根大通集团旗下的 ADR.com。投资者还有其他一些选择，比如国际上基于货币的大额可转让定期存单、货币期货和货币期权等。这些投资品都很昂贵，而且期货和期权的风险也相当高。

投资者可利用的实现多样化投资的国际投资品的数量每年都在增多。国际化投资不但意味着机遇，也意味着风险。不过，读者可以利用投资"富国"的四条原则作为指导，选出实力强、长势好的国家。

> 历史上的野蛮人

征服者威廉

在人们的印象里，维京人被严重地妖魔化了，他们各个都是粗野愚蠢的强盗。事实上，他们不但比任何故事中的角色都可怕，而且还非常精明。有人称他们是海上的"匈奴人"，有人称他们为"狼"，也有人把他们叫做"劫掠者"，他们在很短的时间内就形成了很大的势力，并在身后留下斑斑血迹。

他们在两条战线上烧杀抢掠，并把他族的土地据为己有：一条战线在不列颠群岛，另一条在法国北部。

他们甚至还把战火烧到了防卫森严的地中海。他们在劫掠过程中行动迅疾如风，手段残暴。他们的长船里装满了抢劫来的物资，并在当地军事力量出动之前就已经逃之夭夭。有些历史学家甚至把维京人的过去抹上了理想主义的色彩，并称他们为"高贵的野蛮人"。他们的发迹之路非但并不高贵，而且十分凶残。

斯堪的纳维亚人（Norseman）属于欧洲北方的民族。公元789年，他们袭扰了英格兰南部海岸波特兰岛的港口，这是历史上有记录的最早一次袭扰。当时，三艘维京舰船靠岸，一伙维京人涉水上岸。岛上的官员竟然出来迎接，因为他们误认为维京人是海上商人的船员。这些官员当场就被维京人用箭射杀。

紧接着，这群打家劫舍的"海狼"袭扰了林迪斯法恩岛的圣卡斯伯特教堂。

《蛮族入侵如何塑造了现代世界》（*How the Barbarian Invasions Shaped the Modern World*）一书的作者托马斯·克劳韦尔引用了一位不知名的僧侣在他的《盎格鲁—撒克逊编年史》（*Anglo-Saxon Chronicle*）中提到公元793年7月8日这一天时写的一段话：

他们来到圣卡斯伯特教堂，毫无顾忌，大肆抢掠。神圣之地遭到了劫掠者的玷污，祭坛被连根推倒，教堂内所藏珍宝被劫掠一空。一些教友惨遭杀戮，还有一些教友被他们掠走，并被戴上了脚镣。许多教友被他们驱逐出了教堂，赤身裸体，饱受侮辱，几位教友不堪屈辱投海自尽。

维京人把圣卡斯伯特教堂的遗物和遗骨全都抢走，一同抢走的还有教堂里所有的财宝。也许你会认为一座教堂里不会存放什么太值钱的东西，这群暴徒也抢不到什么。如果你这样想那就大错特错了。不列颠刚刚经历过一次伟大的复兴，教育和宗教在这里极受推崇。

事实上，英格兰国内最有声望的一位僧侣就曾受查理大帝之邀，去教导他的几个孩子，并且他还是法兰克王本人的精神导师。这位僧侣就是阿尔昆（Alcuin），他曾这样描写林迪斯法恩大屠杀：

> 多么悲伤的一天，所有人都遭受了苦难，
> 来自世界遥远的边缘的野蛮人，
> 迅捷地登上了我们的海岸，
> 凌辱了我们尊崇的祖先的坟墓，
> 玷污了敬奉上帝的教堂。

现在我们回头说说那些僧侣到底掌握有多少财富。克劳韦尔在书中写到：

> 人们对宗教表达虔诚的方式就是向教堂、修道院和女修道院捐赠数额巨大的财物。福音书被加上了黄金的封面，圣徒的神龛被镀上了白银，并饰以各种宝石。主教主持弥撒的时候，手里拿着的都是做工精美的象牙权杖。

这是英格兰的软肋，这一点不断地被贪得无厌的维京人利用。

数量巨大的财宝，守护者却只是为数不多的一些僧侣，他们把财宝看作是上帝的荣光，而不是蛮族的战利品。然而，正是由于这些唾手可得的财宝引来的侵略改变了不列颠群岛的历史走向。而维京人对历史造成的重大影响，也并非仅此一端。

你知道吗，法国北部海岸被称作诺曼底，当地居民被称为诺曼底人，或是"北部人"，而这个词的意思不仅仅是指这些人居于法国的北部。它的意思是斯堪的纳维亚人，也就是维京人。这群"海狼"对沿岸毫无戒备之心的城市不断突袭劫掠，其手段之残暴骇人听闻。克劳韦尔在书中引用那位不知名的僧侣的文字称，异教徒从北方侵入不列颠，他们就像是海上飞来的蜇人的马蜂，他们像可怕的狼群一样无所不在。他们打家劫舍、草菅人命。很多牧师、执事、僧侣、修女都惨遭杀戮。

一开始，维京人的唯一目标就是劫掠。战团是维京文明中形成的不成文的规则：你或者加入我们，或者被我们征服。乔纳森·克莱门茨（Jonathan Clements）是《维京人》（The Vikings）一书的作者，他曾这样写道，战团是一个有机的整体，他们生来就是要去占有，战团可以独立开疆辟土。与其说它是社会的寄生虫，倒不如说它是社会坏种子的一个宣泄口。

这些坏种子纵横海上，常给对手以致命打击。在公元 9 世纪和 10 世纪，他们统治了北海和英吉利海峡。由此，200 年的维京统治时代宣告开始，两个世纪的恐怖阴云笼罩在欧洲大陆之上。

谁在开门揖盗？

《北欧历史》（The Vikings）的作者罗伯特·弗格森曾这样写道：

那些被编年史的作者们描述为导致'英伦诸岛的毁灭'的行为很有可能是在在公元 8 世纪 90 年代，那时北方就存在一个基地，侵袭者从这个基地可以轻易地到达苏格兰海岸的目的地，而他们返回基地的时候不必每次都冒险横渡北海。

乔纳森·克莱门茨为维京人的殖民活动提供了更进一步的证据。他也曾断言，维京人之所以要建立基地，在很大程度上是因为他们要加强对海上的控制。这些受攻击目标的位置正处在原来的贸易路线之上，所以遭到了这群"海狼"的攻击。

维京人知道自己在找什么，因为他们曾经到过这里。他们知道自己抢劫的对象是谁，或许就在几个月之前，他们或其同伴曾与这些当地人有过贸易往来。

即便是维京人建立了基地，在战术上也发生了变化，但他们对待当地居民的手段依旧非常残忍。这也催生了一种新的生活方式。在维京人到来之前，苏格兰和爱尔兰地区基本属于农业社会，没有大型的中心城市，也没有大型的贸易港口。通常，修道院就是村镇的中心，人们的生活围绕着教育、宗教和农耕打转。

在不列颠群岛上既没有船，也没有海上武装。不过，自打维京人出现之后，这种情形就发生了变化，而且这群"海狼"对不列颠日后发展成为海上强权并把势力扩张到全球起到了推动作用。

维京人带来了一个全新的概念：城镇可以建设成为繁荣的、外向型的商业中心，货物可以在这里加工制造或是仓储，然后运到海外市场，并从海外市场带回来其他货物。正是因为有了维京人，爱尔兰人才开始加入到中世纪早期的经济全球化过程中来。

除了贸易中心之外，爱尔兰人还需要货币。维京人连这个也给他们准备好了。他们在爱尔兰建立了一家铸币厂，爱尔兰人最初使用的硬币就是这家铸币厂生产的。爱尔兰人最初尝试脱离这种偏居海岛的田园生活并准备进入国际市场时，维京人给了他们指导。

披上羊皮的海狼

新经济刚登场时的情形与维京人强取豪夺的场景大同小异。这里我要说的是罗伯特·莫里斯（Robert Morris），美国历史上选举产生的第二位参议员，他也被称为"美国独立战争的融资家"。

在战争期间，莫里斯的私人船队截获了大约 1 500 艘英国舰船。这些私人武装船实际上就是海盗船。莫里斯在他的舰队满载而归后，他就帮着舰队把这些赃物卖掉。

有了这样一条新发现的财路，他几乎是单枪匹马地资助了美国独立战争，并于 1782 年创办了全美第一家国民银行——北美银行。这是第一家试图凭借信用来为政府及私人项目融资的银行。

由于莫里斯被怀疑虚构信用及存在巨大的外来利益，他的银行被迫关门。从本质上来讲，莫里斯就是一个维京海盗，他把货币和贸易带到了早期的美国。与莫里斯一样，维京人所做的一切都是为了他们自己的利益。

后面的章节中，我们会继续讨论罗伯特·莫里斯。维京人在不列颠群岛及爱尔兰等地施行的新政策开创了商业新时代，但这个过程中也有过严重的挫败，而且这一挫败是在具有维京人特色的统治下遇到的。"海狼"们登上海岸并建立起贸易中心之时，也是他们要求当地居民认同他们的统治之日。而他们的统治非但无情而且存在致命的危险。

《爱尔兰国王的战争》(Wars of the Irish Kings) 一书的作者戴维·威利斯·麦卡洛曾这样写道：

> 尽管这些外国人来的时候都是劫掠者和绑架者，但后来他们都成了商人，并建成了一派繁忙景象的港口，开始时用作过冬营地，不但能够向外运输货物，还能为他们袭扰其他地方提供跳板，主要针对苏格兰和北大不列颠等地区。

头狼皈依天主教

"海狼"们的脑子里并非仅想着贸易这一件事，他们还想着征服。不列颠群岛是一个非常好的跳板。从这里出发，他们可以袭扰欧洲其他地方，还能够越过大西洋开拓冰岛和格陵兰岛等地区，同时还能够与他们在斯堪的纳维亚半岛的故土保持联系。

托马斯·克劳韦尔断言,维京人在英格兰拥有一个据点。他写道,考古人员已经发现了维京人在英格兰定居的证据。这些证据表明他们曾计划摧毁英格兰的基督教社会,并扶植起北方的某个异教。

到公元870年,只有韦塞克斯王国幸存,国王阿尔弗雷德是最后一位国王。

由于他在奇彭纳姆的故国已经被围困,阿尔弗雷德只好流亡到阿塞尔纳,这是萨默塞特沼泽中的一个小岛。在这里,这位国王开始谋划夺回自己的王国,把维京人驱逐出去。此时,维京人快要把英格兰变成斯堪的纳维亚半岛的前哨站了。

5个月之后,阿尔弗雷德国王返回故国,展开攻击。经过两周的围城战,盘踞在奇彭纳姆的维京人的首领古瑟朗姆投降,且投降条件对阿尔弗雷德非常有利。

据克劳韦尔的记载,在一份名为《韦德莫尔条约》(Treaty of Wedmore)的文件中,阿尔弗雷德与古瑟朗姆商定了各自在英格兰的势力范围。

阿尔弗雷德的领土包括了英格兰南部以及英格兰中部的一半。这块领土上有两个重要的城市:温切斯特和坎特伯雷。前者是阿尔弗雷德王国的都城,而后者则是英格兰教会的心脏。

后来,阿尔弗雷德攻占了伦敦。这次签订的条约还要求古瑟朗姆遣散队伍,并且受洗皈依天主教。古瑟朗姆不但全盘接受了,还改用新的名字:阿特尔斯坦(Aethelstan)。

罗洛登陆诺曼底

故事发展到这里就该讲讲维京人入侵法国北部的事了。

据《牛津欧洲中世纪史》(Oxford History of Medieval Europe)记载,入侵的维京人似乎对不断变化的形势比较敏感,纷纷转移到欧洲北部,因为无论从分赃还是进贡而言,那里都最为丰厚。

最初,这些来自北方的人都是贸易商,开着船在法国境内的河流上来回贩运货物。法国是一个富得流油的地方。克劳韦尔说法国是一个无与伦比的富庶之地，从财主到大主教全都拥护新资本主义经济制度。《神秘的中世纪》(*Mysteries of the Middle*) 一书的作者托马斯·卡希尔曾讲过这样一个故事：

在 20 世纪初期，一伙来自挪威的维京人在一个名叫"工头罗夫"的丹麦人的带领下，在塞纳河下游河谷附近的鲁昂地区定居下来，法国后来的文献中称他为"罗洛"。

没过多久，他们就给自己开拓出了一个面积很大的省份，他们把这个省份叫做诺曼底，意思是北欧人的故乡。他们都是武士，身材高大，发色浅黄，目光凌厉，镨铢必较。这些人比他们的邻居更为好战，并很快就把势力远远扩张到了诺曼底之外。

但这并不是这个故事的全部。罗洛是从丹麦流亡过来的，他的父亲触怒了丹麦国王。他的父亲死后，国王又下令杀死罗洛和他的兄弟古力姆。古力姆被砍死了，罗洛虽然逃了出来，但从此也就成了逃犯。他唯一的出路就是做海盗。他与一群不断袭扰英格兰和荷兰等地方的"海狼"搭上了线。公元 885 年，一群维京人围困了巴黎，罗洛就在这群人当中。

巴黎曾于公元 845 年和公元 860 年左右两次遭到攻击，每一次都以维京人接受数千磅的黄金或白银的贿赂或称贡金而告结束。我们知道罗洛根本就没有离开过法国。他和他的维京人部队撤到了法国北部一个荒凉的几乎无人居住的地方。

法兰克王国的历史学家杜多曾对罗洛眼中的诺曼底将会变成什么样子有过这样的描述，这片土地上盛产地球上所有的水果，到处绿树成荫，河中鱼虾成群，野生猎物数量繁盛，种类繁多。没有持剑的人，也没有武士，我们会用自己的力量征服这片土地，我们会将这片土地当做安身立命之所。

从这一刻起，维京人在法国北部就拥有了巨大的优势。这个羽翼渐丰的部落不久之后就开始向外扩张，袭扰勃艮第和塞纳河下游

353

盆地地区。法兰克国王查理不堪其扰，于公元911年将整个诺曼底省割让给了罗洛。

征服者威廉

经过了两代人的时间，这些维京人已经被法国文化同化了。他们讲法语，与当地人通婚，信仰基督教。正是由于这种文化上的融合，才诞生了日后的"征服者威廉"，他是罗洛的直系后代。

这件事说起来颇具讽刺意味。英格兰的国王爱德华，后人称其为"忏悔者"，他去世后没有留下子嗣，韦塞克斯伯爵哈罗德二世继位成为国王。而诺曼底公爵威廉则声称自己才是英国王位合法的继承人，因为他不但是爱德华的表兄弟，而且据说爱德华本人还曾亲口许诺将王位传给威廉。

公元1066年9月，哈德拉达亲率300条维京战船和7 000名武士入侵英格兰，黑斯廷斯战役于此后一个月内爆发。英格兰国王哈罗德仓促之间奋起保卫约克郡，尽管他的部队在追击维京篡权者的过程中疲惫不堪，但仍然取得了此战的胜利。

军队仅仅修整了两周时间，来自诺曼底的威胁就接踵而来。大约600艘战船即将登陆黑斯廷斯，为首者是诺曼底公爵，被誉为"征服者"的威廉。克劳韦尔这样写道："威廉的手段极其残忍，他在5年的时间里征服了整个国家。英格兰的贵族不是被他杀掉就是被他驱逐，他们的土地全部归诺曼底人所有。"

在华尔街崛起初期，当时的政府与金融机构之间联姻，形成了强大的联盟，这与维京人的情形何其相似。在市场经济形成初期，政府的人员不惮于冒着巨大的风险把从银行业获得的利益装进自己的腰包，而普通的美国人除了要忍受重税，还要在银行业泡沫破灭后承受灾难性后果。我们将在后面的章节中继续讨论这一话题。

致 谢

我要感谢我的精神导师威廉·波纳和马克·福特，感谢他们教会了我好的理念。他们与我分享了很多非常有价值的商业和人生经验，对此我将永铭于心。

支持的人还有很多，我只能对其中的一部分人表达我的谢意，其中包括我所在的大班出版集团的了不起的思想家和作家，以及贾斯蒂丝·利特尔、亚当·拉斯、布赖恩·博塔雷利、扎卡里·沙伊特、肯特·卢卡斯、迈克尔·鲁宾逊、迈克尔·桑科夫斯基、乔伊·麦克莱尼、奇普·比格斯。

此外，我还要感谢大班出版集团的其他一些人，包括珍妮·史密斯、埃琳·比尔、杰弗里·利特尔以及很多其他员工，正是因为他们的不懈努力，大班出版集团才成为这样一个不可思议的公司。劳拉·戴维斯、达丽尔·贝尔弗、丹·丹宁等人在这个过程中成了我最可宝贵的朋友，如果没有这些人的名字，我的致谢名单就不会完整。

我还要感谢我的丈夫马克和我的两个孩子扎卡里和雷切尔，没有你们的鼓励和支持，我根本不可能完成这项使命，我真的非常非常感激你们。

感谢大班出版集团给我这次机会，不但满足了我窥探财富的历史，以及财富如何被掠夺的历史的好奇心，还给予了我充足的时间来完成这项使命。